杭州市钱塘区文化、旅游和体育
产业发展规划理论与实践

卞显红　等　著

浙江工商大学出版社
ZHEJIANG GONGSHANG UNIVERSITY PRESS

·杭州·

图书在版编目(CIP)数据

　　杭州市钱塘区文化、旅游和体育产业发展规划理论与
实践 / 卞显红等著. — 杭州 : 浙江工商大学出版社,
2023.4
　　ISBN 978-7-5178-5456-2

　　Ⅰ. ①杭… Ⅱ. ①卞… Ⅲ. ①地方文化－文化产业－
产业发展－研究－杭州②地方旅游业－旅游规划－研究－
杭州③体育产业－产业发展－研究－杭州 Ⅳ.
①G127.551②F592.755.1③G812.755.1

　　中国国家版本馆 CIP 数据核字(2023)第 066185 号

杭州市钱塘区文化、旅游和体育产业发展规划理论与实践

HANGZHOU SHI QIANTANG QU WENHUA、LÜYOU HE TIYU CHANYE FAZHAN GUIHUA LILUN YU SHIJIAN

卞显红　等著

策划编辑	郑　建
责任编辑	李兰存
责任校对	沈黎鹏
封面设计	朱嘉怡
责任印制	包建辉
出版发行	浙江工商大学出版社
	（杭州市教工路 198 号　邮政编码 310012）
	（E-mail:zjgsupress@163.com）
	（网址:http://www.zjgsupress.com）
	电话:0571－88904980,88831806(传真)
排　　版	杭州朝曦图文设计有限公司
印　　刷	广东虎彩云印刷有限公司绍兴分公司
开　　本	710mm×1000mm　1/16
印　　张	15.25
字　　数	226 千
版 印 次	2023 年 4 月第 1 版　2023 年 4 月第 1 次印刷
书　　号	ISBN 978-7-5178-5456-2
定　　价	58.00 元

作者简介

卞显红,1974 年生,博士,浙江工商大学旅游与城乡规划学院教授,杭州商大旅游规划设计院有限公司副院长,杭州碧海旅游规划设计有限公司董事长,杭州云帆城乡规划设计有限公司董事长。主要研究方向为旅游规划、历史文化名镇(街区)保护与旅游开发、长江三角洲区域旅游发展、城市旅游空间结构及其空间规划布局、城乡居民旅游消费及影响等,在长江三角洲旅游发展研究方面取得了一定的成果。近年来,出版《长江三角洲城市旅游空间一体化分析及其联合发展战略》《城市旅游空间分析及其发展透视》《长江三角洲城市旅游空间结构形成机制》《江南忆 最忆水乡古镇游——江南水乡古镇保护与旅游开发》《传统村落保护与利用研究——以浙江省金华市为例》《新时代文旅融合互动发展路径研究——以若干文旅融合发展案例地为例》等专著 8 部,发表旅游管理与旅游规划类学术论文 120 多篇。

主持多项国家级、省部级及厅级研究项目。主持完成国家社会科学基金项目"长江三角洲城市旅游空间一体化分析及其联合发展战略研究"(批准号:04CJY022)、国家"985"二期工程哲学社会科学创新基地——上海交通大学中国都市圈发展与管理研究中心(RCMRC)资助项目"长江三角洲城市旅游空间结构形成机制研究"(编号:上交都市圈 07014),主持教育部人文社会科学基金项目"长江三角洲农村居民旅游目的地选择行为分析及出游力提升战略研究"(编号:10YJA790005)、浙江省教育厅科研项目"江南水乡古镇保护与旅游发展经验思考及可持续发展研究"(编号:Y201017580)、杭州市哲学社会科学规划课题"杭州城市轨道交通发展对城市旅游核心区与边缘区协同发展影响研究"(编号:B10GL17)。

主持"金华市传统村落保护与利用规划""温州市旅游休闲新兴产业发展规划""温州市旅游'十三五'发展规划""苍南滨海旅游总体规划""淮南市

乡村旅游规划""奉化全域旅游发展规划""六安市大别山仙人冲画家村修建性规划""临海市旅游产业融合发展规划""玉环县旅游目的地规划""六安市裕安区大别山湿地公园规划""浙江阆仙谷旅游景区控制性详细规划""温州市时尚旅游发展规划""泰顺县旅游业发展三年行动计划""泰顺县氡泉小镇概念性发展规划""泰顺县氡泉小镇控制性详细规划""温州市永昌堡创建国家 4A 级旅游景区工作报告""温州市南麂列岛国家自然保护区旅游资源评估""泰顺县旅游景区与旅游目的地导游词规划设计""金华婺城新区郭蓉休闲旅游区策划与概念性规划""浙江奉化市旅游业发展规划""浙江绍兴南部山区旅游发展总体规划""中国五大名山雪窦山旅游发展概念规划（2013—2030）""温州泰顺县智慧旅游发展方案（2013—2006）""温州泰顺县畲风云谷自驾车旅游发展规划（2013—2030）""磐安百杖潭景区提升策划（2013—2030）""安徽香泉生态旅游度假区旅游发展总体规划""金华磐安大盘山温泉度假山庄规划设计"等旅游规划设计、酒店规划设计项目近 150 项。

前　言

2017年4月至今，本人有幸作为主持人，相继完成了《杭州经济技术开发区全域旅游发展规划》《杭州经济技术开发区文体旅游发展规划》《杭州经济技术开发区钱塘江文化发展报告》《杭州经济技术开发区围垦遗址保护方案》《杭州钱塘新区文旅融合发展规划》《杭州钱塘新区体育产业布局规划》《杭州钱塘新区金沙湖—潮音禅院—城市阳台片区旅游控制性规划》《钱塘新区自由贸易区文化和旅游改革发展五年规划》《杭州钱塘新区美丽乡村精品游线策划》《围垦钱塘江　奋进新时代——钱塘区围垦与开发历史文化读本》等文化、旅游、体育方面的发展规划和实施方案。

本书是在上述研究与规划成果的基础上凝练而成的，也是五年磨一剑的成果。本书将理论与实践紧密结合，着重解决实践问题，对杭州市钱塘区文化、旅游、体育等产业的发展起到了一定作用。本书在一定程度上既是本人及所带领团队的研究成果，也是杭州市钱塘区相关部门的合作研究成果。

本书包括十章，分别为"杭州市钱塘区文化和精神本底：文化和旅游发展之根""杭州市钱塘区文化和旅游资源分类、调查与评价""杭州市钱塘区'十三五'发展回顾、'十四五'发展目标与定位""杭州市钱塘区文化和旅游发展空间布局与功能分区规划""杭州市钱塘区围垦文化和旅游发展规划理论与实践""杭州市钱塘区工业文化旅游融合发展规划理论与实践""杭州市钱塘区自由贸易试验区文化和旅游改革发展规划理论与实践""杭州市钱塘区体育与旅游发展规划理论与实践""杭州市钱塘区美丽乡村精品游线规划理论与实践""杭州市钱塘区金沙湖—潮音禅院—城市阳台片区旅游发展规划理论与实践"。本书主要内容由本人及团队完成，其中第八章"杭州市钱塘区体育与旅游发展规划理论与实践"由本人和李毅（浙江工商大学2019级旅游管理专业硕士研究生）共同完成（李毅实际完成字数超过1万字）。

由于时间和水平有限，书中尚有不足之处，恳请读者批评指正！

卞显红

2022年6月

目 录

第十章 杭州市钱塘区金沙湖—潮音禅院—城市阳台片区旅游发展规划理论与实践

第一章　杭州市钱塘区文化和精神本底：文化和旅游发展之根

一、钱塘江潮精神

(一)杭州市钱塘区钱塘江文化概述

1.钱塘江文化精神内涵

(1)钱塘江文化所蕴含的时代精神

钱塘江文化精神内涵可以概括为"勇立潮头、大气开放、互通共荣"。这12个字特别富有钱塘江文化的时代精神,尤其是应合了"一带一路"倡议带来的历史机遇和要求。钱塘江文化所蕴含的时代精神,不仅是杭州市具有的,更是为整个浙江省所用,乃至成为浙江省人民高水平全面建成小康社会、努力实现中国梦奋进过程中的动力源泉。

(2)钱塘江文化的物质内涵和精神内涵

在治理钱塘江大潮的历史长河中,留下了众多海塘、渡口、碑文亭阁,这些是钱塘江自古以来的海塘文化、涌潮文化的物质印记,也留下了《钱王射潮》《铁牛镇海》等各种民间传说,与钱塘江大潮有关的传说、民谣和上游富春江"唐诗西路"上的诗词文脉一起构成了钱塘江文化丰富的精神遗产。这些精神传承,在新的时代又被重新挖掘出来,赋予时代意义,激励着一代又一代人。

钱塘江潮文化在人的作用下,产生了海塘文化、围垦文化、观潮文化,诞生了很多名言佳句。

今古奇观的钱江潮,在先秦汉晋时就已扬名四方,庄子、枚乘、顾恺之等人对其都有过生动的描述,《史记》和汉赋中也均有描述。钱江潮以其巨大的审美价值激发了无数文人墨客的创作热情,为后人留下了大量观潮佳作。钱江咏潮诗,成为我国文学宝库中的一枝奇葩。清代文人费饧璜的《广陵涛辩》记载,唐、宋以后,潮盛浙江,前来观潮之人数不胜数,多少帝王名家、墨客骚人,因为钱江潮心潮澎湃,文如潮涌。潮涌,诗亦涌。东晋画家顾恺之有《观潮赋》。唐宋时李白、孟浩然、白居易、刘禹锡、范仲淹、苏轼、辛弃疾等人都为钱塘江和钱江潮写下了优美的诗篇。李白的《横江词》:"海神来过恶风回,浪打天门石壁开。浙江八月何如此,涛似连山喷雪来。"白居易有《咏潮》诗:"早潮才落晚潮来,一月周流六十回。不独光阴朝复暮,杭州老去被潮催。"孟浩然的《渡浙江问舟中人》:"潮落江平未有风,扁舟共济与君同。时时引领望天末,何处青山是越中?"宋代潘阆的《酒泉子·长忆观潮》:"长忆观潮,满郭人争江上望。来疑沧海尽成空,万面鼓声中。"宋人罗公升诗曰:"白马扬波信有神,了知忠愤不缘身。潮头却向西陵出,犹为君王击越人。"陆游的《夏秋之交小舟早夜往来湖中绝句》:"梦笔桥东夜系船,残灯耿耿不成眠。千年未息灵胥怒,卷地潮声到枕边。"明代冯梦龙在《三言》中,将钱江潮列为"天下四绝"之一。清时仍将"浙江秋涛"列为"钱塘八景"之一。康熙帝两次观潮均有作诗,康熙四十二年(1703)诗云:"相传冰岸雪崖势,滚滚掀翻涌怒涛。风静不闻千里浪,三临越地识江皋。"乾隆帝六下江南,曾四次到海宁盐官观潮并欣然赋诗。孙中山、毛泽东等伟人也留下赞颂涌潮的诗文。1957年,毛泽东同志写下《七绝·观潮》:"千里波涛滚滚来,雪花飞向钓鱼台。人山纷赞阵容阔,铁马从容杀敌回。"这些诗词无不为钱塘江文化增添了魅力。

2. 钱塘江文化精神内涵的演变

钱塘江文化源远流长,先秦古籍《山海经》中第一次出现钱塘江的名字。如果说,钱塘江流域孕育了丰富灿烂的文化,钱塘江水的澎湃激昂则赋予钱塘江文化勇立潮头、大气开放、互通共荣的精神内涵。

弄潮儿向涛头立,手把红旗旗不湿。面对汹涌的江潮,钱塘江两岸人民自古勇于搏击。相传,五代时钱塘江海塘屡筑屡塌,吴越王钱镠大怒,令三千犀甲兵张弓搭箭,迎头射潮,演出了"三千羽箭定风波"的壮观传奇。钱江潮以具象形式表现出独一无二的浙人文化品质,也构成了钱塘江文化的精髓。

与此同时,钱塘江干流从西向东贯穿浙江省,汇入东海,与金华江、曹娥江、乌溪江等十余条主要支流一并画就了浙江省的魅力风景线。这是钱塘江文化大气开放、兼容并蓄的精神源头。

历史长河中,钱塘江畔出现了以伍子胥、文种为代表人物的江潮文化,以曹娥、丁兰为代表人物的孝道文化,以郑兴裔、胡雪岩为代表人物的义信文化,以大禹、范蠡、华信、马臻、钱镠、张夏为代表人物的海塘文化,以严光、罗隐、林逋为代表人物的隐居文化,以项麒、胡世宁为代表人物的耕读文化,以中草药始祖桐君为代表人物的中医文化,以王充、张九成、王阳明、黄宗羲为代表人物的哲学流派,以刘松年、李嵩、王冕、戴进、蓝瑛、吴昌硕等为代表人物的艺术流派,以及明清和近代以来兴盛的丝绸文化、商贸文化、弄潮文化、治水文化、围垦文化、航空文化、航运文化、民俗文化等。秉承吴越文化"海纳百川、兼容并蓄"特征的钱塘江文化有着江南文化的共性。

此外,钱塘江历来是上游物资输送至沿海和徽商往来的主要通道,商贸文化兴旺发达,因此这也是钱塘江水胸怀天下、互通共荣宽宏品质的体现。

"东南形胜,三吴都会,钱塘自古繁华。"自隋朝开凿江南运河起,钱塘江形成"接运河、通大海、纳百川"的广阔格局。吴越时期的钱塘江更是"东眄巨浸,辖闽粤之舟橹,北倚郭邑,通商旅之宝货"。身为海上丝绸之路的起点之一,钱塘江流域的稻作文明通过"稻米之路"传播到日本、朝鲜等国家,举世闻名的"茶叶之路""陶瓷之路""香料之路""书籍之路"也与钱塘江紧紧地联结在一起。

用"勇立潮头、大气开放、互通共荣"12个字囊括钱塘江文化精神内涵,既包含历史渊源,又与时俱进。

(二)钱塘江潮文化和钱塘江潮精神:杭州市钱塘区城市精神的文化本底和精神本底

杭州市钱塘区地处钱塘江杭州湾大湾区,有着悠久的潮文化,其中蕴含着丰富的精神内涵和特有的文化价值,传承、保护和发展好钱塘江潮文化是杭州市钱塘区人民义不容辞的责任,要以高度的文化自信和文化自觉把弘扬优秀传统文化与繁荣发展社会主义先进文化有机结合起来,传承文化基因、延续历史文脉、激发文化发展活力使钱塘江潮文化历久弥新。

杭州市钱塘区积极实施拥江发展和跨江发展战略,加快打造钱塘江沿岸城市带、产业带、交通带、景观带、生态带和文化带,把之江东路的"之"字写得更优美、更恢宏,使钱塘江潮文化在杭州市钱塘区的发展中不断繁荣,使钱塘区的文化气质和独特韵味更加凸显。

钱塘江潮文化和潮精神主要体现在以下几方面:①勇立潮头、敢为人先、不畏艰险、刻苦拼搏。②钱塘江大潮在天地人文共同作用下孕育出一种精神和文化:弄潮儿精神和钱塘江潮文化。③钱塘江潮文化在人的作用下,产生了海塘文化、围垦文化、观潮文化,诞生了很多名言佳句,也诞生了很多围垦遗址遗迹,在一定程度上围垦精神也是钱塘江潮精神的一种代表。钱塘江潮文化是天地人文共同作用产生的人类独特文化,在人类文化史上独树一帜。人类由畏惧到善于利用,钱塘江大潮正在为社会经济发展贡献力量,由此而产生的钱塘江潮文化也是一种具有世界独特性的文化,正在指引经济弄潮儿勇立潮头、敢为人先、不畏艰险、刻苦拼搏!

二、杭州市钱塘区围垦时代精神

(一)围垦精神:伟大的时代精神

杭州市钱塘区下沙片区和南沙片区历经 28 年的数次钱塘江大围垦,形成了一种围垦文化。围垦文化是一种改造自然的文化,既有顺应自然淤积滩涂的特点,又融入了人类改造自然的智慧,是人与自然斗争的结果,也是城市特殊历史文化的重要见证,是围垦人民勇战狂潮、艰苦拼搏、团结奋斗、无私奉献的伟大精神体现。

当年杭州市钱塘区下沙片区和南沙片区的围垦工作异常艰难,围垦军民喝的是咸水,吃的是咸菜,住的是草舍,用的是铁耙、畚箕、扁担、锄头这些最原始的工具,战严寒斗酷暑,战台风斗大潮,战泥水斗蚊虫,甚至受伤牺牲,硬是用一双双肩膀挑出了广袤的围垦地,这可以说是下沙片区和南沙片区围垦滩涂造地史上的奇迹。

如果说杭州市钱塘区下沙片区和南沙片区在围垦前的主题是抗灾,那么围垦后的主题就是造地。在这场史无前例的造地史上,杭州市钱塘区下沙片区和南沙片区的每一寸土地都浸透了围垦人的血汗,每一粒沙子都铭刻了为围垦献出青春甚至生命的围垦人的名字。

为了完成围垦任务,许多生产队去了工地,他们当中年纪最大的是79岁,最小的才15岁。工地上搭建了临时草舍,围垦民众白天劳动,晚上几十个人挤在草舍里睡觉。各级指挥部的干部与民众共同劳动、同喝咸水、同住草舍。围垦高潮时(1973年3月),每日上塘人数达3万人次。围垦工地涌现了如拼命三郎张承模、黑旋风陈圃兴、翻江鼠施松林、神算子赵木水、土专家沈德明、老沙头周毛姑、海龙王张长贵等一批模范人物,而当时唯一的褒奖手段就是广播表扬,没有物质奖励。有民众甚至付出了生命代价,比如在运石料途中落水而亡的鲍文元;在4号大堤上遭遇运石小火车事故而牺牲的乔司公社下乡知青、共青团员陈益鑫;在"850"江闸塌方事故中牺牲的陈传炳;作业时遇火牺牲的杭钢焊工毛水荣。南沙片区围垦时,因开采上宕、劳累过度等先后殉职的有52人。

杭州市钱塘区下沙片区和南沙片区的围垦工作有效地遏制了洪涝灾害对钱塘江北岸余杭段、南岸萧山段的侵袭,保障了余杭区、萧山区乃至杭州市的安全,缓解了人多地少的矛盾,并创造了巨大的物质效益,也为杭州经济技术开发区、大江东产业集聚区的创立和发展提供了基础条件,更是现在钱塘区绘就繁华钱塘美景的坚实保障。余杭区和萧山区的人民在钱塘区的这块土地上和这场生产斗争中培育了围垦精神,具体内容包括:

①依靠群众、充分发动群众的群众路线精神;

②不畏艰难、勇挑重担的创业精神;

③不计名利、埋头苦干的奉献精神;

④实事求是、崇尚科学的务实精神;

⑤同心同德、合力拼搏的团结精神;

⑥勤俭节约、艰苦朴素的清廉精神。

杭州市余杭区和萧山区的劳动人民在围垦岁月中用生命和鲜血凝聚而成的"万众一心、战天斗地、不畏艰难、力创伟业"的围垦精神,是值得杭州市钱塘区人民继承发扬的宝贵精神财富。

(二)围垦精神需要传承和发扬

把围垦历史和围垦精神总结出来传给子孙后代,是对这片土地负责,也是对在那些苦难日子中奋斗、牺牲的烈士们的一种缅怀与祭奠。围垦精神体现了杭州市萧山区人民的美德、智慧、意志和毅力。围垦精神具体讲要舍小家顾大家,要有奉献精神;要敢于吃苦、乐于吃苦、不怕吃苦;要艰苦奋斗、百折不挠,要团结一致、互相协作;要有敢于探索的创新精神、尊重规律的科学精神。

现在生活在杭州市钱塘区的青少年或多或少从长辈们口中听到过围垦的故事,知道一些先辈战天斗地,创造人类造地史的奇迹,但真正知道围垦成功的原因和围垦精神的不多。把围垦精神传递给生活在这片土地的小学生、中学生及大学师生,还要诉说我们脚下这片土地曾经的苦难、曾经的潮患、曾经的艰辛围垦岁月。要让生活在这片土地上的新杭州人了解这片土地的历史,要让更多的青少年和大学师生了解并热爱脚下的这片土地,要让杭州市钱塘区的围垦精神永存,这就是我们对围垦精神进行传承和发扬的重大意义所在。

三、杭州市钱塘区城市精神

(一)杭州市钱塘区历史沿革

1993年4月4日,国务院正式批准设立杭州经济技术开发区。

2000年4月27日,国务院批准在杭州经济技术开发区内设立浙江杭州出口加工区。

2001年,筹建杭州江东工业园区。

2002年,筹建杭州经济技术开发区前进工业园区。

2003年,筹建杭州萧山临江工业园区。

2006年,江东工业园区经浙江省人民政府批复正式成立。

2009年,浙江省杭州市委、市政府作出加快大江东区域一体化发展的战略部署,大江东区域撤镇设街,采取"城街合一、以城带街"的运行模式,江东新城、临江新城正式挂牌。

2010 年 9 月 21 日,浙江省人民政府批复同意《杭州大江东产业集聚区发展规划》。

2012 年 10 月 18 日,杭州大江东产业集聚区管委会正式挂牌。

2014 年 8 月 28 日,浙江省杭州市委、市政府对大江东产业集聚区体制进行调整,明确大江东党工委、管委会作为市委、市政府的派出机构,对大江东区域统一履行经济、社会、文化、生态文明建设和党的建设各项管理职能,实现区域开发建设管理“一个平台、一个主体”的目标。

2015 年 1 月 1 日,大江东产业集聚区正式实体化运作。

2015 年 2 月 5 日,国家级萧山临江高新技术产业开发区获批。

2019 年 4 月 2 日,浙江省人民政府正式批复同意设立杭州钱塘新区。

2019 年 4 月 18 日,浙江省杭州市委、市政府召开推进杭州钱塘新区高质量发展大会。4 月 19 日,杭州钱塘新区党工委、管委会正式挂牌。

2021 年 3 月 11 日,浙江省人民政府发布《关于调整杭州市部分行政区划的通知》(浙政发〔2021〕7 号),设立杭州市钱塘区,以原江干区的下沙街道、白杨街道和杭州市萧山区的河庄街道、义蓬街道、新湾街道、临江街道、前进街道的行政区域为钱塘区的行政区域,钱塘区人民政府驻河庄街道青六北路 499 号。

2021 年 4 月 9 日,浙江省人民政府正式批复同意设立杭州市钱塘区。

(二)围垦区演变成现代化、科技化、智慧化行政区

从 1994 年到 1998 年,杭州经济技术开发区工业总产值从 0.71 亿元增至 100.4 亿元;利税总额由 38 万元增至 10.6 亿元;财政收入由 946 万元增至 4.69 亿元;出口创汇由 173 万美元增至 1.83 亿美元。1998 年,杭州经济技术开发区工业经济增量已占杭州市工业经济增量的 18.4%,成为杭州市发展开放型经济的重要窗口和新的经济增长点,并初步形成以机械电子、生物医药、高科技化工、纺织印染、食品饮料为主体的产业发展格局。

2019 年,杭州钱塘新区实现地区生产总值 1100.2 亿元,其中农业增加值 13.6 亿元、规上工业增加值 658.4 亿元、服务业增加值 324.8 亿元;固定资产投资 357.8 亿元;社会消费品零售总额 311.67 亿元;货物进出口总额

846.05 亿元；一般公共预算收入 105.8 亿元。

2020 年，面对新冠疫情和国际复杂形势，杭州钱塘新区实现全年地区生产总值 1129.90 亿元，增长 2.7%，规上工业增加值增长 4.2%，服务业增加值增长 0.8%，总体发展态势良好，跻身国家级开发区十强，在全省 20 个国家级开发区中名列第一，15 个集聚区（新区）中名列第二，全国海关特殊监管区中名列全国第六、浙江省第一。

从 1994 年到 2020 年，工业总产值从 0.71 亿元增至 686.1 亿元，26 年增长 966.34 倍。这片围垦土地为杭州市人民创造了巨大的财富，围垦精神取得硕果。

杭州市钱塘区的高质量发展蓝图已划定"三步走"战略，到 2025 年，生产总值要比 2019 年翻一番，突破 2000 亿元；到 2035 年，工业增加值要突破 8000 亿元；到 2050 年左右，各项经济指标要跻身国家级新区第一方阵。

（三）杭州市钱塘区"孺子牛""拓荒牛""老黄牛"精神

杭州市钱塘区由围垦而诞生，在新时代迫切需要发扬"孺子牛""拓荒牛""老黄牛"精神，为杭州市钱塘区注入强劲的奉献精神、勇于担当精神、改革创新精神、艰苦奋斗精神。

1. 发扬"孺子牛"精神，涵养"一枝一叶总关情"的为民情怀，绘就美丽钱塘新画卷

基层党员干部是党的方针政策能够跑完"最后一公里"的执行者，关系到党的各项政策能否落实到一线。基层党员干部要发扬"孺子牛"精神，走到基层一线，了解基层现状、基层居民需求，多办一些顺民意、解民忧、增民利的实事。党员干部要深入工厂车间、田间地头、群众家中，与群众"唠家常""掏心窝"，认真倾听群众声音，帮助群众解决生产生活中的问题，不断把群众的"小烦恼"变成"大幸福"。

党员干部要把党史学习教育成效转化为办实事的工作动力，在"我为群众办实事"实践活动中，把群众身边的小事都当作自己的大事，聚焦群众的痛点、难点问题，变被动服务为主动服务，解决好群众的操心事、烦心事、揪心事。

2. 发扬"拓荒牛"精神，涵养"敢教日月换新天"的改革情怀，激发美丽钱

塘新动能

党员干部是党的事业骨干,在杭州市钱塘区改革发展中发挥着中流砥柱作用。广大党员干部要有"功成不必在我,功成必定有我"的责任担当,勇做杭州市钱塘区创新发展的"拓荒牛"。

抓创新就是抓发展,谋创新就是谋未来。面对国内外环境变化带来的一系列新机遇、新挑战,杭州市钱塘区经济社会发展和民生改善比过去任何时候都更加需要增强创新这个第一动力。在前进道路上,杭州市钱塘区广大干部群众要大力弘扬与时俱进、锐意进取、勤于探索、勇于实践的改革创新精神,坚持创新在杭州市钱塘区经济社会发展全局中的核心地位,把新发展理念贯穿发展全过程和各领域,以全面深化改革添动力、求突破,着力构建新发展格局,推动质量变革、效率变革、动力变革,实现更高质量、更有效率、更加公平、更可持续、更为安全的发展。

3.发扬"老黄牛"精神,涵养"化作春泥更护花"的奉献情怀,赋予美丽钱塘新内涵

广大党员干部要发扬艰苦奋斗精神,拿出"吃得苦、受得累"的"老黄牛"精神,脚踏实地,埋头苦干,乘势而上,接续奋斗。发扬"老黄牛"精神,一步一个脚印,把每项工作做实做细,带领群众找到更多的致富新路子、好路子,让杭州市钱塘区群众获得"稳稳的幸福"。

大道至简,实干为要。伟大梦想不是等来的、喊来的,而是拼出来、干出来的。"杭州市钱塘区广大党员干部群众要同时间赛跑、同历史并进,集中力量办好自己的事,坚持说实话、谋实事、出实招、求实效,以钉钉子精神做实做细做好各项工作,将一张蓝图绘到底,把杭州市钱塘区经济社会发展长长久久推进下去。

(四)杭州钱塘新区精神

杭州市钱塘区文化本底为"奔竞不息、逐浪潮头"的潮涌文化,"战天斗地、敢为人先"的围垦文化,"大气开放、兼容并蓄"的移民文化,"心怀梦想、艰苦拼搏"的创业文化。江潮泛滥的滩涂地、盐碱地、潮患地经过 50 多年建设,诞生了一座现代化、智慧化、时尚化的美丽新城区,也形成了"勇立潮头、拓荒奋进、心怀梦想、创业创新"的"拓荒牛"精神。

　　杭州钱塘新区精神，是以钱塘江潮精神、围垦精神为精神本底，以"依靠群众，充分发动群众的群众路线精神；不畏艰难，勇挑重担的创业精神；不计名利，埋头苦干的奉献精神；实事求是，崇尚科学的务实精神；同心同德，合力拼搏的团结精神；勤俭节约，艰苦朴素的清廉精神"等围垦精神、"勇立潮头、大气开放、互通共荣"的钱塘江潮精神为主要精神体现的时代精神。它是杭州钱塘新区特有的精神，是钱塘文化底蕴的重要组成部分，是 76 万钱塘区人民人文精神在杭州市的深化与具体体现，也是钱塘区人民乃至杭州市人民的共同价值认同。

　　我们追寻万千围垦人的足迹，回忆围垦历史，就是为了大力传承和弘扬钱塘围垦精神和"拓荒牛"精神。未来要把杭州市钱塘区开发好、建设好、发展好，在精神状态上要像当年一样，继承和弘扬好前辈们这种战天斗地、肩挑手扛的围垦精神，我们的干部也绝不能墨守成规，要开拓创新、勇立潮头，真正践行和发扬好新时代的"拓荒牛"精神，干出一番新事业。

　　杭州市钱塘区上下各级党组织和广大党员干部要大力弘扬新时代"拓荒牛"精神，以主人翁的姿态，以一流"施工队"的标准，全力以赴、激情创业，敢于担当、勇于作为，在杭州市钱塘区高质量发展的征程中做出应有的贡献。

　　浙江省给予钱塘区的 4 个目标定位：世界级智能制造产业集群、长三角地区产城融合发展示范区、浙江省标志性战略性改革开放大平台、杭州湾数字经济和智能制造融合创新发展的引领区。为此，浙江省还专门制定了支持杭州市钱塘区高质量发展的意见，杭州市钱塘区未来的发展前景广阔。杭州市钱塘区将着眼未来 5 年、10 年乃至更长期的发展，牢牢把握"五大历史使命"任务和"1＋4"现代化体系建设要求，高水平打造"智涌钱塘·现代星城"，为建设现代化国际化一流新区而努力奋斗！

　　"勇立潮头、拓荒奋进、心怀梦想、创业创新"这 4 个短语全面、准确地概括了杭州钱塘新区精神所固有的"拓荒牛"精神内涵。据此，杭州钱塘新区城市精神定位为"勇立潮头、拓荒奋进、心怀梦想、创业创新"的"拓荒牛"精神。

　　在继承和发扬围垦精神的过程中，拓荒奋进，勇立潮头，筑梦钱塘。在打造"世界级智能制造产业集群、长三角地区产城融合发展示范区、浙江省标志性战略性改革开放大平台、杭州湾数字经济和智能制造融合创新发展的引领区"的征程中，不忘初心，筑梦未来。"拓荒奋进、筑梦未来"全面、准确地概括了杭州钱塘新区精神所固有的围垦精神、钱塘江潮精神的内涵。

综上所述，杭州市钱塘区城市精神定位为"潮起钱塘　筑梦未来　奔竞不息　守正创新"的围垦精神和钱塘江潮精神。

第二章 杭州市钱塘区文化和旅游资源
分类、调查与评价

一、文化和旅游资源分类

参照《旅游资源分类、调查与评价》（GB/T 18972－2017）旅游资源评价等级标准及评价指标，对杭州市钱塘区主要旅游资源进行分类，见表2-1。

表2-1 杭州市钱塘区文化和旅游资源分类表

主类	亚类	基本类型	资源名称
A 地文景观	AA 自然景观综合体	AAA 山丘型景观	蜀山（蜀山庙）
B 水域景观	BA 河系	BAA 游憩河段	八工段直河、盛凌湾
	BB 湖沼	BBA 游憩湖区	金沙湖旅游景区、钱塘区东湖（待建）
		BBC 湿地	江海湿地
	BE 海面	BEB 涌潮与击浪现象	钱塘江大潮
C 生物景观	CA 植被景观	CAD 花卉地	义蓬大田花海、头蓬老街花海
E 建筑与设施	EA 人文景观综合体	EAA 社会与商贸活动场所	卓尚服饰工厂店、临江大学生创业园、龙湖天街、泰美国际、卓尚共创空间
		EAD 建设工程与生产地	杭州医药港小镇、大创小镇、娃哈哈下沙生产基地生产参观、味全生产参观、万事利工厂生产参观、万事利科技研发中心、广汽传祺生产参观、福特汽车生产参观、吉利汽车生产参观、康师傅生产参观、卓尚服饰工厂生产参观、

续　表

主类	亚类	基本类型	资源名称
E 建筑与设施	EA 人文景观综合体	EAD 建设工程与生产地	九阳工厂参观、娃哈哈下沙生产基地智能展示、松下工厂生产参观、格力电器生产参观（待提升）、吉利汽车实习中心、九阳厨房体验中心、九阳检测中心、百草味工厂生产参观、西子航空生产参观、新松智能机器人生产参观、百富袜业生产参观、加多宝生产参观、太古可口可乐工厂生产参观
		EAE 文化活动场所	东部湾总部大楼（在建）、临江知青文化园、金沙湖大剧院、卓尚综合体（在建）、九九阳报告厅
		EAF 康体游乐休闲度假地	三江两岸国家级绿道钱塘区段、亚运会轮滑馆（在建）、下沙大学城北体育健身中心、下沙大学城北体育健身中心攀岩馆、蝴蝶谷森林公园
		EAG 宗教与祭祀活动场所	潮音禅院（在建）、东海禅寺、三官殿
		EAI 纪念地与纪念活动场所	南沙大堤、下沙老堤、1969 堤线、杭州钱塘新区围垦大堤及附属设施（河网河道）
	EB 实用建筑与核心设施	EBA 特色街区	新湾村美丽乡村共裕村、头蓬老街、义盛老街、新湾街道围垦村
		EBC 独立厅、室、馆	金沙湖的和达湖畔中心、新湾民俗文化展示馆、新湾消防体验馆、娃哈哈下沙生产基地品牌展示馆、松下憧憬屋、万事利品牌馆、康师傅品牌馆、百富袜业品牌馆、下沙城市规划馆、卓尚品牌馆、九阳品牌展示馆、松下智慧家居体验馆、广汽传祺汽车品牌馆（待建）、广汽传祺汽车体验馆（待建）、格力电器品牌馆（待建）、吉利汽车品牌馆、新松智能机器人品牌馆、新湾街道沙地博物馆、杭州钱塘新区文化馆（待建）、娃哈哈下沙生产基地品牌馆、西子航空品牌馆、河庄沙地博物馆、河庄红色文化纪念馆
	EC 景观与小品建筑	ECA 形象标志物	钱塘江镇江牛
		ECC 亭、台、楼、阁	下沙城市阳台
		ECJ 景观步道、甬道	康师傅小火车

注：统计时间截至 2020 年 12 月 30 日。

在数量上,人文旅游资源占有较大优势,但是在品质上,自然资源优势明显,拥有钱塘江大潮、钱塘江堤岸等高等级旅游资源,未来旅游资源开发需以自然资源为基础,挖掘内部文化内涵,通过众多人文资源进行价值转化,同时需要大力开发产业资源,做大做强工业文化旅游产业。

二、文化和旅游资源总体评价

根据《旅游资源分类、调查与评价》(GB/T 18972－2017)对杭州市钱塘区文旅融合资源进行调查、分类和评价,得到 85 个旅游资源单体,其中五级旅游资源单体 1 个,四级旅游资源单体 4 个,三级旅游资源单体 8 个,具体内容见表 2-2。旅游资源总体品质较好,为杭州市钱塘区文旅融合的发展提供了有利条件。

表 2-2 杭州市钱塘区文化和旅游资源评价表

等级	资源单体名称	总计
五级	钱塘江观潮	1
四级	杭州潮音禅院(在建)、杭州三江两岸国家绿道钱塘区段、杭州钱塘新区围垦大堤及附属设施(河网河道)、江海湿地	4
三级	金沙湖旅游景区、杭州医药港小镇、大创小镇、杭州娃哈哈集团有限公司下沙生产基地品牌展示馆、娃哈哈下沙生产基地生产参观、杭州味全食品有限公司生产参观、杭州万事利丝绸文化股份有限公司品牌馆、杭州钱塘新区东湖(待建)	8
二级	金沙湖大剧院、亚运会轮滑馆(在建)、卓尚服饰(杭州)有限公司工厂店、卓尚服饰工厂生产参观、卓尚品牌馆、卓尚综合体(在建)、杭州九阳小家电有限公司品牌展示馆、九阳工厂参观、九阳报告厅、娃哈哈下沙生产基地智能展示、松下电器(中国)有限公司杭州分公司智慧家居体验馆、松下工厂生产参观、广汽传祺汽车品牌馆(待建)、广汽传祺汽车体验馆(待建)、格力电器(杭州)有限公司品牌馆、格力电器生产参观(待提升)、杭州吉利汽车有限公司汽车实习中心、吉利汽车品牌馆、杭州新松机器人自动化有限公司智能机器人品牌馆、新湾街道沙地博物馆、东海禅寺、三官殿、蜀山(蜀山庙)、杭州钱塘新区文化馆(待建)、浙江东方百富袜业制造有限公司袜业生产参观、杭州加多宝饮料有限公司生产参观、浙江太古可口可乐饮料有限公司工厂生产参观、南沙大堤、下沙老堤、1969堤线、八工段直河、临江知青文化园、松下憧憬屋、广汽传祺生产参观、长安福特杭州分公司汽车生产参观、吉利汽车生产参	44

续　表

等级	资源单体名称	总计
	观、康师傅控股有限公司生产参观、康师傅品牌馆、百富袜业品牌馆、下沙城市规划馆、万事利科技研发中心、万事利工厂生产参观、金沙湖和达湖畔中心、龙湖天街	
一级	泰美国际、下沙大学城北体育健身中心攀岩馆、卓尚共创空间、九阳厨房体验中心、九阳检测中心、杭州百草味零食有限公司工厂生产参观、娃哈哈下沙生产基地品牌馆、浙江西子飞机部件有限公司航空品牌馆、西子航空生产参观、新松智能机器人生产参观、新湾街道围垦村、河庄沙地博物馆、河庄红色文化纪念馆、蝴蝶谷森林公园、康师傅小火车、新湾民俗文化展示馆、新湾消防体验馆、下沙城市阳台、下沙大学城北体育健身中心、义蓬大田花海、头蓬老街花海、头蓬老街、义盛老街、盛凌湾、临江大学生创业园、新湾村美丽乡村共裕村、钱塘江镇江牛、东部湾总部大楼(在建)	28
总计		85

注:统计时间截至 2020 年 12 月 31 日。

杭州市钱塘区文旅资源总体评价:①资源丰富,总体品质较高;②集聚分布,形成集聚片区;③产业资源丰富,开发潜力巨大。

(一)资源类型丰富,总体品质较高

杭州市钱塘区文旅资源丰富,共有 85 个资源单体,涵盖自然、人文等多种类型,种类丰富,拥有钱塘江大潮世界级旅游资源和三江两岸绿道、潮音禅院、金沙湖等具有较高影响力的高等级旅游资源。这些优势为杭州市钱塘区着力打造有市场号召力的旅游精品、不断提升旅游产品档次提供了有利条件。

(二)空间集聚分布,形成集聚片区

杭州市钱塘区文旅资源空间分布不均,呈现聚集分布态势,包括金沙湖—潮音禅院集聚区、下沙滨江沿岸集聚区、下沙工业产业集聚区、大江东江海湿地集聚区、大江东工业产业集聚区、大江东核心区集聚区。

金沙湖—潮音禅院集聚区以宗教文化、现代时尚商业文化为引领。下沙滨江沿岸集聚区以湿地公园、潮文化、城市休闲运动为引领。下沙工业产业集聚区、大江东工业产业集聚区以工业生产、智能制造、工业文创为引领。

大江东核心区集聚区以城市休闲、公共文化服务为引领。

(三)产业资源丰富,发展潜力巨大

杭州市钱塘区文旅资源丰富,自然资源品质高,影响力巨大;文化资源种类丰富,具有区域影响力;工业制造文旅资源集聚程度高,具有一定的独特性和唯一性,整体文旅资源开发潜力巨大。

三、文化和旅游资源开发方向

(一)深度挖掘围垦文化

杭州市钱塘区大部分区域为围垦区,现在的陆地是受钱塘江潮流作用、台风影响而引起的江道变迁、滩涂涨坍和历经围垦筑堤而逐步形成的,在这一过程中形成的钱塘江围垦精神是艰苦奋斗、战天斗地的精神,是世间不可多得一种精神。通过建设围垦文化展示馆、围垦文化村、围垦文化历史遗迹保护区、围垦文化公园、围垦文化长廊、围垦文化广场,深度挖掘围垦文化中包含的"战天斗地、不屈不挠"的拼搏精神,为杭州市钱塘区的未来发展提供精神支撑。

(二)整合开发工业文化

杭州市钱塘区工业文化基础雄厚,各类工业密布,其中娃哈哈、味全、康师傅、九阳小家电、松下、可口可乐、广汽传祺、福特、费列罗等20余家工业已进行不同程度的工业旅游开发,这些工业的产品及其生产流程对外界都形成了很大的吸引力,为发展工业旅游提供了一定基础。未来,可通过网上统一平台建设,整合杭州市钱塘区工业旅游开发资源,逐渐提升杭州市钱塘区工业旅游的影响力,打造浙江省文化和旅游融合发展"金名片",并力争成为代表浙江省工业文化旅游形象的国家级"金名片"。

(三)大力发展钱塘江潮文化

杭州市钱塘区横跨钱塘江两岸,拥有大江东绝佳观潮点,以及下沙高教园区70万居民的本地客源市场,并且已建成长13千米、宽8米的沿江游步道。结合江海湿地及三江两岸绿道江海湿地段的建设,未来有条件打造服

务杭城、辐射长三角的观潮旅游胜地。

(四)发展宗教文化旅游

潮音禅院佛教综合体功能丰富,内设佛殿、法堂(剧院)、藏经阁(图书馆)、美术馆、禅堂、素食馆、茶室,将致力打造集佛教文化体验、传统文化培训、禅修养生、国际交流于一体的现代化综合性寺院。

(五)创新开发智造文化

杭州市钱塘区智能制造企业资源丰富,具有大创小镇、杭州医药港、巧客小镇、临江高新区等良好的资源基础。未来通过开发智能制造工业旅游,依托本地文创工业对杭州市钱塘区旅游产品线路进行专业打造、策划、包装、营销和推广,支持文创工业针对杭州市钱塘区文旅产品进行开发,打造具有杭州市钱塘区文化特色、便于携带的特色旅游商品,大力发展智造文创旅游。

(六)品牌化发展节庆赛事

杭州市钱塘区横跨钱塘江,具有三江两岸沿江绿道、江海湿地等优质旅游资源,以及大力开发节庆赛事旅游的良好条件。现有国际自行车 TT 公开赛、杭州国际女子马拉松、悍将杭州超级马拉松等赛事,未来通过沿江马拉松、国际自行车赛、国际汽车拉力赛、国际垂钓大赛等节庆赛事项目打造杭州市钱塘区系列旅游节庆赛事,推动杭州市钱塘区节庆赛事品牌化发展。

四、文化和旅游资源开发重点

杭州市钱塘区作为城市发展新区,相对而言,现有的文化旅游资源综合品质较高。但是,空间上由于区域被钱塘江分割为两部分,文旅资源虽然形成积聚片区,可整体散布程度较高,且存在资源转化程度低、设施基础薄弱、品牌效应不明显等问题,在开发过程中需要充分考虑以上制约因素,明确文旅资源开发重点。

(一)主抓大项目,形成引领效应

以金沙湖、大江东东湖、潮音禅院、江海湿地等大项目为支点,充分发挥大项目带动作用,先期启动,重点投入,将其作为推动杭州市钱塘区文旅发展的发动机。

(二)充分利用城市交通,便捷速达

充分利用杭州市钱塘区的便利交通条件,将文旅发展与城市公交系统、地铁系统融合起来,建设"钱塘区"号地铁车厢,利用公交车涂装,打造杭州市钱塘区特色文旅宣传公交车。利用四通八达的公共交通,缩短游客前往分散景区的交通时间。

(三)建设系列旅游廊道、旅游带、旅游线路,以点带线

利用六号大街、沿江大道、江东大道等城市道路打造特色旅游廊道、旅游景观大道;利用钱塘两岸国家绿道系统、江海湿地绿道系统、内河水网系统打造特色旅游带;以工业旅游、围垦文化旅游、钱塘江潮文化旅游为主线,打造特色旅游线路,以点串线,联动发展。

第三章　杭州市钱塘区"十三五"发展回顾、"十四五"发展目标与定位

一、"十三五"发展回顾

(一)工业旅游发展取得显著成效

杭州市钱塘区工业旅游发展始于 2004 年,杭州经济技术开发区"杭州娃哈哈集团下沙工业园"创建成为国家工业旅游示范基地。2017 年,杭州经济技术开发区制定《杭州经济技术开发区工业旅游示范基地评定办法》《杭州经济技术开发区工业旅游示范基地检查标准》,开始扶持打造区级工业旅游示范基地。2018 年,杭州经济技术开发区认定 6 个区级工业旅游示范基地。2020 年,杭州康师傅梦想探索乐园、浙江太古可口可乐博物馆创建为浙江省工业旅游基地,杭州味全品牌体验馆、杭州万事利丝绸工业园、杭州九阳健康厨房家电工业旅游示范基地成为杭州市钱塘区工业旅游基地。2020 年,杭州钱塘新区认定广汽传祺(杭州)智能制造旅游示范基地、格力电器(杭州)工业旅游示范基地、杭州新松机器人工业旅游示范基地为区级工业旅游示范基地。"十三五"期间,杭州市钱塘区工业旅游体系基本建成,形成了"1个国家级工业旅游示范基地、5 个浙江省级工业旅游基地、6 个市(区)级工业旅游基地"的工业旅游目的地发展体系。

2019 年 10 月,杭州钱塘新区召开工业旅游创新发展大会,开启了工业旅游发展新征程。2020 年 10 月,杭州钱塘新区社会发展局承办"杭州向东,未来已来"——2020 年杭州钱塘新区文化旅游周开幕式暨工业旅游高质量发展研讨会。杭州市钱塘区突出重点,打造数字赋能、融合发展的工业旅游新业态,杭州市钱塘区工业旅游列入浙江省杭州市重点培育的文旅"金名

片"项目。

"十三五"期间,工业旅游成为杭州钱塘新区文旅发展的领头雁、先行军,并带动其他文旅业态的快速发展,杭州市钱塘区工业旅游逐步成为杭州工业旅游发展高地。

(二)特色小镇产业旅游发展获得突破

杭州市钱塘区特色小镇发展极具特色,目前已建成杭州医药港小镇、杭州大创小镇、杭州东部湾总部基地小镇等特色小镇。按照发展要求,杭州医药港小镇、杭州大创小镇作为浙江省特色小镇,要创建为国家 AAA 级及以上旅游景区。杭州医药港小镇于 2018 年启动国家 AAA 级旅游景区创建工作,并于 2019 年创建为国家 AAA 级旅游景区。

杭州大创小镇先后获批国家级创新人才培养示范基地、浙江省级国际合作基地、杭州市国际人才创业创新园、杭州市数字经济旅游十景等称号,成为杭州市钱塘区的文化科技交流中心和重要平台。

杭州市钱塘区东部湾总部基地是杭州市钱塘区重点建设的功能园区之一。杭州东部湾总部基地作为杭州亚运会速滑赛场,在杭州东部湾总部基地建设有符合国际标准的杭州亚运速滑馆和轮滑公园。"十三五"期间,杭州东部湾总部基地东部湾体育公园基本建成,亚运速滑馆主体建筑基本建成,杭州东部湾总部基地 5 幢高楼基本建成(其中一幢高 199.8 米,成为杭州市钱塘区城市新地标)。杭州东部湾总部基地发展腹地较大,并借助中国(浙江)自由贸易试验区杭州片区的政策优势,有望成为杭州市钱塘区特色产业旅游发展的新热土。

(三)商贸旅游已获政策层面支持

杭州市钱塘区商贸旅游产业发达。"十三五"期间,杭州钱塘新区先后建成金沙湖天街、下沙宝龙商业街区、下沙金沙印象城、下沙蒲公英小镇、下沙和达城、下沙银泰城、下沙东东城、大江东宝龙商业中心等一批大型商业综合体。杭州市钱塘区住宿业发达,相继建成杭州盛泰开元名都大酒店、杭州和达希尔顿逸林大酒店、杭州嘉悦希尔顿大酒店、杭州龙湖皇冠假日酒店等高等级品牌酒店。依托高教园区客流密集及区内商贸业发达的优势,杭州市钱塘区经济型酒店形成高度集聚发展态势。目前,杭州市钱塘区下沙区块共有各类住宿设施 310 多家(据携程酒店预订平台统计)。

2020 年 7 月,中国(浙江)自由贸易试验区杭州片区获批建立,钱塘区块实施范围 10.1 平方千米。在自贸区的海关特殊监管区内属于"境内关外"地区,在不进入非海关特殊监管区的情况下,举办会展所需的入境商品和酒店业进口食材和设备不需要缴纳进口税,这为在海关特殊监管区内发展国际文化和旅游会展业态提供了便利。中国(浙江)自由贸易试验区杭州片区钱塘区块的建立为杭州市钱塘区商贸业的发展带来了历史性机遇。

(四)体育赛事品牌已具一定优势

1. 赛事品牌彰显特色

杭州市钱塘区已培育成功两大知名体育赛事:杭州国际女子马拉松和浙江大湾区自行车公开赛。杭州国际女子马拉松自 2017 年举办以来,经过多年的精耕细作,完成了中国田协"铜—银—金"赛事的华丽转变。2021 年 2 月,杭州国际女子马拉松被评为世界田联普通标牌赛事。杭州国际女子马拉松已成为杭州市一个万人级规模的马拉松。杭州市钱塘区也借助体育赛事品牌,把杭州市钱塘区的城市风光、人文景观和时代风采通过媒体得到完美的展现,提升了杭州市钱塘区的知名度和影响力。

以培育体育赛事品牌为目标,杭州钱塘新区与浙江省体育局共同举办2019 浙江大湾区自行车公开赛、2020 浙江大湾区自行车公开赛,赛事以国际化、特色化和专业化的标准着力打造为和杭州国际女子马拉松一样的国际赛事品牌。该赛事在"十四五"期间实施常态化运营,将成为杭州市钱塘区继杭州国际女子马拉松之后的另一个国际知名体育赛事。

2. 群众体育赛事丰富多彩

杭州钱塘新区成功举办 2019 全国体育公开赛暨杭州经济技术开发区第六届操舞大赛、杭州市体彩杯射箭比赛、浙江省自由式轮滑积分联赛、钱塘区毅行大会、钱塘区青少年跆拳道公开赛、钱塘区篮球联赛、羽毛球联赛、乒乓球联赛等大型群众性体育赛事活动,极大丰富了群众的生活。群众体育赛事活动为杭州市钱塘区开展文化节庆赛事旅游提供了良好基础。

全民健身,共享亚运——2020 年杭州市棋类共建学校校际联赛、2020

杭州市首届青少年攀岩公开赛在杭州钱塘新区同时开赛。在举办杭州亚运会前后,杭州市钱塘区将迎来群众体育运动高潮。

(五)江河湖海景观打造形成合力

钱塘江主要分为东西两岸,为杭州三江两岸国家绿道重要组成部分。"十三五"期间,杭州市钱塘区西岸绿道、东部湾湿地公园、东部湾体育公园、下沙环区绿道基本建成。杭州市钱塘区下沙环区绿道全长约 31.3 千米,项目总投资预算 7.2 亿元。2019 年,杭州钱塘新区启动下沙片区环线景观提升工程,目前已建成高质量的慢行系统。内河段慢行系统主要分骑行道及散步道,结合景观园路,全环线共设计跑步道 45.6 千米、骑行道 34.48 千米。目前,该绿道能满足马拉松、自行车赛等一系列赛事需求及到访游客观潮、露营等活动需求。

"十三五"期间,杭州钱塘新区启动金沙湖—潮音禅院—城市阳台片区连片打造工程,目前金沙湖片区基本建成,潮音禅院于"十三五"期末进场施工建设。作为杭州钱塘新区重要的文化设施,潮音禅院从谋划到"十三五"期末进场施工,当时预计于杭州亚运会前主体结构完成。

《杭州钱塘新区战略规划》指出,钱塘新区拟打造两条最美滨江带:下沙滨江文化运动带、江东湿地休闲体验带。"十三五"期间,杭州钱塘新区江海湿地启动保护规划,确定保护范围,并制订了相关保护措施。同时,杭州钱塘新区钱塘江南岸景观提升与亮化工程启动,江东湿地与钱塘江南岸景观日益美丽。

(六)围垦文化彰显地域特色文化

"十三五"期间,杭州经济技术开发区建成杭州下沙围垦文化公园,成为杭州市钱塘区彰显围垦文化的重要阵地。目前,杭州市钱塘区大江东片区保存了一定的围垦文化和围垦遗址。面积约 53.8 平方千米的江海湿地公园再现了围垦之地的原貌,新围村在重点打造杭州市钱塘区围垦第一村。"十三五"期间,相关部门对知青围垦文化物质载体临江兵团知青公园进行了改造,并相继建成河庄街道沙地红色纪念馆、河庄街道沙地博物馆、新湾街道民俗文化展示馆(沙地、围垦文化)、义蓬街道沙地文化馆等围垦文化博物场馆及南沙公园等一批以围垦文化为底蕴的旅游吸引物。

（七）文体设施日益显现后发优势

"十三五"期间,在建的文体大中型设施主要有:总建筑面积252500.6平方米的下沙文体中心、总建筑面积30359平方米的大学城北体育中心、总用地面积131516平方米的东部湾体育公园（亚运轮滑馆）、总建筑面积43364.7平方米的金沙湖大剧院等。

总体上,杭州市钱塘区作为新建城区,人口流入量大,新增人口比重大,虽然文体设施人均面积落后于其他区（市、县）,但新建的文体设施充分考虑到文体和旅游融合发展的需要,尤其是金沙湖大剧院建在美丽的金沙湖畔,亚运轮滑馆建在东部湾总部基地和东部湾体育公园,大学城北体育中心设施配置充分考虑到举办大型体育赛事的需要,并为第19届杭州亚运会后体育旅游事业大发展提供了广阔空间。杭州市钱塘区钱塘江两岸绿道建设及江海湿地绿道系统的规划都为"十四五"文体旅融合发展提供了广阔的空间。

（八）文化旅游体育已有初步规划

"十三五"期间,杭州钱塘新区（含杭州经济技术开发区）制定了一系列文化、旅游、体育规划。2016年,国家启动全域旅游发展工作,杭州市积极创建旅游示范城市。在此大背景下,杭州经济技术开发区于2017年编制《杭州经济技术开发区全域旅游发展规划》,成为杭州经济技术开发区第一个系统、全面进行旅游发展战略思考的旅游规划。2018年,杭州经济技术开发区相继编制完成《杭州经济技术开发区文体旅游发展规划》《杭州经济技术开发区钱塘江文化发展报告》《杭州经济技术开发区围垦遗址保护方案》等文化和旅游发展规划。这些规划对指导杭州经济技术开发区如何开展文旅体产业发展,尤其是工业旅游发展、商贸旅游发展、钱塘江观潮旅游发展,以及钱塘江文化、围垦文化的挖掘、保护与开发起到了至关重要的作用,为杭州经济技术开发区的文旅体发展确定了完善的发展指导思想、发展目标、发展任务、发展路径。

2019年4月,杭州钱塘新区成立。2019年至2020年,相关部门相继编制完成《杭州钱塘新区文旅融合发展规划》《杭州钱塘新区体育产业布局规划》《杭州钱塘新区金沙湖—潮音禅院—城市阳台片区旅游控制性规划》等文化、旅游、体育发展相关规划。

以上相关规划为杭州钱塘新区文旅体的发展指明了方向,提供了发展路径,并大力促进了文旅体相关政策的制定和相关会议、品牌赛事的举办,对杭州钱塘新区的文旅体事业和产业发展与知名度提升起到了一定作用。

二、指导思想

以杭州市钱塘区加快建成世界级智能制造产业集群、长三角地区产城融合发展示范区、浙江省标志性战略性改革开放大平台和杭州湾数字经济和智能制造融合创新发展引领区的发展目标为指引,积极谋划杭州市钱塘区文旅体产业大发展路径,持续做好智造工业旅游和特色小镇产业旅游服务工作、深挖围垦文化和知青文化旅游、做特做精体育精品赛事和亚运会概念旅游、壮大商贸商业和购物旅游产业,谋划国家自由贸易试验区免税购物旅游和酒店中央区建设,启动杭州市钱塘区绿轴永久农田和沿江湿地区块自然观光和美丽乡村精品游线打造工作,创新文旅体产业大融合发展模式,把杭州市钱塘区打造为全国智造工业旅游和特色小镇产业旅游高地、浙江文旅体产业融合发展样板地、杭州市体育赛事旅游及亚运会旅游样板地,成为杭州市文旅体产业融合发展"重要窗口""头雁风采"的示范区,并把文旅体产业打造为杭州市钱塘区的主导产业。

三、发展目标

(一)打造长三角产业文旅体集聚化发展体验高地

发挥杭州市钱塘区工业集聚、智能制造领先等产业优势,融合杭州市钱塘区创业精神、创业文化,全面打造具有广泛影响力的工业文化旅游集聚地。在现有 1 个国家级、5 个浙江省级及市级、6 个区级共 12 个工业旅游示范基地基础上,至"十四五"期末新增杭州市钱塘区区级工业旅游示范基地 6 个。大力培育国家级、浙江省级工业旅游示范基地,至"十四五"期末,争取培育1个以上国家级和3个以上浙江省级工业旅游示范基地,并结合大创小镇、杭州医药港小镇、汽车智能制造小镇等特色小镇,在已有1个国家AAA级旅游景区基础上,在"十四五"期末争取创建1—2处特色小镇或工业旅游类国家AAA级旅游景区,打造浙江省智造工业文化旅游、特色小镇产业旅游和长三角产业文旅体集聚化发展体验高地。

(二)构建长三角文旅体多元融合发展体验高地

为构建长三角文旅体多元融合发展体验高地,杭州市钱塘区以金沙湖、东沙湖为"两核",以一江两岸、南沙大堤为"三带",以文体旅产业融合发展为方向。金沙湖旅游核以钱塘江潮文化与潮音禅院、金沙湖聚合发展为核心,将优势资源向金沙湖区域集聚,建设金沙湖中央商务区。整合龙湖天街、银泰城等现代商贸旅游资源,构建旅游集散中心,推动以潮音禅院为引领的佛教文化、沿江城市阳台观潮、金沙湖水上休闲运动等为一体的旅游一体化板块建设,实现金沙湖中央商务区向RBD兼TBD转变。

东沙湖旅游核以展示田园型都市为主方向,集合河湖、花海,以及都市重点文化博物场馆、会展中心、城市景观,形成原大江东片区城市人文景观核心,统筹考虑吃、住、行、游、购、娱等文体旅产业融合要素,谋划钱塘区国际化旅游景区建设。"十四五"期间加快江海湿地和美丽乡村精品游线建设,以钱塘江北岸文旅休闲带、南岸生态景观带、南沙大堤文化旅游带为主体,积极谋划江海湿地国家AAA级旅游景区建设,并结合美丽乡村建设和浙江省景区镇村建设,大力发展乡村旅游业、田园农场旅游业,打造一批浙江省A级景区街道、浙江省A级景区村庄和3条以上美丽乡村精品游线。"十四五"期间,把杭州市钱塘区构建为长三角文旅体产业多元融合发展体验高地。

(三)形成长三角围垦文化旅游聚合发展体验高地

发挥地域优势,挖掘钱塘特色,大力弘扬杭州市钱塘区围垦精神,挖掘围垦文化,完善或提升围垦文化公园、临江知青文化园、南沙大堤、围垦3号大堤及其他各类围垦文化博物馆(展览馆)等现有围垦文化旅游吸引物,积极谋划杭州市钱塘区围垦文化博物馆建设,以综合性博物馆为方向,打造围垦文化体验社区(围垦文化村)、江海湿地围垦文化自然生态公园、百米围垦文化精神长廊、沙地非遗文化展示等板块。依托围垦文化和非物质文化遗产,积极打造浙江省级非遗旅游景区和生产非遗旅游商品。"十四五"期间,持续提升知青文化园建设,并按照国家 AAA 级旅游景区标准积极培育浙江省红色旅游教育基地和中小学生研学旅行示范基地。设置杭州市钱塘区围垦文化和围垦遗址文旅融合发展研究机构与管理机构,至"十四五"期末,初步形成杭州市钱塘区围垦文化旅游融合发展聚合体,打造长三角围垦文化旅游聚合发展体验高地。

(四)培育文体场馆、品牌赛事节事旅游体验高地

贯彻资源集聚开放理念,提升文化博物场馆和体育场馆旅游化开放体验,在现有的文化博物场馆和体育场馆、体育赛事基础上,按照国际化新城区、现代化都市区标准,高起点布局文化博物场馆,全方位实施文化博物场馆旅游景区化发展、文化体育节庆赛事旅游化发展等战略,大力培育文化博物场馆型景区,把下沙文体中心、大学城北体育健身中心、东部湾体育公园(亚运速滑馆)、钱塘大剧院、钱塘区文体中心(图书馆、文化馆等)及有待开发的围垦文化博物馆等培育成为旅游景点。同时,积极培育文旅节庆活动、品牌赛事,把杭州国际女子马拉松和大湾区自行车公开赛培育为在浙江省乃至国内外具有一定影响力的知名文体旅游活动,谋划杭州市钱塘区文化旅游节、潮音禅院禅修文化节等节庆活动,把杭州市钱塘区打造为国内外节庆赛事旅游新高地。积极谋划高等级速滑国际赛事和室内攀岩类大型赛事,把杭州市钱塘区打造为杭州亚运会旅游及后亚运会旅游重要示范区。

四、形象定位

充分融入潮头、创业、钱塘、新区、旅游、休闲等元素,打造以下文旅形象:

①创立潮头·乐在钱塘;

②勇立潮头·梦圆钱塘;

③潮起钱塘·大创名都;

④大创高地·文旅名城。

充分融入江海湿地、钱塘江观潮、潮音禅院、工业旅游、围垦文化、时尚文化、钱塘区等元素,方可打造具有唯一性的文旅形象定位:

①潮音听海·梦圆钱塘;

②江海听潮·工旅钱塘;

③江海听潮音·文旅新钱塘。

第四章　杭州市钱塘区文化和旅游发展空间布局与功能分区规划

一、空间布局

抓好文化和旅游产业发展规划项目,发挥杭州市钱塘区地处长三角一体化发展国家战略快车道和杭州市旅游"三江一湖"(钱塘江—富春江—新安江—千岛湖)黄金旅游发展轴的地理优势,围绕助力高质量、彰显国际范、对接新区战略规划,重点布局"两核三带五组团"的文旅融合发展空间。其中,"两核"分别为金沙湖旅游核、东湖旅游核;"三带"分别为南沙大堤文化旅游带、东岸沿江生态旅游带、西岸沿江休闲旅游带;"五组团"分别为下沙文旅融合发展组团、大江东文旅融合发展组团、江海湿地文旅融合发展组团、城市生态绿谷旅游组团、围垦文化旅游组团。

二、功能分区

(一)两核之一:金沙湖旅游核

1. 区块范围

金沙湖周边及潮音禅院区域。

2. 发展思路

(1)总体思路

将优势资源向金沙湖区域集聚,建设金沙湖中央商务区,整合龙湖天街、银泰城等现代商贸旅游资源,构建旅游集散中心,策划时尚文旅节庆活动,推动以潮音禅院为引领的佛教文化旅游综合体建设,实现金沙湖中央商务区向 RBD 兼 TBD 转变,成为钱塘区下沙区域文旅发展核心区、旅游服务中心和时尚新高地。

（2）具体设想

①以金沙湖中央商务区为核心，加快未来科技中心、健康服务综合体、金沙湖歌剧院、国际会议中心、金沙湖沙滩、摩天轮主题公园、航模活动广场、青年广场等项目建设，完善旅游标识标牌、旅游厕所等旅游公共服务设施建设，融入商贸文化、时尚文化，引导龙湖天街、银泰城等商业综合体向TBD转变。整合金沙湖、潮音禅院等资源，未来建设一处国家AAAAA级旅游景区。

②推动以潮音禅院为引领的佛教文化旅游综合体建设，加快佛教文化旅游接待设施、佛教文化旅游基础设施及公共服务设施建设，引导污水处理厂采取下沉方案，打造滨江城市阳台，将金沙湖旅游核建设为杭州市钱塘区融城市文化、宗教文化、时尚文化、潮文化于一体的对外形象展示窗口。

3.规划定位

旅游商务区、国家AAAAA级旅游景区、杭州市宗教旅游新高地、浙江省特色小镇、杭州时尚新高地。

（二）两核之二：东湖旅游核

1.区块范围

钱塘区东湖及周边公共文化设施。

2.发展思路

（1）总体思路

依托杭州市钱塘区东湖城市湖泊建设，以及周边众多城市公共文化设施资源，通过文化博物场馆、公共文化设施景区化建设，结合东湖城市休闲游憩湖泊景观营造，将钱塘区东湖行政核心区建设为杭州市具有显著地位和知名度、功能体系完整的文旅融合发展组团。

（2）具体设想

①实施文化博物场馆景区化战略。针对东湖周边众多图书馆、文化馆、艺术馆、博物馆等城市公共文化设施，按照景区标准进行建设，积极融入旅游元素，建设系列旅游设施。积极开发旅游演艺、文化展演、非遗活态展示等演艺项目，通过体育赛事、文化展示类项目建设，打造具有浓郁文化氛围、

兼具旅游接待功能的文化博物场馆集聚区。

②打造城市湖泊休闲旅游综合体。依托东湖的自然资源,结合其作为杭州市钱塘区行政中心的独特地位,开发系列水上演艺、水上运动、滨水休闲、滨水游憩等项目,通过灯光秀、水上音乐喷泉等景观营造,适度开发夜旅游产品,打造杭州市钱塘区城市核心区市民休闲游憩旅游综合体,整体上建设成为国家AAA、AAAA、AAAAA级旅游景区。

③建设大江东旅游集散中心。杭州市钱塘区大江东片区目前旅游基础设施及公共服务设施薄弱,随着杭州钱塘新区的建设,计划在东湖周边地铁、公交站点交汇处打造一处大江东旅游集散中心,开通连接杭州市区、绍兴市区等地的特色旅游巴士,积极融入长三角旅游线路。

3.规划定位

大江东旅游集散中心、公共文化设施景区化发展集聚区、钱塘区城市湖泊休闲旅游综合体。

(三)三带之一:南沙大堤文化旅游带

1.区块范围

钱塘区南沙大堤及两侧沿线。

2.发展思路

(1)总体思路

以南沙大堤为轴线,把沿堤的蜀山商周文化、头蓬老街、东海禅寺、知青文化等本土历史文化串珠成链,打造一条独具钱塘特色的文化带。

(2)具体设想

①按照国家级绿道标准高质量建设南沙大堤。南沙大堤作为大江东围垦历史的见证,具有深厚的历史意义,计划按照国家级绿道建设标准,将车行道、骑行道、慢行游步道"三道合一"进行建设,沿途配置休息驿站。

②打造系列旅游项目集聚区。以蜀山、头蓬老街、东海禅寺三大文旅资源为基础,打造蜀山遗址公园、头蓬老街特色街区、东海禅寺宗教文化综合体三大旅游项目,带动南沙大堤沿线旅游产业布局及旅游线路建设。

③创意开发围垦文化载体。以围垦长廊、围垦文化展示广场、围垦文化道路标识系统、围垦文化绿化景观小品等为载体,再现南沙大堤所代表的围

垦文化历史。

④举办系列节庆赛事。举办钱塘区国际自行车赛,将南沙大堤作为重要组成线路。以南沙大堤为素材举办围垦文化征文大赛、围垦文化诗歌大赛等活动,打造文化底蕴深厚的旅游地标。

3.规划定位

钱塘区文化旅游带、围垦文化旅游休闲长廊。

(四)三带之二:东岸沿江生态旅游带

1.区块范围

钱塘区大江东区域沿江岸线,包括滨江绿色长廊。

2.发展思路

(1)总体思路

依托杭州湾出海口优势,结合2千米宽的滨江绿色长廊,打造杭州市拥江发展岸线。与下沙区域江堤对应,打造船行、车行、骑行、步行"四行合一"的"三江两岸"休闲绿道,融入围垦文化、钱塘江潮文化、红色文化、知青兵团文化,打造一条与下沙江堤相呼应的文旅融合旅游带。

(2)具体设想

①建设国家级绿道系统。改造现有堤岸道路,进行道路绿化。以国际骑行道标准建设骑行道,设置骑行驿站、滨水观景平台;靠近内河一侧建设滨水栈道,打通全线(41千米),建设内河亲水平台。

②旅游设施提升。现有岸线仅作为防洪通行使用,未来建设旅游基础设施与旅游公共服务设施,在绿道两端及中间地段设置游客中心,建设旅游厕所,打造系列旅游标识系统、解说系统、导引系统,结合村庄居民点设置小型餐饮设施,建设服务于游客的餐吧、小吃吧、茶吧、咖啡吧等接待设施。在文旅设施外观美化、内部装修、人员服饰等方面积极融入大江东围垦文化、钱塘江潮文化、红色文化和知青文化。

3.规划定位

"三江两岸"最美城郊文旅融合旅游带、杭州大都市钱江门户。

(五)三带之三:西岸沿江休闲旅游带

1.区块范围

钱塘区下沙区域钱塘江沿岸,包括江堤及内河部分。

2.发展思路

(1)总体思路

围绕拥江发展战略,打造船行、车行、骑行、步行"四行合一"的"三江两岸"最美杭州时尚休闲旅游带。沿线积极融入时尚文化、潮文化、围垦文化、科教文化,打造一条文旅融合旅游带。搭建下沙高教园区数十万居民体验钱塘江潮文化、围垦文化的平台。

(2)具体设想

①丰富空间层次,构建慢行系统。改造圩堤道路,以国际骑行道标准建设骑行道,设置骑行驿站、滨水观景平台;建设景观天桥,连通道路两侧游步道;加大内河河道景观营造与桥梁改造力度,建设游船码头与游船服务中心,构建内河水上通道和空间层次丰富的美丽东部湾生态休闲旅游景观大道。

②注入文化旅游元素。从文旅融合发展视角出发,以钱塘江大潮所蕴含的潮文化、下沙围垦片区所蕴含的围垦文化为核心吸引物,利用沿线休闲草坪建设露营地、自驾车营地、观潮公园、室外音乐馆、儿童游乐场等项目,做大做强体育、音乐节庆活动,沿线配备旅游咨询服务中心、休闲吧、滨水观景平台、湿地空中景观长廊等设施,将东部湾沿江的滨水区域打造为融休闲旅游、生态体验与现代都市生活于一体的休闲旅游长廊。

3.规划定位

"三江两岸"最美都市生态旅游景观大道、杭州大都市钱江门户、国家AAAA级旅游景区。

(六)五组团之一:下沙文旅融合发展组团

1.区块范围

钱塘区下沙区域,包括原杭州下沙经济技术开发区。

2.发展思路

(1)总体思路

依托原杭州下沙经济技术开发区的工业旅游资源、杭州医药港、大创小镇、下沙高教园区数十万本地居民的市场基础,发展工业旅游、文创旅游、科普研学旅游,打造下沙文旅融合发展组团。

(2)具体设想

①大力发展工业旅游。采用区域整体联动开发方式,整合工业旅游资源,由管委会统一规划与管理,搭建工业旅游联盟、工业旅游线上线下总入口两大平台:通过深度体验型、科技型等发展模式,深度开发工业旅游资源,打造工业旅游精品线路,形成工业旅游品牌,打造杭州工业旅游示范区。推动工业旅游从"工业+旅游"到"工业旅游+"转变。创新"工业旅游+"全新发展模式,将工业旅游与节庆活动、休闲娱乐、商贸交流、科技体验、会议会展等活动融合发展,提升开发区工业旅游的影响力。

②创新发展特色小镇旅游业。立足生态与科技,建设融科技研发、智能制造、健康服务、生活居住、公共配套、旅游休闲等功能于一体的中国特色鲜明的生物医药产城融合示范区。依托大创小镇创新创业资源基础,发展特色文创、会议会展、商务旅游等产业,将特色小镇与休闲、文创产业充分融合,打造特色小镇旅游目的地。

③打造公共文化设施,融入旅游演艺动漫作品。大力推进城市书房、音乐书吧、咖啡书吧等各类公共文化服务设施建设,鼓励旅游演艺作品融入各个商业中心、主要景点,支持政府旅游部门、各类旅游相关单位采购旅游演艺作品,定期在旅游景区巡演,传播优秀传统文化,丰富旅游产品体系,提升游客体验质量。

④呈现潮流文化。下沙大学城与钱塘江仅一路之隔,经过数十年的积累与沉淀,该区域已经形成具有"现代、活力、年轻、朝气、创新"等特质的高教文化。依托沿江各个广场,建设小型滑板公园、轮滑公园等设施,给广大高校学生以展示青春潮流的平台。

⑤积极开发夜旅游产品。下沙一号大街沿江道路等主要街道两侧及滨江沿岸80米以上建筑外表加装景观灯,塑造夜旅游整体形象,开发新兴旅游产品。

⑥进一步提升道路景观。大创小镇与杭州医药港小镇的内部道路环境需呈现出明显的工业区特点,街道与绿化空间可增点缀,增强空间层次感。

3.规划定位

文旅融合发展示范区、特色小镇旅游目的地、杭州工业旅游高地。

(七)五组团之二:大江东文旅融合发展组团

1.区块范围

钱塘区大江东区域,包括前进街道、河庄街道、新湾街道、临江街道和义蓬街道。

2.发展思路

(1)总体思路

依托大江东智能制造资源、千亿级工业资源、围垦文化资源、万亩城市近郊农业资源、红色知青文化资源,大力发展近郊休闲运动旅游、工业智造旅游、科普研学旅游、红色文化旅游、围垦文化旅游,打造大江东文旅融合发展组团。

(2)具体设想

①发展城市近郊休闲度假旅游。依托大江东区域的广阔农田及绿地系统,大力发展近郊休闲度假旅游,建设系列休闲农庄、特色民宿、休闲度假综合体,打造杭城近郊休闲度假旅游目的地。

②发展现代智造工业旅游。依托广汽传祺、吉利、福特、东风裕隆所代表的千亿级汽车生产工业,推动各个汽车企业品牌展示馆、游客参观通道、线上线下预约平台、特色品牌团购展销馆等的建设,打造特色现代汽车制造工业旅游线路。

③发展围垦文化和科普研学旅游。依托大江东围垦文化资源,打造系列围垦文化项目,建设围垦文化系列博物馆、围垦文化长廊、围垦文化系列景观雕塑、围垦文化广场、围垦文化村。深入挖掘围垦文化,打造围垦文旅融合集聚区。依托新松集团、西子航空等高端智能制造工业,打造现代智能机器人科普研学旅游平台、高精尖航空航天工业科普研学旅游平台,建设高端科技科普研学旅游集聚区。依托格力电器建设智能家电科普研学旅游点。

④发展美丽乡村休闲度假旅游。依托大江东5个街道的美丽乡村资源,通过文化村、特色民宿村、特色文创村、特色街区等旅游建筑的建设,打造美

丽乡村休闲度假旅游集聚区。

3.规划定位

文旅融合发展示范区、城市近郊休闲旅游目的地、美丽乡村休闲度假旅游集聚区。

(八)五组团之三:江海湿地文旅融合发展组团

1.区块范围

钱塘区江海湿地区域,面积约 100 平方千米。

2.发展思路

(1)总体思路

依托上百平方千米的江海湿地资源,深入挖掘钱塘江潮文化、湿地文化,提供科普研学、近江休闲度假、城市休闲、特色水上岸上运动等活动,打造与西溪湿地、富春江湿地齐名的杭州市钱塘区大湾区湿地,力争中远期将其培育成为国家级湿地公园,提升杭州市钱塘区的城市气质,打造城市休闲娱乐品牌。

(2)具体设想

①建设国家湿地公园。整合湿地资源,利用现有道路打造系列美丽风景道,划分湿地核心保护区、限制开发区和一般建设区。通过科普研学、滨水体验等项目建设,以及休闲游步道、休闲驿站等设施建设,高标准建设杭州市钱塘区大湾区湿地。

②大力开发水上岸上运动休闲旅游。将现有的二道坝、三道坝之间的河道进行联通,建设滨水栈道,开通水上游船服务。部分水塘打通之后,种植芦苇、水杉,打造一处水上植物公园。建设系列垂钓设施,打造国家级垂钓基地。发展水上运动,打造一处国家级水上运动训练基地。依托堤岸举办女子马拉松、自行车赛、卡丁车赛等赛事活动。

③发展游艇邮轮旅游。依托出海港口,建设游艇码头,融入杭州大湾区游艇旅游线路,面向高端旅游市场,建设钱塘江游艇邮轮停靠点。

3.规划定位

国家湿地公园、水上运动休闲集聚区、国家级垂钓基地、国家级水上运动训练基地。

(九)五组团之四：城市生态绿谷旅游组团

1.区块范围

钱塘区义蓬街道与前进街道、临江街道之间的城市绿谷区域。

2.发展思路

(1)总体思路

依托区域农田资源，打造一片城市绿谷成为杭州市钱塘区大江东区域城市绿地核心组成部分。打造万亩花海、万亩稻田、彩色稻田大地彩绘、郊野公园等项目，将此区域建设为杭州近郊城市休闲游憩文旅融合发展集聚区。

(2)具体设想

①打造一条郊野休闲美食街区。利用散落在生态绿谷中的乡村集体用地，打造一条郊野休闲美食街区，开发杭州市钱塘区特色美食品种，提供特色海鲜、绿色蔬菜瓜果及农家美食 DIY 炊事体验，同时服务于周围的制造企业，为企业员工提供一处美食体验场地。

②打造大地彩绘与万亩花海景观。生态绿谷区域两侧均为杭州市钱塘区科技创新产业新城，依托彩色稻田、向日葵、油菜花等易成景观植物，打造万亩花海与万亩大地彩绘景观。

③提供现代化农业休闲与乡村体验。利用得天独厚的土地资源优势，建设现代化农业种植基地及高品质瓜果蔬菜采摘园，配套建设自驾车营地、房车营地，为千万杭州市民及周边城市市民提供自驾采摘旅游体验。

④创意开发"牛"文化。以渡江牛、镇江牛、拓荒牛等形象作为本底，结合杭州市钱塘区"勇立潮头"的钱塘江潮文化，探索钱塘区品牌形象。将"牛"文化融入农业旅游开发，开展系列农耕农事体验活动，打造特色都市田园旅游项目。

3.规划定位

休闲农业观光、自驾采摘基地、农业绿色食品基地、都市田园旅游项目。

(十)五组团之五：围垦文化旅游组团

1.区块范围

呈点状分布,包括下沙区域沿江片区、大江东区域各个沙地博物馆、围垦遗迹、临江街道知青文化园。

2.发展思路

(1)总体思路

整合杭州市钱塘区现存围垦遗址资源、围垦物质及非物质文化资源,通过系列文化博物场馆建设、围垦场景重现、围垦遗迹保护,深入挖掘围垦文化所蕴含的精神内涵,与钱塘江潮文化融合发展,打造围垦文化文旅融合发展集聚区。

(2)具体设想

①建设系列文化博物场馆。完善现有的围垦文化广场的基础设施,在大江东区域选择适宜用地建设一个围垦文化博物馆、一个围垦文化公园、一条围垦文化长廊、一个围垦文化雕塑广场。构建一系列能够展示围垦文化、解说围垦文化、宣扬围垦文化的设施。

②搭建系列围垦文化展示平台。沿南沙大堤、下沙老堤建设文化红道,打造多样历史节点。沿1969堤线建设风景绿道,所有堤坝配建骑行道、游步道,在堤坝两侧打造系列围垦文化雕塑,配置休闲驿站、旅游厕所等设施,把堤坝遗址变成围垦文化的天然展示平台。

③开发系列围垦文化旅游产品。通过文旅融合开发,打造一台围垦文化演艺节目,开发系列围垦文化活态展示项目,推出围垦文化系列动漫及系列文字出版物。

④大力弘扬红色文化。提升现有的临江知青文化园,以兵团红色文化为主线,打造红色文化体验基地、红色文化休闲度假村、红色文化爱国主义教育基地。

3.规划定位

围垦文化科普研学基地、围垦文化活态展示平台。

第五章　杭州市钱塘区围垦文化和旅游发展规划理论与实践

一、围垦文化和围垦遗址物质文化、非物质文化遗产

(一)杭州市钱塘区具有极其丰富的围垦文化和围垦遗址物质文化遗产

目前,杭州市钱塘区大江东片区的围垦文化和围垦遗址保存良好,其中面积约53.8平方千米的江海湿地公园再现了围垦原貌;占地0.18平方千米、投资7000多万元建成的临江兵团知青园保留了知青围垦文化物质载体。其他围垦文化和围垦遗址物质文化遗产主要有杭州市钱塘区钱塘江大堤和内堤、南沙大堤(老堤)及相关围垦文化馆、沙地文化馆、民俗馆等。

杭州市钱塘区围垦文化和围垦遗址物质文化遗产见表5-1。

表 5-1　杭州市钱塘区围垦文化和围垦遗址物质文化遗产

序号	名称	位置	简介
1	钱塘江大堤	杭州市钱塘区钱塘江东西两岸	主要分为东西两岸,其中西岸为杭州三江两岸国家绿道的重要组成部分。杭州市钱塘区下沙环区绿道全长约31.3千米,其中钱塘江畔沿江大堤段16.2千米,还有三条环区河道,分别是4.4千米的北线2850河段、6.5千米的新建河段、4.2千米的西线新华河段。2019年,杭州钱塘新区启动下沙片区环线景观提升工程,目前已打造成高质量的慢行系统。此次工程设计以"江"为缘起,"潮"为灵感,围绕潮涌下沙、全景绿廊的设计宗旨,为城市提供一个生态安定、充满活力的绿色环境空间。在这条杭城首个环区绿道上,可谓亮点频现,比如慢行系统,目前可见黑、红、灰三色铺装,分别对应骑行道、跑步道、散步道。内河段慢行系统主要分骑行道及散步道,结合景观园路,全环线共设计有45.6千米的跑步道、34.48千

序号	名称	位置	简介
			米的骑行道。目前该绿道能满足马拉松、自行车赛等一系列赛事需求及到访游客观潮、露营等活动需求。该项目总投资预算为 7.2 亿元,以环区河道为界限,打造杭州市钱塘区钱塘江西岸滨河绿道带
2	围垦遗址公园和围垦文化园	杭州市钱塘区下沙片区之江东路和六号大街南边	围垦遗址公园是为了弘扬围垦精神而建,围垦碑记主要介绍杭州市下沙片区由来和围垦历史。绿地面积约 40000 平方米,是一个集群众休闲、集会和围垦文化展示为一体的综合性广场,分为两块区域,分别位于六号大街北面和南面; 六号大街的北面以雕像和银杏树林为主要景观,四组雕像神情紧张,扛着锄头,挑着扁担……都在全神贯注地进行筑堤围垦,像一个个守护神正守护着杭州市钱塘区下沙片区这片土地。这些景观不仅是围垦文化的特色,也是杭州市钱塘区围垦精神的载体
3	围垦 3 号大堤(下沙老堤)	杭州市钱塘区下沙片区 6 号路和 11 号里路交叉口	围垦 3 号大堤是 1953 年至 1970 年下沙片区第一次大围垦区域防洪的主要设施,曾列入中华人民共和国水利部防汛备案项目。1962 年,围垦 3 号大堤由浙江省公安厅江涂围垦总队在 2 号大堤外滩组织围筑建设工作,南至下沙胜利闸外 1450 米处,北至海宁杨家村,全长 19.65 千米,筑堤取土形成了大堤西侧的塘河(40 米大河,现称 11 号渠)。1962 年至 1969 年,相关部门又对三号大堤逐渐加固,建丁坝 10 座,坝顶有 8.5 米高的,也有 5.5 米高的。大堤外坡用堆石防护,每米长堆石 20 立方米左右,并在杨家村段和 10 号坝附近用浆砌块石护坡,部分地段干砌混凝土勾缝护坡,计抛石护坡 3.81 千米,浆砌护坡 3.59 千米,混凝土勾缝护坡 3.56 千米,干砌块石护坡 6.14 千米原余杭县组织下沙片区第二次大围垦时,进行了植树固堤。为了便于新围垦区运输固堤石方,在围垦 3 号大堤上铺设"762"铁轨 3 千米、"610"铁轨 4.3 千米、小火车车厢 75 节。先后于 1972 年 8 月建成新沙闸、1977 年 5 月建成创业 1 号闸、1977 年 5 月建成创业 2 号闸
4	创业 1 号闸	现下沙 6 号大街与 3 号大堤交汇处南侧,紧邻 20 世纪 70	创业 1 号闸系下沙片区第二次大围垦建设的首座节制闸。1975 年 9 月开工建设,1977 年 5 月建成,历时 20 个月,由当时余杭县乔司公社组织 300 余人参加建设,围垦指挥部水利工程师沈德明担任整个工程总指挥。该闸系沉井基础,反拱钢筋底板,底板标高 3.8 米,单孔结构

序号	名称	位置	简介
		年代余杭县围垦指挥部（白洋桥东侧）	净宽 3 米,可通 50 吨以下船只,是余杭县组织 3 号大堤外滩涂围垦时水上运石的重要通道,也是目前内河水入江排涝的通道之一。创业 1 号闸现列入杭州市历史文物保护名录
5	"八五〇"出江闸	位于钱塘江临江大堤之"八五〇"盘头丁坝旁	"八五〇"出江闸系下沙片区第二次大围垦后期建设的围垦重点工程,是下沙地区主要排水口之一,也是目前下沙片区配水工程的下游出水口。此闸建于 1980 年,设有 2 孔,单孔净宽 3 米,流量为 36 立方米/秒,排水面积 23 平方千米。闸座底板高 1.96 米,反拱底板厚 0.5 米,底板高 3.8 米,闸顶高 11.3 米,钢筋混凝土梁板闸门,用 P 型橡皮止水,闸槽内加设两道平板橡皮止水,配置电动螺杆启闭机,外江消力池深 1 米,底板厚 0.8 米,长 27 米,消力槛下设一排沉井,井脚到地下 1.3 米,外抛石长 4 米,厚 1 米。底板与护坦设沉降缝,用塑料桥型加沥青麻袋止水,闸墙与浆砌块石挡土墙连接,设白铁皮沥青垂直止水; 为提高下沙片区内河的排水能力,1998 年,相关部门在"八五〇"出江闸北侧新建"八五〇"新闸,单孔净宽 4.0 米,底板高 1.66 米,流量为 36 立方米/秒。"八五〇"新闸配有 4 台 28ZLB-70 型轴流泵,单泵功率 80kW,单泵流量 1.06 立方米/秒。由于"八五〇"闸站位于下沙片区钱塘江下游,钱塘江水位比四格排灌站低 0.8 米左右,自排时间相对于四格排灌站长
6	原下沙农垦场办公楼	下沙 4 号大街南、现浙江育英职业技术学院体育场北侧	原为浙江省军区独立师一团(83246 部队)团部二层砖木结构的办公楼,由该团三营九连于 1977 年施工建成,建筑面积 1624 平方米。1976 年 5 月,因部队缩编,浙江省军区将乔司农场下沙片区的 4.06 平方千米土地移交给余杭县农业局、0.35 平方千米土地移交给杭州蚕种场、0.15 平方千米土地移交给浙江省五·七农场。余杭县将接收的土地与县棉麻良种繁育场合并,建立下沙农场(1977 年 11 月,下沙农场改称下沙农垦场)。1992 年 10 月,钱塘江外商投资区江北管委会启用该办公楼。浙江育英职业技术学院征用该地块后,该办公楼为该学院体育部所用杭州市钱塘区临江兵团知青文化园目前为钱

序号	名称	位置	简介
7	临江兵团知青文化园	杭州市钱塘区临江街道	塘区爱国主义教育基地、杭州市关心下一代教育基地，是在中国人民解放军原南京军区浙江生产建设兵团二师六团二营六连旧址上进行保留、改建成的，总用地面积为0.18平方千米，项目投资约7000万元，是一个以传承知青文化、弘扬知青精神为基调的教育基地。杭州市钱塘区临江街道还在临江兵团知青文化园内挂牌成立了临江德育教育基地、临江劳技教育基地和小记者教育实践基地。2018年临江兵团知青文化园累计接待参观人员5000余人，其中中小学学生1400余人，开展青少年教育活动卓有成效； 园区内保留了当年的宿舍、食堂等一批老建筑，还新建了知青纪念馆，增添了知青雕塑、知青种植园、知青林、知青浮雕、知青果园、知青百草园、知青鱼塘、生态农场，真实且生动地展现了这块土地的开拓者们当年生产、生活的场景，记录了知青们的奋斗历程，展示了知青们的奉献精神
8	杭州市钱塘区江海湿地	杭州市钱塘区大江东片区	江海湿地位于杭州湾入海口钱塘江南岸，是钱塘江起潮地，岸线长达20多千米，湿地规划面积约53.8平方千米，是杭州最大的沿江滩涂湿地，比三个西溪湿地公园的面积还要大，也是杭州市打造世界级生态景观休闲廊道——"三江两岸"的重要组成部分； 江海湿地主要为农田、绿地、水塘、河道，水系纵横交错，形成河、湖、塘、田、滩涂等生态景观布局，是杭州市最大的江海滩涂地，拥有天鹅、白鹭、灰鹭、绿头鸭、罗纹鸭、紫背苇鳽、野鸬鹚等保护鸟类，其自然风景独特，晨可看海曙云浮日，江遥水合天；闲可观芦苇摇曳，水波荡漾
9	南沙大堤（钱塘区大江东片区围垦老堤）	杭州市钱塘区大江东片区义蓬、新湾等街道	素有"萧山长城"之称的南沙大堤，是萧山区围垦文化的起源，是围垦精神的象征，是沙地文明的标志，它见证了沧海桑田的变迁。因此，它有着非常特别的历史人文价值，更是爱国主义教学、地理知识教育的最好读本。南沙大堤东起益农闸，西至浦沿半爿山，曲曲折折伸展，有"九曲十八弯"之称，全长85千米。现存的南沙大堤西起南阳，随后向东北方向延伸再向东南方向延伸，过临江后，终点位于红十五线以南萧绍分界点附近，在钱塘区内的这段全长为28.37千米； 位于新湾城市综合体内部的南沙大堤路段保存较好，全长2.2千米。沿线有东海禅寺和抢险闸围垦遗迹，具备良好的自然条件和人文条件，大堤两侧高耸入云的

序号	名称	位置	简介
			水杉见证了这段古大堤悠久的历史和曾经的沧桑； 新湾街道将本着尊重原有地形地貌、尊重历史遗迹的原则，以最小化的人工干预因势造景，着力打造南沙大堤休闲文化景观带，利用大堤的地势差，通过不同的设计手法打造不同的景观空间，并将景观建筑、构筑物融入其中，成为点睛之处，也明确将以生态保护为宗旨，以"美丽新湾、漫生活廊"为主题，在城市综合体内部规划"一纵两横两片区"景观带，"一纵"即抢险湾，"两横"即冯娄横湾和南沙大堤，计划总投资 3.5 亿元，总绿地面积约 44 万平方米
10	杭州市钱塘区河庄街道沙地红色纪念馆	河庄街道江东村新围初级中学	沙地红色纪念馆位于河庄街道江东村新围初级中学一座教学楼的五层，建筑面积约 400 平方米。由河庄民营企业家沈根良先后投入 350 万元创办而成，目前纪念馆建筑面积 1500 平方米，展厅面积 1300 平方米，主要陈列土地革命、抗日战争、解放战争、中华人民共和国成立、现代化军事建设 5 个时期的展品，其中包括中国人民抗日战争纪念馆赠送的一套八路军军装、一套日军士兵军装、10 多本抗战书籍和一把 1940 年八路军在河北战场上缴获的日军军刀等珍贵文物
11	杭州市钱塘区河庄街道沙地博物馆	河庄街道江东村新围初级中学	沙地博物馆位于河庄街道江东村新围初级中学一座教学楼的四楼，建筑面积约 400 平方米，博物馆通过大量的文物、史料记载及其他多种展示手段，展示了萧山区老一辈人民把一片茫茫滩涂改造为新城的艰苦卓绝的历史和宏伟篇章，生动地再现了 20 世纪萧山区人民围海造田的动人场景。馆内共有当年围垦用的扁担、泥钩、铁耙、木桶、水车等实物 200 余件，还原了当时老一辈人民在此劳动、艰苦奋斗的历史场景
12	杭州市钱塘区新湾街道民俗文化展示馆	杭州市钱塘区新湾街道	新湾街道民俗文化展示馆位于华彩名府小区东面，总面积 168 平方米，整个场馆以图文的形式记录了这片土地上曾经发生的故事； 场馆共有上下两层，第一层从围垦记忆、旧时岁月、新城起点及未来展望四方面，以文字介绍、老照片展示、拆迁场景等形式，展示新湾街道的历史沿革及新城的发展方向。第二层以文字、图片、实物展示的形式呈现了沙地的民间习俗特点、文化器具特点

续　表

序号	名称	位置	简介
13	杭州市钱塘区义蓬街道沙地文化馆	杭州市钱塘区义蓬街道	义蓬沙地文化馆位于义蓬文体中心内,于2014年由义蓬街道投资400多万元建立。展馆建设面积近1000平方米,以影音、雕塑、文字、图片、模型等形式,展示了沙地的形成与变迁、沙地人民与大自然抗争、缔造"人类造地史上的奇迹"的动人画卷,同时也讲述了沙地人民"勤劳节俭、敢闯敢拼"的艰辛创业史,让观众深切地感受沙地人民"奔竞不息、勇立潮头"的精神意境。自2014年开馆以来,接待了一批批前来参观的学生

(二)杭州市钱塘区围垦非物质文化遗产和钱塘江非物质文化遗产

杭州市钱塘区围垦非物质文化遗产和钱塘江主要非物质文化遗产包括海塘号子、海塘技艺、钱塘江板盐制作技艺、钱塘江大潮观潮习俗、祭潮神习俗、弄潮竞技、下沙大麦烧等,见表5-2。

表5-2　杭州市钱塘区围垦非物质文化遗产和钱塘江主要非物质文化遗产

序号	非物质文化遗产名称	简介
1	海塘号子	海塘号子是一种伴随着修筑海塘这一体力劳动而产生的民间音乐。在大规模、高强度修筑海塘的过程中,为了降低劳动强度,形成统一步调,塘工们根据修筑工程不同阶段的不同的节奏和氛围,创造出各种不同的海塘号子; 《中国民间歌曲集成·浙江卷》曾收入作者于20世纪70年代在海盐采集的8种海塘号子,分别是撬石、翻石、打夯、龙门桩、飞硪、长杠、短杠、串步。这些号子用来配合不同形式的劳动,一呼众应,气势豪迈,振奋人心,给人留下极深的印象。然而,随着这种劳动形式的消失,传统的号子声也消失了,会唱这种号子的人已经越来越少
2	海塘技艺	吴越时期,吴越王钱镠破大竹编笼,中填块石,横卧叠筑,并用长桩固定;塘前还钉立桩木以削弱涌潮、强浪的直接冲击,称为"滉柱"(明清时期又称荡浪桩)。竹笼石塘的创筑是历史上改进钱塘江海塘型式结构和用石筑塘的开端; 宋朝初年,改用新土筑塘。从开封等地调来制作埽工的工匠,采用黄河上的埽工技术,在杭州市至海宁市及萧山区一带筑成了柴塘,有效地防止了海潮的冲啮。柴塘是用柴、土间层加压筑成的一种海岸防护工程。修建柴塘通常用树枝荆条等铺垫底层,有的地方又叫材塘;

序号	非物质文化遗产名称	简介
		宋仁宗景祐年间始筑直立式石塘,在海塘工程建筑技术上取得了很大的进步。迎水面用石块砌成台阶形立墙式,底宽顶窄,塘身稳定性和抗浪能力增强;背水面用土培实,既增加了海塘的稳定性,又防止了海水的渗入。北宋庆历七年至皇祐二年创建"坡陀石塘",后人称为"荆公塘",这是一种斜坡式石塘,是一种在迎水面用条石护坡的土塘; 元朝时在竹笼石塘的基础上,创筑了一种石囤木柜塘。明朝在塘基处理、塘身断面、石料规格和层间砌法等方面做了比较系统的改进,以五纵五横鱼鳞石塘定型; 清朝通过吸收明朝的经验,因地制宜予以改进,最后定型的塘型主要有鱼鳞大石塘和块块石塘。鱼鳞大石塘为临江承受强潮的险工地段塘型; 民国以后开始采用混凝土及钢筋混凝土的近代海塘建筑结构,增加了塘身的整体性,提高了抗御风潮的能力,并进行了护滩、挑溜等保护塘身的工程建设工作
3	钱塘江板盐制作技艺	钱塘江板盐是指主要利用钱塘江下游的沙滩白地,在涨潮时吸储含盐分的江水,并进行晒制而产生的盐。钱塘江板盐制作,历史悠久,工艺独特,其传承谱系繁杂,此为集体项目,在历史传承中往往以"带头大哥"为主; 钱塘江板盐在全国所有制盐业中独具特色,其特点是以盐泥为原料,有别于以海水为原料;将咸泥堆成泥丘,并加入水,使咸泥淋出卤水,再经稻草过滤;在杉木板和四周木楞上倒进卤水晒制,故又称为板盐。钱塘江板盐因其技艺独特,所产之盐较海水晒盐更干净(淋卤时有过滤和板晒时不接触沙地),更具鲜味,有经济实用价值和保护研究的文化价值。目前杭州市钱塘区有钱塘江制盐相关遗址
4	钱塘江大潮观潮习俗	每年农历八月十八为钱塘江大潮的观潮日。钱塘江大潮除了自然、地理原因,还有它的历史继承性,反映了中华民族深厚的文化底蕴。奔涌的钱塘江潮水激发了许多文人墨客的灵感,给钱塘江两岸的人民留下了一笔丰富而珍贵的潮文化资料。近年来,地方政府努力改善观潮环境,增加了潮文化的内涵,从而吸引了一大批海内外游客。自1994年以来,萧山区、海宁市等地每年举办规模盛大的国际观潮节,观潮成为人们享受生活、愉悦心情、友好社交,乃至促进经济发展的健康活动,对钱塘江观潮这一传统文化习俗的研究和弘扬也具有十分重要的作用; 目前杭州市钱塘区钱塘江两岸国家绿道建设取得成效,外来游客和本地居民到钱塘江观潮已成为一项重要游览或休闲活动

序号	非物质文化遗产名称	简介
5	祭潮神习俗	在古时,由于科技水平的落后和认识水平的局限,深受海潮侵害的人们对潮汐的形成不甚了了,抵御的手段和力量十分有限,于是只好祈求苍天保佑百姓生活安定。各地建立起海神庙、潮神庙、镇海塔,设海神坛,置镇海铁牛,投铁符,还有百名强手射潮头。沿江百姓会在潮汛季节,以不同方式敬祭海神。祭祀海神已被列入重要的民俗活动; 祭祀活动分为官祭和民祭。官祭主要有以下几种情况:①在塘工兴工、工程遇阻或工程完工时,主事官员会率众祭祀潮神,以求致祭告成。②朝廷建庙立祠,以求神灵护佑;或是为潮神、海神等自然神建立庙宇。各庙宇每年有祭祀活动,每年逢神的生日或成神日(忌日)大都有祭祀活动。造塔镇潮也是先民曾经有过的一种选择,著名的有六和塔,此塔在形式上与周边的江和山协调,堪称建筑史上一大杰作。③举办官方祭潮活动。据记载,每逢八月十八,官方备办整猪整羊(全牲)和整盘的粽子;当潮头出现在数里之外时,参祭的官员便整理衣冠,对着潮神神位恭恭敬敬鞠躬叩拜,潮头一过,官员即酹酒以送,公役们即将供奉的猪、羊和粽子投入江中,祭潮仪礼才完成。另外,历代帝王还御制祭文,遣官致祭海神; 近年来,萧山区、海宁市又新建楼台亭阁,为观赏钱塘江大潮提供了有利条件
6	弄潮竞技	弄潮是一种竞技类习俗,较早的记载见于唐代。弄潮的缘起,可能与祭潮神有关,不过到了宋代,则主要表现为竞技。明代,弄潮习俗仍有流传。中国国际钱江观潮节是原国家旅游局确定的重大旅游节庆活动,节庆期间开展观潮、祭潮、追潮、弄潮等系列活动,并举行盛大的文艺表演,以民俗歌舞的形式再现潮文化的风采。目前钱塘江大潮期间经常举办冲浪大型赛事活动,充分展示弄潮竞技
7	下沙大麦烧	下沙大麦烧为杭州市级非物质文化遗产。从 1958 年开始,下沙酒厂酿酒作坊的雏形就日渐成熟。直至 1979 年,下沙酒厂正式成立。下沙酒厂以传统手工工艺生产优质的黄酒和白酒,以及广受年轻人欢迎的果露酒。下沙大麦烧入口绵甜,回味悠长,多年来具有一定的知名度

二、加大对区内围垦文化和围垦遗址的保护

(一)杭州市钱塘区围垦文化和围垦遗址属性

1. 文物属性——不可再生性

围垦文化和围垦遗址是历史的产物,作为文物遗产,它们都具有典型的独特性,甚至是唯一性,不能再创造,它们是历史事件和过程的见证者。正

是由于独特性,因此围垦遗址具有不可替代性与不可再生性。

2.物质属性——不可移动性

围垦文化遗址不同于一般的实体文物,更不同于非物质形态的文化遗产。围垦遗址具有鲜明的地域性特征和不可移动性。

3.历史属性——真实性

真实性是遗址的活力和生命,围垦遗址只有具有真实性,才能客观地反映历史面貌、自然环境,以及围垦文化的真谛。有关保护文物的法规要求的保护原则是不改变原状,即不改变文物真实面貌,但这种原状应该有科学的理解。

4.环境属性——复合性

围垦文化和围垦遗址经历了较长时间的开发,形成环境的叠压,加之现代的生产生活方式对历史环境造成不可避免的影响,从而使围垦文化和围垦遗址的环境具有复合性特征。围垦文化和围垦遗址的环境既包括人工环境,又包括自然环境;既有历史环境的遗留,又伴随着现代环境的生成,极具复杂性。

(二)围垦文化和围垦遗址价值

1.历史文化价值

围垦文化和围垦遗址是人类水事活动中的遗存物,是人类治水历史和社会发展的见证,因此历史性是其显著特性。围垦文化和围垦遗址具有重要的历史文化价值,具体表现为以下三个方面:

①记录历史文化。许多非物质文化遗产记录了人类的水事活动,表现了人类与水的关系。广泛流传于民间的神话、传说、史诗、歌谣包含大量的水事历史。杭州市钱塘区围垦文化和围垦遗址是水文化遗产的重要内容。

②表征社会发展水平。钱塘江围垦营造技术演变及围垦变迁就是一部人类和钱塘江水患搏斗的历史,作为水事活动体现了古代社会经济状况、农业生产水平。此外,从人与水的关系变化中可以透视社会政治、文化艺术和哲学思想。

③传承优秀文化成果和精神思想。水文化是中华民族文化的母体文化,融合和集聚了中华儿女的劳动创造和优秀文化成果,是民族文化的精

髓。"治国者必先治水",治水理念经提炼后可以形成治国理念,甚至可以上升为哲学思想,并对宗教信仰、道德文化、人生哲理产生深刻影响。钱塘区围垦文化和围垦遗址是历朝历代官方和民间共同治理钱塘江水患形成的独特水文化,是人类优秀的文化成果和精神思想,值得大力传承和弘扬。

2.艺术价值

艺术是人类文明的重要成果,产生于人类活动的各个方面,也包括围垦活动。围垦文化中凝聚着人类的许多艺术成果。围垦文化和围垦遗址的艺术价值主要体现在筑坝营造技艺、涵闸设计、围垦文化景观、围垦故事、围垦英雄人物、围垦精神等方面,其中围垦精神尤为珍贵。

3.科技价值

围垦文化和围垦遗址的科技价值是人类在社会实践中所形成的对自然、社会的认知和创新。钱塘江围垦文化和围垦遗址是在历朝历代治理或征服钱塘江大潮及水患的过程中形成的,包括围垦过程中形成的围垦营造技艺、围垦文化精神、围垦人物、沙地文化和与围垦相关的民俗、遗存物品、围垦遗址等。其中,围垦技术在不断进步,可以申报世界灌溉工程遗产。

4.经济价值

围垦文化和围垦遗址由于凝聚了人类的劳动成果和智慧,具有较高的历史价值、艺术价值和科学价值,是人类宝贵的物质财富和精神财富,属于稀缺性文化资源,因此也具有重要的经济价值。杭州市钱塘区围垦文化形成了围垦大坝、围垦老坝、围垦文化园、围垦博物馆、沙地文化馆等围垦文化景观和旅游吸引物聚集体,具有较高的文物保护价值和旅游开发价值。

5.水利功能价值

围垦遗址尤其是重要的水利设施及围垦大坝具有一定水利功能,有的至今仍然发挥着重要的作用,承担着防洪、排涝、通航、灌溉、引水等功能,水利功能价值也是围垦文化的基本价值。

(三)杭州市钱塘区围垦文化和围垦遗址保护价值

1.围垦文化和围垦遗址是杭州市钱塘区物质文化发展的重要实物例证

杭州市钱塘区围垦文化和围垦遗址保护工作对杭州市钱塘区围垦文化的研究有着举足轻重的作用。围垦文化和围垦遗址是杭州市钱塘区人民活动的产物和历史信息的载体,是杭州市钱塘区物质文化发展的重要实物例证。保护围垦文化和围垦遗址,对杭州市钱塘区历史文化传承来说是不可推卸的责任,是杭州市实施"拥江发展"行动打造拥江区域六个"带"之一——文化带和景观带的重要支撑;也丰富了杭州市钱塘区人文历史类型的旅游资源。

2. 围垦文化和围垦遗址是杭州市钱塘区物质财富和精神财富之源

杭州市钱塘区围垦文化和围垦遗址是杭州市钱塘区人民在社会历史实践中创造的具有文化价值的财富遗存,它包括了杭州市钱塘区人民在社会历史实践中所创造的一切物质财富和精神财富。围垦文化和围垦遗址作为一个地方及地方民族文化的载体,代表着杭州市钱塘区的历史和文化底蕴,体现了杭州市钱塘区人民万众一心、战天斗地、不畏艰难、力创伟业的伟大精神,是杭州市钱塘区重要的物质财富和精神财富。这笔宝贵的财富更是不可再生的,一旦被破坏,永远不可能再现,这将是整个杭州市钱塘区人民的损失。

3. 围垦文化和围垦遗址是杭州市钱塘区人民创造历史的见证

杭州市钱塘区围垦文化和围垦遗址是杭州市钱塘区祖先留给我们的宝贵遗产,是我们生存环境的重要组成部分,是杭州市钱塘区人民改造自然的产物和见证,它反映了历史上杭州市钱塘区人民与自然之间的关系及其发展。围垦文化和围垦遗址是杭州市钱塘区人民创造的,是杭州市钱塘区人民过去围垦造地生活的反映。

4. 保护围垦文化和围垦遗址是对历史负责、对人民负责、对杭州市钱塘区子孙后代负责

做好杭州市钱塘区围垦文化和围垦遗址的保护工作,就是保护了杭州市钱塘区人民发展历史的事实鉴证,保护了杭州市钱塘区的重要文化遗产,也保护了杭州市钱塘区的历史文化底蕴。因此,做好杭州市钱塘区围垦文化和围垦遗址保护工作是对历史负责、对人民负责、对杭州市钱塘区子孙后代负责。杭州市钱塘区围垦文化和围垦遗址既是一笔宝贵的文化财富,也是不可再生的珍贵资源。因此,杭州市钱塘区围垦文化和围垦遗址保护工作的意义极其重大,是守护杭州市钱塘区精神文化本底和精神家园的重要路径之一。

三、围垦文化的传承

可以说围垦精神是中华民族勤劳智慧的优良美德在萧山区人民身上的积淀,也是时代精神在钱塘人民身上的生动体现。围垦精神既体现党的宗旨,又体现群众路线;既有开拓创新精神,又有实事求是精神;既有思想方法,又有工作方法;既有物质文明,又有精神文明。围垦精神作为杭州市钱塘区人民的宝贵财富,不仅有极其重要的历史价值,其现实意义同样重大。在很大程度上,没有围垦工作,没有围垦精神,就难有杭州市钱塘区的今日,我们应该倍加珍惜围垦精神,认真总结。

围垦精神因其浓郁的本土特色而具有强大的亲和力、感召力和凝聚力。如果围垦精神能深深地扎根于杭州市钱塘区广大人民之中,那么杭州市钱塘区人民的整体素质将会大大提高,理想信念就会有新的升华,道德水准就会有新的提高,经济和社会各项事业就会保持持续发展的良好态势。弘扬围垦精神的现实意义就在于此。

传承围垦精神主要传承什么?

一是勇立潮头、敢为天下先的创劲。

二是强区富民、埋头创业的干劲。

三是志存高远、勇争第一的豪情。

有了创劲、干劲、豪情,杭州市钱塘区人民就能再次续写历史的辉煌。因为围垦这块土地,是钱塘新区精神的起源,依托钱塘江围垦是钱塘区创业的资本,新时期杭州市"拥江发展、跨江发展"是钱塘区人民从内陆经济走向海洋经济的又一个新追求,要达到目标就一定要传承围垦文化和围垦精神。

四、杭州市钱塘区围垦文化和旅游融合发展路径

(一)钱塘江围垦大堤和三江两岸国家绿道文旅融合发展

1.钱塘江围垦大堤文旅融合发展

(1)钱塘江北岸大堤文旅融合发展

杭州市钱塘区北岸沿江绿道长 13 千米、宽 8 米,沿线拥有 5 处观潮区、3

处观景平台和一批休息平台、驿站,视野开阔。沿江内侧道路通畅,临江护塘河贯穿东部湾全境,芦苇景观已经逐步成型,两侧广植行道树,道路两侧零散分布大草坪10余处,景色优美,空气清新。在绿道所有观潮点中,江东大桥段、钱塘江杭州师范大学段与钱塘江七格段为观潮绝佳去处。每年农历八月十八日,潮汐引力最强,游人满怀期待来到这里观潮。

　　杭州市钱塘区北岸大堤为杭州三江两岸国家绿道的重要组成部分,是钱塘江观潮重要绿道,主要分为江东大桥段、杭州师范大学段和七格段(见表5-3)。每一段都充分融入钱塘江潮文化、围垦文化,在景观小品、建筑小品、解说系统中融入一定的围垦文化和钱塘江潮文化,形成一条传承和弘扬杭州市钱塘区文化精神的自然景观和文化景观大道。

表5-3　杭州市钱塘区钱塘江北岸大堤文旅融合发展

序号	观潮段	简介	文旅融合发展
1	江东大桥段	江东大桥段为观看一线潮绝佳去处,涌潮来此,有万马奔腾之势,雷霆万钧之力,似一条白练从远处翻滚而来,犹如"素练横江,漫漫平沙起白虹"。潮能集中,潮头特别高,通常为1米,有时可达3米以上。气势磅礴,潮景壮观	围垦文化和钱塘江潮文化融入解说系统,以视频、文字解说牌等形式把杭州市钱塘区文化底蕴展示给到访游客和本地居民;打造系列具有围垦文化和潮文化本底的景观小品、建筑小品等
2	杭州师范大学段	杭州师范大学段观潮点有一处水利工程设施丁字坝,是一段伸入江中的堤坝,可减轻潮水对堤塘的冲击,延长堤塘的使用寿命和提高抗潮防汛强度,当咆哮而来的潮水遇到丁字坝后,就会被反射折回,以泰山压顶之势翻卷回头,声如狮吼,惊天动地,形成壮观的回头潮	
3	七格段	七格段为七格小区往西南方向走到钱塘江的地段,故称七格段。相较于杭州师范大学段和江东大桥段的位置,七格段为钱江潮的下游地带,因为这里有处拐角,所以一样能出现精彩的回头潮	

　　(2)钱塘江南岸大堤文旅融合发展

　　目前,杭州市钱塘区钱塘江南岸大堤基本上符合国家绿道标准,在打造提升过程中要充分融入围垦文化,按照国家绿道标准进行改造,增加旅游驿站、旅游厕所、标识标牌、解说系统等。

杭州市钱塘区钱塘江南岸大堤江海湿地段还有外堤等,建议按照绿道要求进行建设,打造江海湿地国家绿道网。

2.建设杭州市钱塘区文化红道、风景绿道、水陆蓝道

①文化重塑 1900:文化红道。沿南沙大堤、下沙老堤塑造文化红道,打造多样历史节点。

②生态回归 1969:风景绿道。沿 1969 堤线打造风景绿道,形成风景珠链。

③趣味预留 2035:水陆蓝道。沿堤边水系塑造水路蓝道,形成水上观景游线。

(二)围垦文化系列博物馆文旅融合发展

1.整合现有资源打造一处综合性围垦文化博物馆

杭州市钱塘区现有的围垦文化展览馆、沙地展览馆、民俗馆等规模都比较小,展陈手段较为落后。杭州市钱塘区围垦文化博物馆通过实物、文字、影像、图片等历史实物、资料全方位展示杭州市人民肩挑手扛与大自然做抗争的不屈精神。打造杭州爱国主义教育基地、发展围垦文化研学旅游。

主要打造思路如下:

①杭州市钱塘区围垦文化博物馆拟选址在杭州市钱塘区大江东片区东湖附近。建筑主体设计应突出围垦文化的主题,同时展馆周围的建筑小品也要凸显围垦精神。博物馆内部布局要尽量合理,保证空间环境的开放性,可以自由进出、参观和交流。

②积极搜集与围垦文化有关的照片、文献、实物等史实材料,采访围垦下沙片区的参与者、见证者,用图文展示、遗产展示等各种形式,再现杭州市钱塘区的围垦历史故事。在展示过程中要注重展品信息的经典性,严格落实少而精的要求,重视对展示物品的色彩搭配,实现"交互混响"的统合色彩,追求展示环境的有机化效果,使之成为教育后人的重要基地。

③博物馆内部装饰尽量采用新产品、新材料、新构造、新技术和新工艺。积极运用现代光电传输技术、3D 全息影像技术、现代人工智能技术、二维码扫描的方法等手段,用丰富的图像和生动的文字把遗址的风貌、精彩故事及深层的文化精髓通俗易懂地传递给群众。建立数字展示中心,游客可通过

球幕电影等身临其境地观看遗址,以获取更多的信息;并向游客介绍杭州市钱塘区的围垦事迹,使游客在参观过程中进一步了解围垦文化的历史内涵和精神内涵,领悟先辈们的伟大精神,增强自身的责任感和使命感。

2.以智慧技术把杭州市钱塘区围垦文化博物馆打造为智慧博物馆

融入智慧技术使围垦文化博物馆突破传统博物馆的时空限制,既可以在实体博物馆中搭建围垦文化数字展厅,实现数字化围垦文化历史实物、资料的现场展示,还可以通过搭建网上虚拟博物馆,实现围垦文化历史实物、资料的在线展示。智慧博物馆丰富了传统的实体博物馆的信息交流和文化传播功能,成为更开放、更具历史温度和文化温度的活态空间。

在当前的信息化科技时代,应将互联网、物联网、大数据、虚拟现实、人工智能等数字技术充分融入杭州市钱塘区围垦文化博物馆标识系统、解说系统、保护与开发系统当中,丰富围垦文化博物馆的陈列展示方式、服务管理方式、开发利用方式;让博物馆能"说话"、会"说话"、说"文化话"、说"旅游话"、说"通俗易懂的话",让冰冷的、静态的围垦文化博物馆藏品活起来,打造有温度、有情怀且创意感十足、穿越感极强、科技化融入、人性化彰显、互动性充盈的现代化围垦文化博物馆。

在体验经济时代,杭州市钱塘区围垦文化博物馆需要牢牢抓住游客的视觉、味觉、嗅觉、听觉、触觉,用技术手段抓住观众的眼球,用围垦时代的特色美食打开观众的味蕾,用花香、泥土、海水等味道展示自然气息,用唱片、磁带、老式录音机等物件还原历史留声,用剪纸、雕刻等形式呈现历史的印记,从而为游客提供全方位、综合性的围垦文化感官体验。同时,通过节事节庆活动(围垦文化旅游节、围垦文创集市大会)、知识闯关体验活动(围垦文化知识大比拼、围垦劳动用具使用大比拼)、现场创意活动(围垦文化相关创意活动),以及博物馆围垦文化"寻宝之旅"、"跟着博物馆去围垦"等夏令营活动和科普研学活动,打造新亮点、新产品,为游客制造兴奋点、新惊喜,从而让游客沉浸式体验。

(三)围垦文化自然生态公园、文化公园文旅融合发展

1.打造围垦文化自然生态公园

目前,江海湿地占地面积较广,围垦区域的自然风貌保存良好。建议以江海湿地为基础,除恢复一处围垦文化村外,把广阔的江海湿地打造为围垦文化自然生态公园,再现围垦自然场景。

临江兵团知青文化园的提升方向亦可按照围垦文化自然生态公园模式,注重原有风貌的恢复,打造具有鲜明时代特征的围垦文化自然生态公园。

2.建立围垦文化历史遗迹保护区

在杭州市钱塘区下沙片区围垦 3 号大堤(下沙老堤)和创业 1 号闸地带打造一处围垦历史遗迹保护区。充分利用现有的杭州市市级文物资源,把该地带恢复为围垦文化历史遗迹保护区。围垦历史已经过去多年,许多历史遗迹也在城市的建设中消失匿迹,留存至今的围垦历史遗迹已经非常稀少,现在仍然能看到的围垦遗迹主要为 3 号大堤、11 号渠、创业 1 号闸等,这些为数不多的围垦历史遗迹在无声地述说着杭州市人民不屈不挠与大自然做斗争的历史佳话。在该类遗迹的合适位置设立历史文物保护纪念碑,并用碑文、浮雕叙述围垦文化的历史。复原并增设重要的围垦工具,如曾在 3 号大堤上增设运石小火车与小铁路、曾装载石料的运石船、抛石固滩的大型钢筋石笼等,以丰富有关围垦精神的资料。

在临江兵团知青文化园建立一处围垦文化历史遗迹保护区。将现有的围垦遗迹列入历史文物保护范围,做好外部防护,减少自然与人为的破坏,并列入文物保护名录。在该类遗迹的合适位置设立历史文物保护纪念碑,并用碑文、浮雕叙述围垦文化的历史。以围垦文化为元素打造一个微型围垦遗址社区,整个社区具有围垦时期的特色,社区中的建筑风格、景观布置都符合当时生活的场景。在围垦遗址社区中设立围垦遗址讲堂,邀请参与过围垦的老人们向游客讲述他们在围垦时期的生活、发生的故事,用他们亲身的经历,让人更加深刻地体会当时围垦造田的艰辛。

3.提升现有下沙围垦文化公园

在下沙围垦文化公园设立游客咨询点,为游客提供游览信息发布、帐篷租赁等服务项目,增加围垦文化公园体验类旅游设施,比如在围垦公园建立一处小孩子体验类的娱乐区域,加入二十四节气的农业种植旅游体验项目,让孩子们直观地感受先辈们的不易。在现有的浮雕基础上增加若干个展现围垦历史景况的雕塑,以便更好地展现杭州市钱塘区围垦人民不畏艰难、战天斗地、勇战狂潮、团结拼搏的人文精神,成为教育激励后人的可视教材。

4. 下沙围垦文化地铁站

杭州市钱塘区的地铁线路较多,主要有地铁 1 号线、8 号线等。地铁作为杭州市钱塘区居民及到访游客的主要交通工具,是旅游出行的主要方式。将杭州市钱塘区的主要地铁站融入围垦文化,并打造围垦文化旅游吸引物,让游客时刻感受到围垦文化的魅力。在地铁建设的过程中,地铁的电梯、公共服务设施、地铁空间背景、地铁商店等皆可融入围垦文化,争取将杭州市钱塘区的主要地铁站打造为充分体现并融入围垦文化的地铁站。

将彩虹的七彩颜色和围垦文化融入地铁隧道中,丰富隧道景观,让围垦故事与地铁的现代都市人文建筑相结合。

为到访杭州市钱塘区的游客和当地居民提供围垦文化主题纪念地铁卡办理服务,既可以方便游客采取地铁这一交通方式到达各个旅游目的地,也能传递杭州市钱塘区的围垦文化精神。

(四)打造围垦文化体验社区(围垦文化村)和百米围垦精神文化长廊

1. 打造围垦文化体验社区(围垦文化村)

勤劳纯朴的杭州市钱塘区人民通过围海造地,不仅形成了顽强不屈、自强奋进的精神品格,也催生了具有沙地特色的民间文化。搭草舍是 20 世纪 50 年代至 60 年代沙地农民安身之地,20 世纪 70 年代初期大量内地农民迁徙到围垦区域,搭草舍就成了沙地农民主要的建筑方式。沙地独有的搭草舍工艺已成为民间文化的一个缩影。

由于目前杭州市钱塘区的城市化进程快,城市化程度高,原有的传统村落体系荡然无存。建议在江海湿地重建或依托新围村等围垦文化村落打造一处围垦文化村。

利用搭草舍工艺建立围垦文化体验社区(围垦文化村),邀请掌握搭草舍工艺的民间艺人讲解搭草舍的过程,并教授游客搭建小型草舍。围垦文化体验区既可以让游客看到围垦时期人民居住的草舍,了解草舍的搭建过程,还可以让游客亲身体验如何搭建草舍,亲手制作属于自己的草舍工艺品,并留作纪念,真切地体会围垦人民的艰辛。

　　邀请专业设计师以围垦文化为元素设计一系列的文化产品,文化产品不仅要符合围垦时期的特色,而且要满足现代人们的审美要求,并且定期更新文化产品,提供个性化的文化产品。在围垦文化体验社区(围垦文化村)售卖文化产品,同时通过电子商务平台开展文化产品的销售工作。

　　围垦文化社区(围垦文化村)按照旅游景区模式建设,再现20世纪50年代至60年代杭州市钱塘区传统村落面貌,配置旅游公共服务设施及相应的特色围垦文化主题酒店、围垦文化主题餐饮等旅游接待设施。该围垦文化村也可以作为围垦文化影视基地,提高知名度。

　　2.打造百米围垦精神文化长廊

　　围垦精神文化长廊以围垦造地历程、围垦故事、围垦使用的工具为主题,弘扬"万众一心、战天斗地、不畏艰难、力创伟业"的围垦精神,依托照片、3D立体画、文字等多种形式,积极营造不畏艰险、艰苦奋斗的围垦文化氛围,力求做到"每块墙壁会说话、每处环境都育人"。

　　以围垦造地历程和围垦故事为主题打造浮雕墙,采用珍珠黑花岗石材,运用圆雕、高浮雕、中浮雕、低浮雕和线雕等多种雕刻手法,展现下沙片区人民围垦造地的顽强不屈、自强奋进的精神。

　　以围垦先辈当时的生活场景(如住草舍)和围垦过程中使用的工具(如铁耙、畚箕、扁担、锄头)为主题,采用3D立体画的表现形式,还原围垦人民千险万难的艰苦生活。

　　现在杭州市钱塘区的发展都得益于围垦造地的成果,杭州市钱塘区现在所拥有的美好生活离不开围垦先辈的艰苦奋斗。杭州市钱塘区儿女应该谨记于心,不忘"万众一心、战天斗地、不畏艰难、力创伟业"的围垦精神。

　　(五)围垦文化旅游演艺融合发展路径

　　杭州市钱塘区围垦文化和围垦遗址资源丰富多彩,旅游演艺文旅融合发展路径主要有:

　　①临江兵团知青文化园打造一台室内高标准围垦文化旅游演艺剧目。临江兵团知青文化园作为以杭州市钱塘区大型围垦文化为主题的园区,具有打造一台室内围垦文化旅游演艺剧目的条件和独特优势,用音乐、舞蹈和话剧等艺术形式,演绎围垦遗址所蕴含的文化与精神,让更多人通过这种形

式更加直观地认识和了解围垦遗址。围垦文化旅游演艺剧目可以融入 5G 技术、VR 技术、全息投影成像技术、声光电现代科学技术和多种舞台演艺技术，打造一台具有丰富围垦文化内涵、表现形式多种多样、舞台技术现代化的围垦文化旅游演艺剧目。

②在杭州市钱塘区围垦文化公园打造一条室外围垦文化旅游演艺剧目。杭州市钱塘区围垦文化公园占地面积较广，具有围垦文化大型浮雕广场和两大文化广场，其中围垦文化公园六号大街南侧的广场已具备打造大型室外围垦文化旅游演艺剧目的条件。该广场占地面积较大，观众席位较多，中心舞台广场适合大型围垦文化旅游演艺剧目的展演。杭州市钱塘区相关文化艺术部门可排编一台反映围垦文化故事、围垦文化精神，以围垦人的生活为主题的围垦文化旅游演艺剧目。以围垦文化的内涵为素材，邀请音乐家为围垦遗址文化编词作曲，谱写一首围垦文化之歌，使遗址文化与音乐完美地结合起来，用音乐的旋律传播围垦文化与精神。邀请舞蹈家根据围垦文化之歌，编排围垦文化之舞，用舞蹈的肢体语言传递围垦文化精神。将参与过围垦的老人们所叙述的故事进行整理，编排成话剧小品，再现当时的生活场景。可在主要节假日和双休日在杭州市钱塘区围垦文化园进行演出，为到访游客和当地居民奉献一台围垦文化大戏，宣传和弘扬围垦文化精神。

③在杭州市钱塘区江海湿地打造一项大型实景围垦文化旅游演艺剧目。江海湿地是杭州市钱塘区围垦造田场景保留最为完好的区域，面积53.8 平方千米，是典型的围海造田中由海到滩涂，再到湿地、陆地演化过程中形成的一种独特的景观系统。江海湿地，湖塘纵横，水面宽广，湿地面积较大。打造大片的芦苇景观，形成面积较大的水景观，打造一处体现围垦文化场景的场所。建议将江海湿地打造为体现围垦自然风貌和围垦文化精神的围垦原生态公园或围垦自然生态公园。在夜间，以能体现围垦时代自然特征的自然布景为基础，通过实景展现旅游演艺，把 20 世纪 50 年代到 21 世纪由围垦时期的江海湿地到国际知名智造工业聚集地的时代变迁，用旅游演艺手法打造成一台体现沧桑巨变、敢教日月换新天的围垦文化实景旅游演艺剧目《围垦文化千古情》。

④保留一块完好的围垦文化遗址区域,打造围垦文化影视基地,为反映围垦文化的剧目拍摄提供服务。在未来的发展过程中,打造杭州市钱塘区围垦文化原生态旅游景区要注重围垦文化影视基地的建设、围垦文化影视剧目的编制及系列围垦文化和围垦精神图书的出版,这对杭州市钱塘区围垦文化旅游品牌的构建和传播具有重要价值。

(六)围垦文化旅游动漫和旅游文创融合发展路径

1.通过"文化＋动漫＋旅游"的融合发展路径推动杭州市钱塘区文旅产业及相关产业发展

目前,文旅目的地发展正不断面对新挑战:景区门票经济迎来拐点,旅游者消费需求分层,旅游产品同质化竞争激烈,景区新型体验营销及立体传媒成为景区及目的地城市亟需转型升级的手段。

通过围垦文化旅游动漫融合发展路径,引进动漫产业,通过设计"杭州市钱塘区围垦文化动态漫画＋虚拟旅游目的地(围垦文化场景再现)"立体营销方案,以期解决目前文旅目的地营销手段单一、游客难以深入了解杭州市钱塘区围垦文化和精神的问题。

2.广泛利用动漫技术实施旅游动漫融合发展,打造一体化围垦文化旅游发展平台

可以通过平台技术,对二维漫画动态化,形成别具特色的杭州市钱塘区围垦文化动态漫画叙事形式,诠释围垦文化、围垦精神和围垦故事;通过数字技术实境虚拟,让游客可以在虚拟围垦文化场景中迅速了解围垦文化所蕴含的内容;通过扫描下载杭州市钱塘区动态漫画,将动漫形象及动漫周边开发等商业内容自然融入,以围垦文化动漫为载体,搭建一个与杭州市钱塘区围垦文化旅游相结合的线上动漫文旅目的地开发平台。

3.推出杭州市钱塘区围垦文化和围垦精神动漫吉祥物

进行卡通形象营销,推出围垦文化和围垦精神动漫吉祥物,围绕围垦动漫吉祥物进行内容展示、新闻宣传、衍生产品开发,并进行整体升级。推出围垦文化和围垦精神动漫吉祥物是弘扬和传播杭州市钱塘区围垦文化和围垦精神最简单可行的传播方式,有助于年轻人和儿童更好地理解围垦文化和围垦精神。

4.以"文"带"创",以"创"弘"文",做好杭州市钱塘区围垦文化文创旅游产业

从围垦文化和围垦遗址保护和利用的视角看,要把握好围垦文化传承保护与创新的关系。杭州市钱塘区围垦文化创意一方面是以"文"带"创",要准确分析围垦文化和围垦精神的内涵和意义,然后对围垦文化和围垦精神的展现元素进行符号化表达,表现为大众所熟知的围垦文创产品。另一方面,则要注重以"创"弘"文",也就是说围垦文化和围垦精神方面的文创产品不是简单的商品,不能仅仅是外观看起来美观的产品,而是要将产品背后所蕴含的围垦文化和围垦精神,通过文创产品这个载体更好地传递给游客和当地居民,让围垦文化和围垦精神作为围垦文创产品的主体,而非仅仅作为经济价值变现的客体。

5.把对围垦文化和围垦精神的尊重与敬畏放在首位

从文旅融合角度来看,要做到能融则融。杭州市钱塘区围垦文化是一种严肃的文化,承载着战天斗地、不怕牺牲、日夜劳作的战胜自然、改造自然的精神,要遵循围垦文化和围垦精神内核,在此基础上进行文旅融合和激发围垦文化创意,打造围垦文创产品。必须把对围垦文化和围垦精神的尊重与敬畏放在首位,坚持有所融有所不融。

(七)融合文化、科技和旅游,打造围垦文化智慧文旅科技示范区(基地)

文化、旅游和科技融合发展,打造智慧化、互动化、体验化、立体化的杭州市钱塘区围垦文化旅游示范区。

1.打造文化和科技融合示范基地

以数字化、网络化、智能化为技术基点,重点突破杭州市钱塘区围垦文化和围垦遗址利用方式、围垦劳动和围垦自然场景再现、围垦文化和围垦精神的旅游演艺和动漫、围垦非物质文化遗产和钱塘江非物质文化遗产传承发展、智慧文化旅游等领域系统集成应用技术,开发内容可视化呈现、互动化传播、沉浸化体验技术应用系统平台与产品,优化数据提取、存储、利用技术,发展适用于杭州市钱塘区围垦文化和围垦遗址保护和利用的数字化技术和新材料、新工艺,打造文化和科技融合示范基地。

2.增强杭州市钱塘区围垦文化旅游和围垦精神多样化、互动化体验

综合利用虚拟现实、增强现实、人机交互等技术,将前沿数字科技与围垦自然环境、围垦劳动场景等有机结合,打造数字围垦体验旅游吸引物,打造沉浸式、互动式、高品质的围垦文化旅游体验,使游客既可全方位欣赏围垦片域沧海变桑田的过程,还可以通过观赏文化数字节目、体验虚拟漫游、亲自体验围垦劳动等互动方式获取专业知识,从而激发游客的游览兴趣。

3."VR+围垦文旅"融合发展,打造高水平、国内独树一帜的围垦文化体验旅游目的地

运用 VR 技术,通过高清建模和全景视频打造真实的杭州市钱塘区弘扬围垦文化的演艺、动漫项目和游客参与性与体验性项目,让游客随时随地"亲临"围垦场景。通过三维建模,VR 技术能够重现杭州市钱塘区围垦历史,给游客带来沉浸式体验。通过 AR 导览/导航、全息投影等技术,将围垦文化资源、旅游、技术三者融合,让游客有更多的交互式体验。文旅融合作为新时代的整合资源方式,是推动文旅体验创新和产品创新的需要。

4.杭州作为 5G 试点城市,积极推动杭州市钱塘区"5G+文旅"融合发展

数据显示,2019 年中央一般公共预算支出里面,文旅媒体方面预算增长10%。目前,处于互联网下半场即产业互联网的阶段,是连接人工智能、5G 物联网等技术发展的关键节点。充分利用杭州作为 5G 试点城市的机遇,率先实现对杭州市钱塘区围垦文旅融合发展功能区进行 5G 数字化的改造升级,打造高科技与文旅融合发展的杭州市钱塘区围垦文旅融合发展精品示范区。

（八）杭州市钱塘区围垦文化和围垦遗址文旅融合发展研究机构和管理机构设置

1.杭州市钱塘区要将围垦遗址保护列入重要议事日程,并纳入经济和社会发展计划及城乡规划

调动社会团体、企业和个人参与围垦文化保护的积极性。加强围垦文化保护管理机构和专业队伍建设,大力培养围垦文化保护和管理所需的各类专门人才。加强围垦文化和相关遗址遗迹保护科技的研究、运用和推广工作,努力提高围垦文化和围垦遗址遗迹保护工作水平。

2.成立围垦文化和围垦遗址专门保护管理机构

该机构负责围垦文化和围垦遗址的保护工作,利用规划编制和组织文物保护、博物馆宣传展示、旅游开发等项目实施管理工作。同时,吸纳社会力量参与围垦文化和围垦遗址的保护工作,贯彻执行国家和浙江省有关滩涂围垦管理的法律法规。

3.成立围垦文化和围垦遗址保护领导小组

该小组定期研究围垦文化和围垦遗址保护工作中出现的重大问题,同时要建立相应的围垦文化和围垦遗址保护协调机构,统一协调围垦文化和围垦遗址保护工作。建立健全围垦文化和围垦遗址保护责任制度和责任追究制度,建立围垦文化和围垦遗址保护定期通报制度、专家咨询制度及公众和舆论监督机制,保证围垦文化和围垦遗址保护工作的科学化、民主化。要充分发挥有关学术机构、企事业单位、社会团体等各方面的作用,共同开展围垦文化和围垦遗址保护工作。

4.成立围垦文化研究院,开发围垦文化系列出版物、影视剧

成立杭州市钱塘区围垦文化旅游研究院,设立研究基金,发布围垦文化相关研究项目,以研究促进杭州市钱塘区围垦文化的挖掘工作。出版杭州市钱塘区围垦文化系列读物,积极谋划围垦文化影视剧制作等,为围垦文化旅游开发提供基础研究成果。

第六章 杭州市钱塘区工业文化旅游融合发展规划理论与实践

一、杭州市钱塘区工业旅游发展概况

（一）杭州市钱塘区工业旅游发展历程

杭州市钱塘区工业旅游起步于杭州经济技术开发区内的杭州娃哈哈集团下沙工业园。2003年，位于杭州经济技术开发区的娃哈哈生产基地，在生产线旁新增了参观通道和展示馆，虽然总面积只有200平方米左右，但展区开放后，人气比预想的还要好——当年，参观者人数就超过2000人次。2004年，在国家旅游局公布的首批103个工业旅游示范点中，杭州娃哈哈集团下沙工业园榜上有名。

在成功案例的影响下，杭州经济技术开发区越来越多的企业自发建立了工业旅游项目。2015年，康师傅在杭州经济技术开发区打造"梦想探索乐园"项目——整个展区的总投资达2400多万元，还专门修建了从工厂大门到展馆的观光火车线路。

2017年，杭州经济技术开发区编制完成《杭州经济技术开发区全域旅游发展规划》，开始大力扶助工业旅游发展，制定《杭州经济技术开发区工业旅游示范基地评定办法》《杭州经济技术开发区工业旅游示范基地检查标准评定表》。2018年，杭州经济技术开发区挂牌成立9个工业旅游示范基地。除了主打"商务游"的娃哈哈，还有着眼"游学"的九阳，聚焦"亲子游"的康师傅、味全、可口可乐，以及力推"时尚之旅"的万事利、卓尚服饰等。这些基地除了获得5万—15万元的奖励，还在设备投入、对接旅行社等方面获得政府相关补助。

2019 年 10 月,杭州钱塘新区召开工业旅游创新发展大会,并着手编制《杭州钱塘新区文旅融合发展规划(2020—2030)》,开启了杭州市钱塘区工业旅游发展新征程。

(二)杭州市钱塘区工业旅游发展现状

目前,杭州市钱塘区已有 9 家企业获得国家级、省级、市级、区级工业旅游示范基地称号具体情况见表 6-1。

在 2019 年 10 月召开的杭州钱塘新区工业旅游创新发展大会上,又有 17 家工业企业争创区级工业旅游示范基地,具体名单见表 6-2。杭州市钱塘区工业文化旅游尚处于初级阶段,各级工业旅游示范基地发展情况见表 6-3。杭州市钱塘区大江东片区目前积极发展工业旅游的相关企业概况见表 6-4。目前杭州市钱塘区工业旅游企业发展基本上还处于初级水平,现状分析见表 6-5。

杭州市钱塘区工业文化旅游发展土壤肥沃。在产业发展大框架下,众多产业发展园区、产业发展企业、产业发展科研院所等都具备发展工业文化旅游及工业研学旅游的良好条件。

杭州市钱塘区发展工业旅游的企业近中期规模有望达到 50 个,中远期目标是突破百个,真正成为浙江省乃至全国工业旅游发展高地。

表 6-1 杭州市钱塘区 9 家企业获得国家级、省级、区级工业旅游示范基地称号的具体情况

序号	企业名称	基地名称	级别
1	杭州娃哈哈集团有限公司	杭州娃哈哈下沙工业园	国家级
2	杭州味全食品有限公司	杭州味全品牌体验馆	省级
3	杭州万事利丝绸文化股份有限公司	万事利丝绸工业园	省级
4	杭州顶益食品有限公司	康师傅梦想探索乐园	市级
5	杭州九阳小家电有限公司	九阳健康厨房家电工业旅游示范基地	市级
6	玫琳凯(中国)有限公司	玫琳凯工业旅游基地	市级
7	浙江太古可口可乐饮料有限公司	可口可乐博物馆	区级
8	浙江东方百富袜业制造有限公司	东方百富袜业旅游基地	区级
9	卓尚服饰(杭州)有限公司	卓尚服饰工厂店及"尚+"众创空间	区级

表 6-2 争创杭州市钱塘区区级工业旅游示范基地 17 家工业企业名单(截至 2019 年 10 月底)

序号	争创区级工业旅游示范基地企业	序号	争创区级工业旅游示范基地企业
1	松下电器(中国)有限公司杭州分公司	10	顾家家居股份有限公司
2	杭州默沙东制药有限公司	11	杭州郝姆斯食品有限公司
3	费列罗食品(杭州)有限公司	12	广汽乘用车(杭州)有限公司
4	长安福特杭州分公司	13	浙江西子飞机部件有限公司
5	杭州吉利汽车有限公司	14	东风裕隆汽车有限公司
6	格力电器(杭州)有限公司	15	杭州加多宝饮料有限公司
7	浙江康莱特药业有限公司	16	上正时尚文化产业园
8	杭州维丽杰旅行用品有限公司	17	浙江五丰冷食有限公司
9	杭州新松机器人自动化有限公司		

表 6-3 杭州市钱塘区各级工业旅游示范基地发展情况

序号	企业名称	工业旅游企业概况	工业旅游发展概况
1	杭州顶益食品有限公司——康师傅梦想探索乐园	杭州顶益食品有限公司成立于 1994 年,注册资本 1.151 亿美元,从德国、日本等国家引进一流水平的全自动方便面生产线 16 条,年产量 16 亿包(桶)方便面,年销售额约 35 亿元,年纳税额约 3.75 亿元。该公司生产的康师傅方便面产品主要面向浙江省、上海市两地,产品市场占有率超过 50%,远远高于同行业其他企业	康师傅梦想探索乐园是杭州顶益食品有限公司于 2015 年投资 2000 万元建立的工业旅游基地,该基地集旅游、科普、娱乐为一体,2016 年正式对外免费开放,主要参访人群为青少年儿童兼大学生及商务人士。目前,年接待量约 5 万人次,2019 年上半年接待访客 25358 人次。该基地依托大型食品生产工厂和品牌体验馆,通过铁轨小火车来回运输访客。品牌体验馆内有卡通设计且设备技术先进,通过寓教于乐的方式让来访者感受到企业的文化理念和产品理念。经过多年的发展,康师傅梦想探索乐园已经获得社会各方面的认可,并获评"国家食物营养教育示范基地""浙江省科普教育基地""杭州市社会资源旅游示范访问点"等多项荣誉基地称号

序号	企业名称	工业旅游企业概况	工业旅游发展概况
2	杭州九阳小家电有限公司——九阳健康厨房家电工业旅游示范基地	杭州九阳小家电有限公司成立于 2007 年,是九阳股份有限公司的全资子公司,注册资本为 97633.1696 万元,公司 2016 年销售收入 35.83 亿元,2017 年销售收入 40.41 亿元,2018 年销售收入 49.13 亿元。公司的豆浆机产品市场占有率超过 75%,料理机、榨汁机系列产品的市场占有率均在 50% 以上,截至 2018 年底,该公司现已获得国家授权专利 214 项,其中发明专利 24 项,实用新型专利 180 项	2018 年,该公司累计在工业旅游服务的升级方面投入 600 万余元,用于改造展厅、体验区等硬件设施,以更好的方式将健康食育和食器结合起来。工业旅游这个平台也将该公司的企业内涵、饮食内涵、健康理念深度结合起来,通过极其有意义的旅游新方式向大众展示。九阳健康厨房家电工业旅游示范基地的吸引物不仅包括可见的工业生产景观,还包括软性的企业文化和发展历史与体系课程知识。该公司的工业旅游基地通过不断深化服务,持续创新,获得一致好评。该基地累计获得"杭州钱塘新区工业旅游示范基地""杭州经济技术开发区少先队第二批校外活动基地""杭州市青少年科普教育基地""杭州市中小学质量教育社会实践基地""杭州市社会资源国际旅游访问点"等荣誉。2018 年全年访客达 9128 人次,收入达 36 万元,完成 163 场次活动。2019 年上半年访客达 8170 人次,收入达 25 万元,完成 164 场次活动。2019 年 10 月底,该公司投入 100 万余元进行文化墙的改造。未来,该公司计划投资 1000 万元用于工业旅游建设项目上,建筑面积达 1500 平方米
3	杭州味全食品有限公司——杭州味全品牌体验馆	杭州味全食品有限公司成立于 2002 年,是味全集团在国内已投产的两个生产基地之一,致力于经营冷藏乳制品和饮料产品。该公司生产经营的产品有味全活性乳酸菌、味全每日 C 果汁、味全优酪乳、味全严选牧场鲜奶及谷物牛奶、贝纳颂	目前,该公司在杭州工厂内专门留出了 1500 平方米的空间,打造了具有童话般的宫殿风格、适合亲子实践教育活动的杭州味全品牌体验馆。杭州味全品牌体验馆分为两个部分,一部分是走廊参观,另一部分则是简报室。步入品牌馆的参观走廊,一侧的墙上画满了可爱的卡通造型和人物画像;另一侧,透过全透明钢化玻璃幕墙,可以看到高速运

序号	企业名称	工业旅游企业概况	工业旅游发展概况
		咖啡。该公司以"勇气分享创造"作为经营理念,并以"成为世界级的冷藏食品标杆企业"作为公司愿景,不忘初心,砥砺前行。在质量及食品安全保障方面,不仅荣获"中国透明工厂""最值得推荐的冷藏产品企业""七星奖年度健康引领奖"等荣誉,更取得ISO9001、GMP、HACCP、FSSC22000、AIB等认证,建立了良好的生产过程管理控制制度,严格执行质量管理体系,坚持以"引领社会享受新鲜、健康、安心的饮食生活"作为公司使命	转着的自动化生产线。在参观过程中,走廊墙上还有8块LCD高清液晶屏组成的味全集团供应链信息化看板,集合了销售、检验数据报表等,这里是味全大陆数据信息交流中心,也是实施各项业务的助手。参观走廊上还开辟了食品安全教育体验区,用趣味小问答的形式向参访者普及食品安全和味全品牌的相关知识。在简报室则有机器人导览员"小全"与参访者展开互动交流,回答体验过程中的任何问题。杭州味全品牌体验馆多年来致力于以寓教于乐的方式宣传企业文化和食品知识,经过不断努力,得到了社会各界的认可,并获得了"全国食品科普教育基地""浙江省工业旅游基地"等荣誉称号。2018年接待访客35000人次,2019年上半年接待访客10000人次(期间有2个月停止参访,场馆进行主题改造),为社会大众免费提供大巴车服务,全面开启工业免费游路线。目前,参访人员涉及130多个国家及地区,受到社会各界的好评; 该公司于2014年建立杭州品牌馆,2017年廊坊品牌馆建馆,当时计划2020年苏州品牌馆建馆
4	杭州娃哈哈集团有限公司——娃哈哈下沙工业园	杭州娃哈哈集团有限公司创建于1987年,在创始人宗庆后的带领下,现已成为中国最大、全球领先的民营饮料生产企业。该公司在全国各地建有近80个生产基地,180多家子公司,拥有员工近3万人,企业规模和效益连续20年蝉联中国饮料行业第	2004年,娃哈哈集团在行业内率先开展工业旅游,杭州总部的工业旅游点设立在杭州下沙经济技术开发区内。经过多年的积累与发展,该工业旅游点先后获评"全国工业旅游示范点""杭州市重点涉外参观单位""杭州社会资源国际旅游访问示范点"等荣誉。来访者通过企业形象展示厅、环幕影院、产品DIY、生产线观摩、主题交流等环节,了解该公司在智能制造领域的发展历程。2018年,全年共接

序号	企业名称	工业旅游企业概况	工业旅游发展概况
		一,位居中国企业500强、中国制造业500强、中国民营企业500强前列	待访客约35000人次,旅游收入约26万元。2019年上半年,共接待访客约25000人次,旅游收入超30万元。目前,该公司高度重视工业旅游的发展,现已规划消费者互动体验线路,在智能制造基地新建消费者体验中心
5	杭州万事利丝绸文化股份有限公司——万事利丝绸工业园	万事利集团有限公司创办于1975年,经过40多年的发展,现已成为一家以丝绸文化创意为主业,辅以生物科技、资产经营、金融管理等产业的现代化企业集团,40多年的励精图治造就了万事利集团在中国丝绸业界的辉煌。公司秉承"让世界爱上中国丝绸"的企业使命,着力挖掘、传承中国丝绸文化,实现了丝绸从"面料"到"材料"再到"载体"的华丽转身,走出了一条"传统丝绸＋移动互联＋文化创意＋高科技＝丝绸经典产业"的转型升级"新丝路"	万事利丝绸工业园于2012年正式开工建设,历时2年多,于2014年正式投入使用,总用地面积10万余平方米,建筑面积约5万平方米,总投资约2亿元。该工业园是集蚕桑文化园林、丝绸博览馆、现代丝绸工业生产、丝绸文化科普教育和休闲娱乐购物等为一体的多形态综合性工业园; 杭州市是以旅游为支柱产业的城市,同时也是丝绸之都,这对丝绸企业来说有很大的发展空间。万事利于2015年被评为"浙江省工业旅游示范基地",为了保证园区稳定的客流量,该公司将通过媒体扩大影响力,并结合微信、微博等媒介手段,通过宣传推广自身产品扩大影响力也通过公司营销人员日常营销推广。该公司与数十家旅行社和培训机构展开合作,每年有10万以上游客到访,实现了门票销售收入达1000万元
6	玫琳凯(中国)有限公司——玫琳凯工业旅游基地	2006年,玫琳凯有限公司投资2亿元建设的亚太生产中心于杭州经济技术开发区内启用,占地面积达7.2万平方米,是玫琳凯除美国以外唯一的海外工厂。为了支持高速发展	该公司投资4000万元建立的亚太研发中心于2014年建成并启用,其科研大楼占地达1500平方米,拥有8个实验室,为中国及亚太地区新产品上市提供更强有力的支持。2014年,该公司投资2亿元建立的生产分销中心及华东配送中心正式启用,毗邻亚太地区生产中心。2016年,该公司斥资超过1亿元建成的营养品生产工厂正式启用;

序号	企业名称	工业旅游企业概况	工业旅游发展概况
		的亚太市场,近年来,玫琳凯有限公司持续投资,启动了生产中心二期工程建设,生产中心已升级为集生产、研发、分销为一体的供应链核心,为玫琳凯(中国)有限公司的业务在全国的发展打下了坚实有力的基础。目前,亚太生产中心包含一个护肤品工厂、一个彩妆工厂、一个营养品生产工厂和亚太研发中心,共拥有29条生产线,年产量可达2.8亿件,主要生产护肤品、彩妆等16个产品系列,近200种化妆品,其中包括经典护肤、延缓衰老、抗痘、护体、彩妆等多款畅销产品,以及防晒、祛斑、美白等特殊用途化妆品	该公司努力将绿色低碳理念融入企业运营的各个方面,坚持采取"3R"措施来确保企业在经营的各个环节都能做到低碳环保("3R"指的是减量(Reduce),再循环(Recycle)和再利用(Reuse))。为了减少对环境的影响,该公司以固体废弃物"零填埋"为减排目标,实现对环境的承诺。亚太生产中心于2006年通过ISO14001:2004环境管理认证体系,并于2008年被杭州市旅游委员会评为工业旅游点。2018年,该工业旅游基地接待访客6500人次;截至2019年8月31日,已接待4000多人次,2019年投资30余万元对厂区的参观通道进行了扩建,同时对场地的硬件设备作了提升,力争为杭州钱塘新区的工业旅游发展添砖加瓦
7	浙江太古可口可乐饮料有限公司——可口可乐博物馆	浙江太古可口可乐饮料有限公司注册资本为2000万美元,于1989年10月8日正式开业。1996年10月28日,位于杭州经济技术开发区的下沙生产基地正式落成,这是浙江太古可口可乐饮料有限公司在中国大陆可口可乐系统中,首家依靠自身经营利润扩建的生产基地,投资总额达两亿元,占地面积达0.13平方千米,年饮料生产量达1	2014年,该公司打造了面积达600平方米的可口可乐博物馆,馆内设有展品区、放映区、互动体验、海报区、圣诞区等,展示了可口可乐不同风格的展品。可口可乐博物馆全年免费接待各个年龄层次的参观团队,从1989年开始开展工厂参观活动以来,平均每年接待访客达2万人次,总接待访客已超过60万人次,获得杭州工业参观的超高人气及广泛好评,连续8届荣获"杭州市市民体验日最具品质体验点"称号,被评选为"江干区青少年第二课堂""江干区青少年少先队实践基地""中国透明工厂"。2017年荣获杭州市品牌办评选的"最

序号	企业名称	工业旅游企业概况	工业旅游发展概况
		亿万标准箱,拥有 11 条先进生产线,其中 3 条为吹瓶灌装全自动连线生产线。在此基础上,公司追加投资,在 2011 年 9 月建成 6000 平方米能容纳 2 万垛位的一期工程立体自动货仓,年产量 7500 万标箱的不含汽生产线的货仓也于 2011 年下半年投入运行,该公司的下沙工厂将成为世界级工厂基地的典范	具品质体验点 10 年荣誉奖",2018 年被杭州经济技术开发区管委会评选为工业旅游示范基地
8	浙江东方百富袜业制造有限公司——东方百富袜业旅游基地	浙江东方百富袜业制造有限公司是一家专注于分类运动袜品领域创新研究及制造销售的国家高新技术企业,创始人张伟军倾心专注制袜行业 30 年,堪称业界最富有创新精神的产品经理人。公司自成立以来一直以"运动袜品专家"为企业定位,坚持"以研发带动产品销售,以供应链管理整合行业资源"的经营理念,拥有行业领先的自主研发设计能力,获得近 50 项技术专利,其中发明专利 13 项,该公司于 2016 年获得"国家高新技术企业""浙江省级研发中心"等称号,并于 2016 年获得中国好设计银奖(全国纺织业唯一获奖产品)。公司不断谋求主业转型	公司主业一直以"专家制造、专家品牌"为发展战略,打造悍将功能运动袜第一品牌、舒莱尔居家经典国民品牌、HailFoot 酷炫潮牌,组成自主品牌矩阵,随着 3 个品牌的天猫旗舰店的正常运行,在 2019 年开始实施多品牌线下实体店开店计划,以投资式加盟、直营式管理的商业模式,秉承"以店养店、以店拓店"开店原则,在全国发展 1000 家加盟连锁店,打造国内专业袜店服务品牌,成为国内市场该品类的代表品牌,所有产品将采用国际化多语种包装,并制订全球统一零售价,所有产品实现数字化,以方便线上线下分销代理,条件成熟时实施全球全网开店策略布局全球市场。计划经过未来 4 年的努力,通过整合行业优质资源及自身业务的快速发展,实现从行业纤维配送平台服务产业到选品中心定制化、配送化、传统 OEM/ODM 的业务转型升级,再到自主品牌矩阵线上线下布局,力争成为行业的整合者与引领者;

序号	企业名称	工业旅游企业概况	工业旅游发展概况
		升级,积极拥抱互联网时代消费市场的变化,实施自主品牌战略的同时,凭借自身对跨境电商的探索与实践,投资兴建了东方科技城产业园,于 2014 年 9 月得到杭州经济技术开发区园区创建的批复,历经 3 年的建设与筹备,2017 年末园区开始正式投入运营,并于 2018 年 9 月被杭州综试办正式授牌为中国(杭州)跨境电子商务综合试验区——东方科技城产业园,按照市综试办的要求正式确立以新制造为特色的跨境电商标杆园区	2018 年东方百富袜业旅游基地共接待游客超过 2000 人次,2019 年上半年接待游客 1000 人次
9	卓尚服饰(杭州)有限公司——卓尚服饰工厂店及"尚＋"众创空间	卓尚服饰(杭州)有限公司创建于 1997 年,总部位于浙江省杭州市钱塘区长空路 1 号,拥有逾 20 万平方米的办公基地园区,是一家集设计、生产、营销、物流、信息化于一体的专业服装企业。旗下现有 3COLOUR(三彩)、IBUDU(伊布都)、LEISURE 等多个知名品牌,销售网络遍及全国。园区交通便利,距汽车客运中心 9 千米(约 14 分钟车程),距杭州东站 15 千米(约 30 分钟车程),距西湖景区 25 千米(约 45 分钟车程),距萧山国际机场 27 千米(约 40 分钟车程)。	2018 年 1 月,卓尚服饰(杭州)有限公司被杭州经济技术开发区授予"工业旅游示范基地"称号。2019 年 7 月,卓尚服饰(杭州)有限公司成为"2019 杭州市民体验日最具品质体验点"100 强。卓尚园区工业旅游以观光游览、科普游学为主,支持定制化旅游体验项目;以研发设计中心、生产车间、物流仓库、品牌展厅、"尚＋"众创空间串起主参观路线,来访游客可以在专职导游的讲解下,充分了解卓尚服饰(杭州)有限公司的发展历程、服装业文化、旗下品牌。除此之外,园区设有篮球场、羽毛球和乒乓球馆、培训室/会议室、工厂店、现代化停车场和网红餐厅,根据来访游客的年龄层次和具体需求,可定制座谈会、读书会、团队建设、亲子游戏、互动体验、旅游购物等项目。两年来,公司累计投入逾千万元用于示范基地基础

序号	企业名称	工业旅游企业概况	工业旅游发展概况
		优越的地理位置、便捷的交通、完善的配套设施为园区工业旅游的发展提供了必要条件；目前，正在建设中的近万平方米展厅以"浙江省时尚产业研究院"为依托，以科普、教育、学习交流为切入点，将打造集设计中心、原材料展示中心、检测中心、技术中心、产品展示中心、体验互动于一体的时尚科技精品游，建成后将为游客提供更优质的体验	设施建设，大力支持建筑改造及设备优化工作，力求以更现代的装修风格、更便捷的基础服务提供更优质的参观体验。2018年，公司的工业旅游示范基地共接待近3万名游客，除散客外，共接待含浙江省纺织测试研究院、山东省济南市旅发委、杭州经济技术开发区管委会、浙江省湖州市莫干山高新区管委会、浙江传媒学院、浙江理工大学、绍兴文理学院等参访研学单位12家。以工业旅游为契机带动公司销售额达80万余元。2019年，公司通过内部人才选拔，围绕商务礼仪、播音主持、形体培训等专业维度组建了一支15人的企业讲解员队伍，合理安排其学习和工作时间，最大力度地配合和支持公司示范基地建设。2019年，该公司接待访客达2.6万人次，带动销售收入达100万余元

资料来源：《钱塘区工业旅游示范基地情况介绍》，杭州钱塘新区社会发展局，2019年10月。

表 6-4　杭州市钱塘区大江东片区积极发展工业旅游的相关企业概况

序号	企业名称	工业企业概况
1	广汽乘用车（杭州）有限公司	该公司秉承"工业4.0"的智能制造理念，历时13个月建成，遵循"一次规划、分步实施"的原则，以广汽传祺世界级生产方式为核心，糅合全球领先的研发技术、科学的管理方法和严谨的质量控制体系，采用独创的VIDM（可视化、信息化、数字化、智能制造）系统，打造了一座安全、清洁、智慧的工厂；冲压车间采用全自动伺服高速生产线及直线7轴高速机器人，实现了深拉延、高品质、高柔性、低噪环保的完美结合；焊装车间首次采用CO_2机器人自动弧焊工艺，配备全球领先的机器人及机器视觉AI技术，可实现高精度、多车型柔性共线生产；涂装车间采用世界领先的Ro-Dip 360°翻转前处理电泳线，壁挂式机器人喷涂系统采用紧凑型两道色漆绿色环保喷涂技

序号	企业名称	工业企业概况
		术,充分体现广汽传祺的"绿色工厂"理念;总装车间采用 L 型布局,自主设计底盘自动合装设备,实现玻璃自动涂胶、安装及座椅自动抓取安装等技术,建设了具备世界水平的广汽传祺标杆工厂
2	长安福特汽车有限公司杭州分公司	长安福特汽车有限公司杭州分公司由世界领先的汽车公司(福特汽车公司)与中国百年企业长安汽车集团共同出资成立,公司总部位于重庆市。为了支持未来的战略规划布局,2012 年 4 月长安福特在杭州市签约建设第二整车制造基地——长安福特杭州分公司,集冲压、焊装、涂装、总装四大工艺于一身。长安福特杭州分公司是杭州市迄今引进的最大单体工业项目和第一个世界级整车项目,是浙江省的重点项目。该公司于 2012 年8 月 29 日开工建设,2015 年 3 月建成投产; 长安福特杭州分公司坐落于杭州市大江东产业集聚区,项目规划用地 1.4平方千米,分两期建设。一期工程已于 2012 年 8 月 29 日开工建设,首款车型已于 2015 年 3 月投产下线。作为一家集整车、发动机、变速箱制造于一体的大型综合性现代化汽车企业,长安福特汽车有限公司正朝着成为"中国汽车行业的领跑者"的目标不断迈进
3	浙江吉利控股集团	浙江吉利控股集团总部设在杭州市,在国内建立了完善的营销网络,拥有近千家品牌 4S 店和近千个服务网点,在海外有近 200 个销售服务网点,投资数千万元建立国内一流的呼叫中心,为用户提供 24 小时全天候快捷服务,实施了基于 SAP 的销售 ERP 管理系统和售后服务信息系统,实现了用户需求的快速反应和市场信息快速处理,布局汽车 B2B、B2C 电子商务营销策略,开拓汽车网络营销新渠道杭州市钱塘区吉利新能源汽车制造基地规划总投资 110 亿元,规划年产 20 万辆乘用车。汽车展厅面积约 510㎡,展示形式为"平面设计＋沙盘模型＋机械臂＋艺术图文＋液晶显示屏＋多媒体＋文物"等。实训中心位于食堂三楼,面积为 1500 平方米,用于学生实际操作训练
4	浙江西子飞机部件有限公司	浙江西子飞机部件有限公司是一家以装备制造为主、跨行业经营的综合型企业集团。公司总部位于浙江省杭州市,旗下产业涵盖电梯及电梯部件、锅炉、航空、立体停车库、起重机、钢结构、房产、商业、农业、投资等多个领域,是中国 500 强企业之一,现有员工近万人; 公司秉承"合作重于竞争"的经营理念,遵循研发、制造、服务并重的发展战略,开拓进取,在节能电梯、电梯部件、立体车库、余热锅炉等业务上创得佳绩。坚持核心技术研发与节能减排的创新实践,拥有多家独立的技术研发中心,成功开发了高效节能的永磁同步无齿轮电梯主机,取得关键航空零部件制造相关资质,为扩大航空业务奠定基础,并主导国内余热锅炉技术标准制订和应用推广,成功实现节能建筑技术在西子联合大厦的全面应用

序号	企业名称	工业企业概况
5	格力电器(杭州)有限公司	格力电器(杭州)有限公司于 2016 年 4 月注册成立,总投资超 70 亿元。公司坐落于浙江省杭州市钱塘区江东一路 2345 号,位于钱塘江东岸,毗邻杭州湾,地理位置优越。格力电器(杭州)有限公司是珠海格力电器股份有限公司全资子公司,是格力电器在全球兴建的第 11 大生产基地。公司主要生产空调分体机、多联内机、窗机和除湿机等产品,销售市场以"出口为主、兼顾内销",内销立足杭州市,辐射华东、华中市场;出口主要面向中东、北美等地区,该基地将成为格力电器最大的出口基地; 公司依托总部先进的技术、过硬的质量、一流的管理,努力打造行业领先的"自动化、信息化、智能化、柔性化、精益化、绿色化、定制化、敏捷化"的智慧工厂。公司采用行业顶尖的生产工艺和领先的自动化生产设备,从设计到生产均秉承绿色理念,保证生产全流程绿色环保。公司产业园各生产单位均采用自主研发的光伏直驱变频离心机,确保产品品质的同时,也为生产一线的员工营造舒适、整洁的工作环境。公司在保障精益生产条件的前提下,创建出口柔性化生产模式,应用高端智能物流系统,打造自动化物流,集成各生产单位的智能立体仓库,形成空中循环式物流。通过信息化系统兼容集控现场生产参数,实现信息流和实物流无缝衔接,生产物资从入厂到成品出厂全程"不落地"。同时,借助杭州市电商模式的先天性优势,打造快速适应用户定制化要求的产品,配合先进的物流体系,满足快速发货的用户需求
6	杭州百草味零食有限公司	百草味总部位于浙江省杭州市,是一家以休闲食品加工、贸易、仓储、物流为主体,集线下与互联网商务经营模式、新零售于一体的综合服务型企业。公司下设杭州郝姆斯食品有限公司、杭州百草味企业管理咨询有限公司、杭州淘道科技有限公司。2003 年,第一家百草味在杭州市下沙大学城创办,百草味第一家线下零食店开业;2010 年百草味正式转型升级,开启百草味电商新纪元;2016 年,百草味与好想你战略并购进入资本市场,同年销售额突破 27 亿元;2017 年,百草味开启线上线下联合的新零售商务模式探索;2018 年,百草味品牌全新升级聚焦全球精选布局新零售业; 2017 年,百草味大学正式成立,标志着百草味培训发展工作迎来一个新的里程碑。百草味大学通过开展各类课程与培训服务,为百草味培养人才;百草味食品研究院总占地面积为 2300 平方米,包括临江总部研发基地、临安坚果研发基地、临江总部检验中心三部分,具有产品研发和食品安全检测 2 大功能模块,并与多个研发机构、知名高校、行业协会、国内外专家达成交流合作,具备了全国一流的科研力量与人才梯队。百草味检测中心于2017 年 3 月 1 日正式投入使用,占地面积约为 500 平方米,为中国合格评定国家认可委员会认可实验室。百草味检测中心下设理化室、微生物室、综合室,配置气相色谱仪、液相色谱仪、原子吸收分光光度计、原子荧光分析仪、凯氏定氮仪、二氧化硫蒸馏仪等先进设备,可承接坚果炒货制品、果干制品、肉制品、糕点类等产品检测服务,检测涵盖理化指标、微生物及致病菌、食品添加剂、重金属、农残等项目,并与各检测机构建立技术合作关系,有效预警和管控产品质量,确保出厂产品品质安全

序号	企业名称	工业企业概况
7	杭州新松机器人自动化有限公司	杭州新松机器人自动化有限公司成立于2010年12月,位于杭州市大江东产业集聚区,是一家以机器人独有技术为核心,致力于数字化智能高端装备研发制造的国家高新技术企业,系中国科学院控股的沈阳新松机器人自动化股份有限公司下属全资子公司。该公司为新松集团的南方总部,现有上海新松机器人自动化有限公司、宁波新松机器人科技有限公司2家控股子公司,以及武汉分公司、台州中心等分支机构。目前,该公司产业领域涵盖机器人产品和智能制造解决方案两大板块,能够为用户量身定制具备国际领先水准的工业机器人及自动化成套装备、工业4.0整体解决方案等,应用领域已覆盖汽车及零部件、电梯制造、高低压电器、建材家居、家用电器、化纤化工、钢结构、工程机械、烟草、食品、医药、电力、3C电子、教育培训等产业。该公司以"创领无限价值,共享科技盛果"为核心理念,履行"推动产业进步,保障国防安全提升生活品质"的神圣使命,致力于赢得社会、客户、股东及员工的尊重,成为世界一流的高科技企业

表 6-5　杭州市钱塘区目前主要工业旅游企业发展现状分析

序号	必备项目	杭州九阳小家电有限公司	杭州顶益食品有限公司	杭州味全食品有限公司	杭州加多宝饮料有限公司	史陶比尔(杭州)精密仪器机械电子有限公司	松下家电(中国)有限公司	浙江太古可口可乐饮料有限公司	浙江东方百富袜业制造有限公司	杭州娃哈哈下沙工业园	卓尚服饰(杭州)有限公司	万事利丝绸工业博物馆	玫琳凯(中国)有限公司	劲霸男装有限公司
1	是否对社会开放	√	√	√	×	×	×	√	√	√	√	√	√	×
2	能否网上预订	√	√	√	×	×	√	√	×	√	×	√	√	×
3	企业旅游管理机构	×	×	×	×	×	×	√	×	×	√	×	×	×

续　表

序号	必备项目	杭州九阳小家电有限公司	杭州顶益食品有限公司	杭州全味食品有限公司	杭州加多宝饮料有限公司	史陶比尔(杭州)精密仪器机械电子有限公司	松下家电(中国)有限公司	浙江太古可口可乐饮料有限公司	浙江东方百富袜业制造有限公司	杭州娃哈哈下沙工业园	卓尚服饰(杭州)有限公司	万事利丝绸工业博物馆	玫琳凯(中国)有限公司	劲霸男装有限公司
4	宣传促销	✓	✓	✓	×	×	✓	✓	×	✓	×	✓	×	×
5	专业解说人员	✓	✓	✓	×	×	✓	✓	×	✓	×	✓	×	×
6	主题是否鲜明	✓	✓	✓	×	✓	✓	✓	✓	✓	✓	✓	✓	×
7	游客接待中心	×	✓	✓	×	×	✓	×	×	✓	×	✓	×	×
8	企业文化展示中心	✓	✓	✓	✓	✓	✓	✓	✓	✓	✓	✓	✓	×
9	参观通道	×	✓	✓	✓	×	×	✓	✓	✓	×	×	✓	×
10	互动体验区	✓	✓	×	×	✓	✓	✓	✓	✓	×	×	✓	×
11	产品展示馆	✓	✓	✓	×	✓	✓	✓	✓	✓	✓	×	×	✓
12	餐饮设施	✓	×	×	×	×	✓	×	×	×	×	×	×	×

续　表

序号	必备项目	杭州九阳小家电有限公司	杭州顶益食品有限公司	杭州味全食品有限公司	杭州加多宝饮料有限公司	史陶比尔（杭州）精密仪器机械电子有限公司	松下家电（中国）有限公司	浙江太古可口可乐饮料有限公司	浙江东方百富袜业制造有限公司	杭州娃哈哈下沙工业园	卓尚服饰（杭州）有限公司	万事利丝绸工业博物馆	玫琳凯（中国）有限公司	劲霸男装有限公司
13	购物设施	√	×	×	×	×	√	√	√	×	√	√	×	√
14	旅游纪念品	×	√	√	×	×	×	√	×	√	×	×	×	×
15	通道标识系统	×	×	×	×	×	×	×	×	×	×	√	×	×
16	解说标识	×	×	×	×	√	√	×	√	×	×	×	√	×
17	旅游厕所	×	×	√	×	√	×	×	×	×	×	×	×	×
18	专用停车场（巴士）	×	×	×	×	×	√	×	×	×	√	×	×	×
19	特色交通设施	×	√	×	×	×	×	×	×	×	×	×	×	×
20	残疾人通道	×	×	×	×	×	×	×	×	×	×	×	×	×

二、杭州市钱塘区工业文化旅游休闲业态规划

（一）杭州市钱塘区工业科普研学旅游休闲新业态规划

1.研学旅行发展现状

中小学生研学旅行由教育部门和学校有计划地组织,通过集体旅行、集中食宿的方式开展研究性学习和旅行体验相结合的校外教育活动,是学校教育和校外教育衔接的创新形式,是教育教学的重要内容,是综合实践育人的有效途径。2016 年 11 月,教育部等部门联合发布《关于推进中小学生研学旅行的意见》(教基一〔2016〕8 号),其中明确中小学要将研学旅行活动纳入教学计划,学生参与情况纳入综合素质评价体系。

2016 年 12 月,国家旅游局发布旅游行业标准《研学旅行服务规范》(LB/T 054—2016)。2018 年 6 月,全国中小学生研学实践教育基(营)地开始申报。2019 年 3 月,中国旅行社协会、高校毕业生就业协会、全国研学旅行基地认定委员会联合发布行业标准《研学旅行基地(营地)设施与服务规范》(T/CATS 002—2019)。

2016 年 1 月,国家旅游局授予北京市海淀区、浙江省绍兴市、安徽省黄山市、江西省井冈山市、山东省曲阜市、河南省安阳市、湖北省神农架区、广西壮族自治区桂林市、四川省绵阳市、甘肃省敦煌市"中国研学旅游目的地"称号,授予北京市卢沟桥中国人民抗日战争纪念馆等 20 家单位"全国研学旅游示范基地"称号。

2017 年 12 月,根据《教育部办公厅关于商请推荐"全国中小学生研学实践教育基地"的函》(教基厅函〔2017〕24 号)、《教育部办公厅关于开展 2017 年度中央专项彩票公益金支持中小学生研学实践教育项目推荐工作的通知》(教基厅函〔2017〕25 号)精神,在国家有关基地主管部门和各省级教育行政部门推荐基础上,经专家评议,营地实地核查及综合评定,公布中国人民革命军事博物馆等 204 个单位为"全国中小学生研学实践教育基地"。

2018 年 7 月,浙江省教育厅、浙江省旅游局等部门发布《关于推进中小学生研学旅行的实施意见》(浙教基〔2018〕67 号),并发布《浙江省中小学研

学实践教育营地、基地申报认定和管理细则（试行）》。2019 年 2 月,浙江省公布浙江省博物馆等 54 家单位为浙江省中小学生研学实践教育基地（第一批）、杭州市萧山区青少年素质教育实践基地等 9 家单位为浙江省中小学生研学实践教育营地（第一批）。

2018 年 12 月,教育部办公厅公布 2018 年全国中小学生研学实践教育基地、营地名单:中国人民解放军海军南海舰队军史馆等 377 个单位为“全国中小学生研学实践教育基地”、北京市自动化工程学校等 26 个单位为“全国中小学生研学实践教育营地”。

在国家和浙江省相关政策的扶持下与研学旅行纳入中小学生教学计划背景下,研学旅游得到快速发展。

2. 杭州市钱塘区各级工业旅游示范基地具有打造研学旅行基地的良好条件

截至 2021 年 12 月 31 日,杭州市钱塘区有 14 所高等院校,25 万在校师生;123 所中小学校,共有 7.6 万师生;有近 107 万常住人口。杭州市钱塘区工业科普研学旅游发展具有良好的区内客源市场。

在工业研学科普旅游发展方面,杭州市钱塘区万事利省级工业旅游示范基地已取得一些成功经验,万事利打造了“美丽大讲堂”,聘请专业美丽大使为游客提供美丽讲堂服务,主要教授有关丝巾的知识,比如丝巾面料、印染工艺、丝巾系法等,深受广大游客好评。

如杭州市钱塘区娃哈哈国家级工业旅游示范基地也取得一些成功经验:①针对中小学生的研学旅游,提供特色精密机械制造的现场观摩服务,让孩子们深入了解机械制造、模具生产、高端机器人等领域。对于大学生的研学旅行,万事利结合大学生的专业,由专业人员为其授课,并为大学生就业提供支持。②打造 MBA 大讲堂课程。作为杭州市社会资源国际旅游访问点,娃哈哈积极开拓国际游客市场,结合自身的经营理念作为许多国外知名商学院教学案例这一特有资源,开设 MBA、EMBA 教学课堂,既扩大了企业的知名度,又让国外的商学院学员了解了中国民营经济的发展状况和独特的管理经验,成为展示中国经济发展水平的窗口。杭州市钱塘区味全省级工业旅游示范基地可积极打造更多的参与性的研学旅游项目。体验类项目增多才会吸引更多的游客,园区可以在现有场地的基础上,增加一些参与类的活动,比如奶产品知识竞赛等活动,增强游客的参与感。

杭州市钱塘区各级工业旅游示范基地可积极打造研学科普馆、产品科技馆、工业文化博物馆等研学场馆,举办研学知识大赛、科普竞赛、产品知识技能大赛等研学活动,为杭州市钱塘区乃至杭州市、浙江省广大中小学生了解区情、市情、省情及工业文化旅游知识提供广阔的基地。可把纳入国家级、省级、市级、区级的各级工业旅游示范基地集体纳入杭州市中小学生第二课堂基地。

(二)杭州市钱塘区工业文化博物场馆旅游休闲新业态规划

1.各级工业旅游示范基地积极打造多类工业文化博物场馆

对于国家级、省级、市级及区级的各级工业旅游示范基地,积极打造企业品牌馆、产品展示馆、产品体验馆、科技馆、博物馆等文化博物场馆。

国家级和省级工业旅游示范基地可打造企业品牌馆、产品展示和体验馆、相关文化主题博物馆等场馆,具备条件的工业旅游示范基地可积极打造科技研学馆、虚拟体验馆等场馆。市级、区级的工业旅游示范基地可积极打造企业产品展示馆、企业品牌馆等相关场馆。

2.大力推进各类工业文化博物场馆景区化发展

各工业旅游示范基地在打造工业文化博物场馆的过程中,要注重推动文化博物场馆景区化建设,增加旅游基础设施和旅游公共服务设施,提升工业文化博物场馆旅游接待能力。

①工业文化博物场馆产品适度转化为旅游产品。工业文化博物场馆产品转化为旅游产品是文化博物场馆景区化建设要解决的首要问题,与此同时也要打造文化博物场馆景区旅游核心吸引物。

②工业文化博物场馆增加游客接待设施(旅游景区公共服务设施)。在工业旅游示范基地打造各类工业文化博物场馆的过程中,可以按照旅游景区创建模式,配置游客中心、生态停车场、旅游厕所、旅游标识标牌等旅游公共服务设施。

③工业文化博物场馆公共文化服务功能转换为主客共享文化旅游消费服务功能。在继续保证工业文化博物场馆公共文化服务功能的前提下,逐

步转换为公共文化服务功能与主客共享文化消费服务功能并存的文化旅游消费功能空间,配置专业的工业文化博物场馆讲解员、旅游服务人员、场馆解说小册子、场馆解说系统,以及大力开发工业文创旅游商品,并拓展工业文化旅游消费空间。

④打造工业文化旅游产品。工业文化博物场馆按照旅游景区(点)模式打造,需要丰富多样的工业文化旅游体验产品,提高工业文化旅游吸引力,精品化打造工业文化博物场馆旅游产品,促使工业文化旅游产品丰富内涵、提质增效,满足工业文化旅游景区化的运营要求。

⑤转变工业文化博物场馆服务与经营理念、模式。原有的工业文化博物场馆主要是非营利性的,但植入旅游景区功能后,增加了运营成本、人力成本,迫切需要增加旅游收入以弥补资金短缺,这就需要创新经营理念,完善公共文化服务功能,适度增加旅游营利性设施,增加旅游消费收入,如引入咖啡馆、书屋茶舍、工业文化旅游纪念品商店等增加旅游收入。

3.杭州市钱塘区相关工业旅游示范基地工业文化博物场馆打造案例或构想

杭州市钱塘区娃哈哈国家级工业旅游示范基地:①利用娃哈哈的品牌影响力,建设娃哈哈纯净水中药膳食馆,馆内用水全部采用纯净水,开发健康中药膳食,丰富游览特色。②以"饮用水""健康"为主题,打造中国水博物馆,搭建中国饮用水对外展示窗口。以娃哈哈建设中的体验馆为载体,立足中国国情,从国际饮用水发展趋势、中国饮用水水质等级、中国七大水系概况、地下水污染情况、饮用水分类科普等方面进行展示,建设具有观光和科普教育功能的中国水博物馆、中国饮料博物馆。

杭州市钱塘区九阳省级工业旅游示范基地可建设豆浆机博物馆。作为国内第一家豆浆机制造企业,九阳一直秉承"因关爱而存在"的理念,产品种类丰富,完全可以建设一个豆浆机博物馆,展现中国豆浆文化、九阳企业文化及其发展历史。

杭州市钱塘区区级工业旅游示范基地浙江太古可口可乐饮料有限公司的可口可乐博物馆已开展工厂参观活动20多年,基地已经连续7年被评为"最具品质市民体验点及全城联展展示点",是杭州网小记者社会实践基地和杭州市钱塘区第二课堂实践基地。

杭州市钱塘区区级工业旅游示范基地浙江东方百富袜业制造有限公司专注于运动袜生产,立志做运动袜行业的佼佼者,产品系列囊括登山、高尔夫、徒步、长跑、羽毛球、篮球、足球等领域。可建造一处杭州体育名人蜡像馆,着力宣传浙江东方百富袜业的体育文化。

广汽乘用车(杭州)有限公司、长安福特杭州分公司、杭州吉利汽车有限公司适合打造汽车博物馆和汽车品牌博物馆及各自企业发展的汽车品牌馆等工业文化博物场馆,也可以打造汽车科技馆,积极开展文化和科技研学旅游活动。格力电器(杭州)有限公司可打造中国家用电器博物馆、格力电器家用电器品牌馆、智慧人居科技馆等文化、科技博物场馆。松下电器(中国)有限公司杭州分公司在现有憧憬屋家居"质慧"馆的基础上打造松下博物馆、松下品牌展示馆等,积极发展文化博物场馆旅游和科技研学旅游。

(三)杭州市钱塘区工业文化体验、演艺旅游休闲新业态规划

1. 大力发展工业文化旅游演艺,让工业文化活起来

工业文化旅游发展就是创新工业文化发展,让工业文化具有强大生命力,并使工业文化得以传承的最佳方式之一。工业文化旅游演艺主要通过展示性生产、制作工艺展示、现场制作加工、传统非物质遗产文化活态展示、工厂生产场地艺术化展示、工业文化旅游微电影大赛、工业文化旅游抖音节、工业文化旅游影视基地等模式打造工业文化旅游演艺剧目。

发展工业文化旅游演艺,让工业文化活起来。场景是工业文化旅游最基本的载体、平台和体验现场,从策划、项目落地到招商运营,每个环节都在追求场景的最优化。在所有的文旅场景之中,文旅演艺都是一个独特的存在,它是人依据特有的文化资源,借助科技手段,通过艺术创造打造的一场动静结合、虚实耦合、新旧融合的沉浸式场景体验,是在特定的环境空间表现历史故事情感的艺术,它是将文化活化、故事化、产品化、时尚化的高级形态,也是文旅融合绝佳的转换校场、体验现场、情感剧场、传播道场和消费市场。文旅演艺将引领文旅"融时代"浪潮,以匠心精神创造更多优质的文旅演艺,是推动文旅融合场景革命的必由之路,也是文旅消费的市场期待和必然趋势。

2.推进杭州市钱塘区工业文化旅游演艺融合化工程

①鼓励创作杭州市钱塘区工业文化旅游演艺作品,引导各类旅游演艺经营主体结合杭州市钱塘区各级工业旅游示范基地的优秀传统工业文化、工业特色文化、非遗文化、工厂生产场景,运用丰富多彩的艺术形式推出主题性、定制性工业文化旅游演艺作品与项目,遴选有示范效应和社会意义的优秀工业文化旅游演艺作品,并择优推荐申报全国旅游演艺精品名录。

②培育工业文化旅游演艺经营主体。培育一批有本地特色、品牌好、信誉高、竞争力强的工业文化旅游演艺经营主体,各大工业旅游示范基地可积极培养自己的工业文化旅游演艺队伍,也可引进成熟的旅游演艺经营主体,通过控股、并购、品牌连锁等方式整合杭州市钱塘区工业文化旅游演艺资源,开发工业文化旅游演艺剧目,支持产业发展基金、私募股权投资基金及各类机构投资杭州市钱塘区工业文化旅游演艺项目,推动杭州市钱塘区工业文化旅游演艺向专业化、品牌化、规模化方向发展。

③开发设计工业文化旅游演艺相关衍生产品。支持各类旅游公司、文创企业、文创机构、非遗传承基地、非遗研习所针对杭州市钱塘区各大工业旅游示范基地的实际情况设计工业文化旅游演艺相关衍生产品,如服装、道具、影像制品、动漫、网络音乐、饮料、玩偶、工艺品、日用品、会展及相关服务等,延长工业文化旅游演艺产业链,提高经济效益。

3.杭州市钱塘区工业文化旅游演艺发展路径

积极打造工业文化旅游演艺剧目,用舞台技术加强工业文化动态、活化展示。目前杭州市钱塘区工业文化多以静态、物态、固态展示为主,缺乏有效的动态、活化、体验展示。杭州市钱塘区各级工业旅游示范基地均可打造一出旅游演艺剧目,为参访者提供工业文化旅游演艺服务和体验大餐。如娃哈哈可打造一出以水文化及水与人类生活为主题的旅游演艺剧目,也可展示各类饮料的生产过程;九阳可打造一出以豆浆制作、厨具使用、豆制品制作、豆浆传统工艺、美食烹饪大赛为主题的旅游演艺剧目,为到访参访者提供现场演绎展示;万事利可打造一出以丝绸生产、丝绸制作、丝绸日用品使用方法、丝绸传统工艺及非物质文化遗产动态展示等为主题的工业文化旅游演艺活动;卓尚服饰可打造一出以丝绸内衣秀、时尚服饰模特秀、服装设计与制作为主题的旅游演艺活动。

通过建造特色面食馆、康师傅面食展示馆,让家长与儿童能够共同参与酱包配制过程,进一步提高面食文化的展示力度,提升康师傅工业旅游品质,丰富游览内容,并且康师傅可以在现有基础上打造面食制作现场演艺节目,举办面食烹饪大赛等。

杭州市钱塘区区级工业旅游示范基地玫琳凯(中国)有限公司在打造体验性工业文化旅游演艺产品的过程中可增加体验性的游览活动,建设玫琳凯产品体验馆。体验馆的建设要明确化妆品体验主题,可适当采用 AR 技术、VR 技术提供现场试装服务,同时开展皮肤健康测试、化妆品 DIY 体验、美容知识讲堂、化妆品鉴别宣传等项目。

杭州市钱塘区万事利省级工业旅游示范基地在体验性工业旅游项目打造方面已取得相关成功经验:①体验摘桑叶活动。基地内有生态桑树园,可供游客游玩,桑叶成熟时还可以体验摘桑叶活动。②丝路茶席。万事利国宾茶席活动会邀请专业茶仙子教学茶艺,供到访者感受美好的品茶仪式。③丝绸团扇作画。博物馆为青少年准备了空白团扇,可以在团扇上画画,画好之后可以带走留作纪念。④手刻天鹅绒。博物馆提供刻天鹅绒的手工道具,游客可以体验刻出丝绒图案的乐趣。万事利可打造一台丝绸文化旅游演艺剧目,把丝绸文化通过舞台展演出来。

广汽乘用车(杭州)有限公司、长安福特杭州分公司、杭州吉利汽车有限公司等可以打造汽车无人驾驶体验馆、汽车驾驶 VR 虚拟体验馆及汽车模特秀等旅游体验和工业旅游演艺节目,积极开发工业文化旅游演艺活动,为参访者提供丰富的文化体验活动。

浙江西子飞机部件有限公司可以提供飞机模拟驾驶工业文化旅游体验活动,让参访者圆航空驾驶梦。格力电器(杭州)有限公司、松下电器(中国)有限公司杭州分公司等家用电器企业可以举办智慧家居用品设计大赛或提供虚拟设计活动增强工业文化旅游体验。

(四)杭州市钱塘区工业文化动漫旅游休闲新业态规划

1.用动漫的形式进行工业文化旅游宣传

把各大工业旅游示范基地的品牌、产品、生产流程、技术技艺、产品使用、工业文化等用动漫的方式进行表现和展示,这样比真人广告更有想象力和吸引力。在动漫作品中植入工业文化、工业文明和工业文化旅游等元素和信息,通过在作品中融入工业文化和工厂生产流程,创造新的文旅融合产品,推出各级工业旅游示范基地工业文化旅游动漫吉祥物,围绕工业文化旅游吉祥物进行内容展示、新闻宣传、衍生产品开发。

2.发展工业文化旅游动漫,让工业文化活起来

动漫故事可以让各级工业旅游示范基地的工业文化旅游更具特色内涵,丰富各大工业旅游示范基地的工业文化旅游产品供给。各级工业旅游示范基地的工业文化旅游动漫主要通过文化动漫展示各大工厂的生产技艺流程,活化各大产品或设备生产制作及加工技艺过程,通过文化动漫形态展示给工业旅游参访者,让参访者身临其境感受灿烂的工业文化,以及产品制作技艺对人类生活或家居的影响。工业文化动漫可以延展为工业文化创意,生产工业文创旅游产品,让工业文化和旅游商品充分融合,打造独特的工业文创动漫旅游产品。

3.杭州市钱塘区工业文化旅游动漫发展构想

目前,杭州市钱塘区康师傅、味全等工业旅游示范基地均已打造相关工业文化主题动漫,如康师傅已打造一部以方便面为主题的动漫,为参访者了解康师傅方便面的文化提供了途径。杭州市钱塘区其他工业旅游示范基地打造一出工业文化主题动漫剧目,如娃哈哈打造以水精灵、水健康、水功能为主题的水文化旅游动漫;卓尚服饰打造以时尚演艺和 T 台走秀为主题的时尚服装秀文化旅游动漫;万事利打造以中华桑蚕文化和丝绸文化为主题的工业文化旅游动漫;九阳打造以豆浆等豆制品文化为主题和智能厨具为主题的工业文化旅游动漫。广汽乘用车(杭州)有限公司、长安福特杭州分公司、杭州吉利汽车有限公司等汽车企业在工业文化旅游发展中可积极打造汽车交通安全警示教育动漫剧目,为参观者提供交通安全教育动漫体验。浙江西子飞机部件有限公司可打造飞机航空乘坐安全体验动漫。

杭州市钱塘区各级工业旅游示范基地通过打造工业文化旅游动漫,形成工业文化旅游动漫产品体系,条件成熟可举办杭州市钱塘区国际工业文化旅游动漫节。

(五)公共文化服务进入杭州市钱塘区工业旅游示范基地规划

推动书房、文化博物场馆、咖啡吧、影剧院等公共文化服务进入各级工业旅游示范基地。公共文化服务体系进入各级工业旅游示范基地,实现公共文化和工业文化旅游融合发展,打造能为游客提供完善的公共文化服务体系的文旅融合新型文化精品工业文化旅游景区。

协同推进公共文化服务进入各级工业旅游示范基地,推动旅游公共服务融入各大工业旅游示范基地,为当地居民和游客提供完善的公共文化服务,这也是文化和工业旅游融合发展的重要内容。

1.实现公共文化服务和工业文化旅游服务一体化,赋予工业文化新基因

在文旅融合大背景下,工业文化积极与公共文化融合发展,实现公共文化服务和工业旅游服务一体化,赋予工业文化新基因,为文旅融合创新发展提供行动力。

2.统筹各大工业旅游示范基地公共文化服务设施建设管理

充分利用目前各大工业旅游企业闲置的生产空间或新建空间,大力推动生产空间"退产入文",把公共文化服务配置到各大工业旅游示范基地现有的生产空间中。

建设"书房+工业文旅客厅""工业文化馆""工业博物馆""产品技艺体验馆""工业DIY体验馆""工业动漫馆""工业演艺馆"等系列公共文化服务设施,打造各大工业旅游示范基地公共文化服务旅游吸引物聚集体。

3.统筹各级工业旅游示范基地公共文化服务资源配置

推动公共文化服务进入各级工业旅游示范基地,构建主客共享的文化和工业旅游新空间。在等级较高或空间较大的工业旅游示范基地,积极引入智慧影院、文化剧场、酒吧、咖啡吧、茶吧等文化设施,统筹实施相关文化和工业旅游服务惠民项目,为当地居民和到访游客提供完善的公共文化服务设施。

(六)杭州市钱塘区工业文化主题旅游酒店、餐饮休闲新业态规划

目前,杭州市钱塘区各级工业旅游示范基地在工业文化主题酒店建设、

主题餐饮建设等方面还存在严重不足,迫切需要延伸工业文化旅游产业链,朝工业文化休闲度假旅游方向发展。打造工业文化主题酒店是工业文化旅游产业链延伸的一个选择,是工业文化旅游观光向工业文化旅游深度体验和工业文化休闲度假转型升级的重要路径。

如杭州市钱塘区娃哈哈国家级工业旅游示范基地可积极谋划水文化主题酒店、主题餐饮。味全省级工业旅游示范基地可积极谋划牛奶与健康主题养生文化主题酒店、主题餐饮。卓尚区级工业旅游示范基地可打造时装秀文化主题酒店、主题餐饮。万事利省级工业旅游示范基地可打造丝绸文化主题酒店、主题餐饮。康师傅可打造面条文化主题酒店。当时计划待创建的松下工业旅游基地可积极打造松下智慧家居的主题酒店、主题餐饮。太古可口可乐区级工业旅游示范基地可积极打造可口可乐主题酒店、主题餐饮。玫琳凯市级工业旅游示范基地可积极打造美容养生主题酒店、主题餐饮。九阳省级工业旅游示范基地可积极打造九阳餐厅、九阳豆浆文化主题酒店等。广汽乘用车(杭州)有限公司、长安福特杭州分公司、杭州吉利汽车有限公司等杭州市钱塘区大型汽车制造企业可积极打造汽车文化主题酒店、配套文化主题接待设施。

总之,对于条件具备的工业旅游示范基地,杭州市钱塘区可出台相关扶持政策,支持各大工业旅游示范基地按照休闲度假型旅游景区模式推动工业文化休闲度假复合型工业旅游示范基地建设。

(七)杭州市钱塘区工业文化创意旅游休闲新业态规划

积极打造工业文化创意旅游产品,为参访者提供高质量的工业文化创意旅游产品。

目前,杭州市钱塘区工业文化创意旅游产品生产已有一定基础,杭州市钱塘区味全工业旅游示范基地,可围绕酸奶饮品主题,在创意馆内增加参与性较强的旅游产品,如DIY酸奶、鲜榨果汁等体验项目。杭州市钱塘区区级工业旅游示范基地卓尚服饰(杭州)有限公司积极利用时尚服饰设计和众创空间等优势资源,大力开展工业旅游,建设网上预约平台,配置巴士停车场、旅游厕所、观光通道、互动体验区等工业旅游硬件设施,合理组织游线,将时尚文化创意产业与旅游产业融合发展,积极打造浙江省级工业旅游示范基地。利用卓尚众创空间与企业自身设计人才,将产品展示中心打造为最新潮的大学生创意时装展示馆,构建现代时尚服饰博览馆,丰富游览内容。借鉴美特斯邦威服饰博物馆的成功经验,利用新建大楼建设现代时尚服饰博览馆,将近现代、国内外时尚服饰的发展历程、产品设计历程和服饰设计手稿展示给游客,将卓尚服饰工业旅游开发项目打造为杭州市时尚之都建设重要高地。

广汽乘用车(杭州)有限公司、长安福特杭州分公司、杭州吉利汽车有限公司等杭州市钱塘区大型汽车制造企业可积极打造汽车模型工业文化旅游创意产品。浙江西子飞机部件有限公司可积极打造飞机模型工业文化旅游创意产品。

目前,杭州市钱塘区各大工业旅游示范基地文创旅游产品较为匮乏,迫切需要加强设计,打造系列工业文化创意旅游产品,打造系列工业文创旅游商品。可举办杭州市钱塘区工业文创产品设计大赛,推动工业文化创意旅游产品设计及发展。

(八)工业文化旅游融入智慧科技赋予工业文化旅游发展新动能

工业文化旅游和科技融合发展,打造智慧化、互动化、体验化、立体化的工业文旅融合发展示范基地。

1.积极打造工业文化旅游和科技融合示范基地

以数字化、网络化、智能化为技术基点,在工业文化旅游相关品牌展示、产品展示馆、博物馆、体验馆、科技馆等建设过程中系统集成应用技术,开发内容可视化呈现、互动化传播、沉浸化体验技术应用系统平台与产品,优化工业文化数据提取、存储、利用技术,发展适用于工业文化技艺展示和传承的数字化技术和新材料、新工艺,创建工业文化旅游和科技融合示范基地。尤其是广汽乘用车(杭州)有限公司、长安福特杭州分公司、杭州吉利汽车有限公司等杭州市钱塘区大型工业汽车制造企业,可大力打造汽车工业高科技文化旅游体验项目。松下电器(中国)有限公司杭州分公司、格力电器(杭州)有限公司等大型家用电器制造企业可大力打造智慧家居工业文化旅游科技研学项目。

在工业旅游生产场地(工厂)展示中,也多运用现代智慧科技手段展示生产过程,并解释在线生产科技原理或产品科技内在原理,更好地让参访者理解工业文化或工业科技。如杭州市钱塘区万事利省级工业旅游示范基地打造万事利国家级技术中心、设计研发中心,公司聘请专业设计师团队,以卓越的设计研发能力融合中国文化及国际时尚元素,不断推陈出新,为参观者提供高科技工业文旅融合旅游产品。

2.加强工业文化展示性生产和非物质文化演艺等关键性工业文旅融合产品技术研发

加大智能化的工业物质文化和非物质文化遗产保护与传承、数字化采集、文化体验、公共文化服务和休闲娱乐与激光放映、虚拟现实等结合的工业文旅融合产品关键技术研发力度;加大相关工业产品展示性生产、非物质文化舞台演艺和观演互动等产品关键技术研发力度。

一些工业旅游企业利用传统工艺及非物质文化技艺生产产品,如杭州市钱塘区万事利工业旅游示范基地传统丝绸生产技艺、加多宝凉茶传统工艺、康师傅工业旅游示范基地中的传统面条非物质文化传承与生产技艺等,都适合融入关键性智慧科技开发工业文旅融合产品,为参观者提供工业文化科技展示体验和非物质文化遗产展演或演艺体验产品。

如杭州市钱塘区松下(中国)有限公司可积极融入高科技智慧技术建设松下全智能屋。在场馆展现松下全智能生产产品,配备松下产品展示厅、休闲长廊、会议室等,提供一站式私人定制服务,打造未来智能家居体验畅享馆,并在松下品牌展馆中建设一处完全智能的、高科技的概念性家居馆,激发游客对未来家居的想象。

3.增强工业文旅游览多样化、互动化体验

综合利用虚拟现实、增强现实、人机交互等技术,将前沿数字科技与工业文化科普研学、产品科技含量体验、产品生产技艺流程、产品使用体验等有机结合,打造数字工业文旅示范基地。提供沉浸式、互动式、高品质的工业文旅游览体验,使参访者既可全方位欣赏工业产品,尤其是高科技集成式智慧化工业产品,还可以通过观赏多媒体文化数字节目、体验虚拟漫游、与工业产品交互互动等方式获取工业生产、技艺、技术等方面的专业知识,提高参访者的游览兴趣,提升到访工业旅游示范基地的游客体验质量和服务质量。

如杭州市钱塘区万事利省级工业旅游示范基地可积极融入高科技增强博物馆体验,将丝绸、蚕茧与艺术相结合,打造新型旅游商品,提供游客 DIY 体验;开展"丝巾打结"等现场教学活动,强化现场互动体验。

广汽乘用车(杭州)有限公司、长安福特杭州分公司、杭州吉利汽车有限公司等杭州市钱塘区大型工业汽车制造企业,可在工厂参观中让参访者体验"做一天汽车工人",或让参访者体验汽车部件组装等方面的虚拟体验活动。松下电器(中国)有限公司杭州分公司、格力电器(杭州)有限公司等大型家用电器制造企业可以让参访者在品牌馆、科技馆中体验智慧家居产品。

4. "VR+工业文旅"融合发展,打造高清可视化、全景体验化、交互体验化工业文旅示范基地

运用 VR 技术,通过高清建模和全景视频提供真实的工业产品生产或技艺流程体验,让参访者随时随地"亲临"工业产品生产车间,大大提升参访者的工业生产体验质量。

通过三维建模,VR 技术能够重现工业产品制作技艺流程,给游客带来沉浸式体验。AR 导览/导航、全息投影等技术将不同的工业文化资源、旅游、技术三者融合,让游客有更多的交互式体验。文旅融合是新时代整合资源技术,推动文旅体验创新和产品创新的需要。

通过"VR+工业文旅"相结合,打造沉浸式工业文旅博物馆体验区,让工业旅游基地从整体上作为一个展现高科技的立体舞台展示给到访游客,创新工业文旅融合发展新路径,以高科技、互动式技术打造高水平工业旅游示范基地。

在杭州市钱塘区工业旅游示范基地中,如万事利可积极打造以 VR 体验技术为主的丝绸博物馆;康师傅可积极打造以 VR 体验技术为主的面条制作体验馆及中华面条博物馆;九阳可积极打造以 VR 体验技术为主的豆浆制作及各种厨具使用、美食制作的体验馆。在各级工业旅游示范基地打造的文化博物场馆中,积极融入 VR、AR 等体验技术,打造年轻人及儿童喜爱的工业文化旅游体验产品。

在打造杭州市钱塘区各级工业旅游示范基地的工厂参访廊道时,要积

极打造创意化观光通道,如观光通道是娃哈哈集团开展工业旅游最为重要的一环,应配备语音讲解系统和环节解说标识,并采用 AR、VR 等现代化技术,在观光通道展示娃哈哈卡通人物提升吸引力。

VR、AR 技术在杭州市钱塘区各级工业旅游示范基地中的应用主要有:虚拟体验做一次工人,用虚拟技术体验产品的设计、加工及制作的过程;遨游整个工厂生产流程,体验整个工厂各个车间的工作流程;虚拟体验相关技术及技艺展演。

三、杭州市钱塘区工业文化旅游一体化发展规划

(一)杭州市钱塘区工业文化旅游公共服务平台规划

1.打造杭州市钱塘区工业文化旅游网站

按照工业文化旅游功能模块和工业文化旅游企业类型打造杭州市钱塘区工业文化旅游网站,使之成为杭州市钱塘区对外宣传工业文化旅游的基本渠道。

杭州市钱塘区工业旅游网定期发布工业文化旅游资讯,是杭州市钱塘区工业文化旅游企业宣传自身品牌的重要阵地。

2.打造杭州市钱塘区工业文化旅游网上预约平台

参照目前旅游景区,尤其是红色旅游场馆网上预约平台的经验及医院挂号网上预约平台的经验,打造杭州市钱塘区工业文化旅游网上预约平台。

工业文化旅游企业主要针对团队参访者开放,一般居民和散客很难到访各大工业旅游企业,因此需打造网上预约平台,通过网上预约可以实时管控客源及调控客流量,并为工业文化旅游企业合理安排参访接待事务提供基础信息。该平台的打造对推动杭州市钱塘区工业文化旅游快速健康发展非常重要。

3.运营杭州市钱塘区工业文化旅游微博、微信公众号

充分利用微信、微博等自媒体宣传杭州市钱塘区工业文化旅游线路和工业旅游企业。运营杭州市钱塘区工业旅游微博、微信公众号,定期发布相关推介信息、产品信息、活动信息,并成为杭州市钱塘区工业文化旅游对外

信息发布窗口。

4.组建杭州市钱塘区工业文化旅游联盟

组建杭州市钱塘区工业文化旅游联盟,分为理事单位、会员单位,并推荐理事长单位、副理事长单位。通过组建工业文化联盟,共谋工业文化旅游快速发展布局,并通过一体化发展形成客源共享、成本共担、品牌共塑、一体发展的大格局。

杭州市钱塘区工业旅游联盟需认真遵守法律法规,切实贯彻创新、协调、绿色、开放、共享的新发展理念,认真落实国家关于加快旅游业发展的政策,发挥联盟成员优势,搭建平台、分享经验,共同挖掘工业文化深厚内涵,充分激活工业文化潜能,开发具有休闲体验、文化娱乐、游览观光等多种功能的工业旅游项目和创意产品,积极打造具有浙江地域特色、时代特征、文化特点的工业旅游产品体系。

5.办理杭州市钱塘区工业旅游护照

收集杭州市钱塘区各大工业旅游示范基地信息,把重要信息汇集成杭州市钱塘区工业旅游护照,主要起到以下功能:

①一本工业旅游护照游遍全钱塘区。

②各大工业旅游企业共用一张工业旅游护照,可以起到共同宣传推荐的作用。

③对外统一发布和宣传推广,为广大工业旅游到访者或潜在到访者提供详细的参访手册和信息了解渠道。

④该护照也是杭州市钱塘区工业旅游通行证,可结合智慧旅游技术打造一个杭州市钱塘区工业旅游电子护照通行证。

(二)杭州市钱塘区工业文化旅游公共服务设施规划

1.打造一条杭州市钱塘区工业文化旅游巴士专线

目前,杭州市钱塘区尚缺乏国家 A、AA、AAA、AAAA、AAAAA 级旅游景区。杭州市作为国内外知名的旅游城市,杭州市钱塘区旅游业发展尚处于起步阶段。

杭州市钱塘区正在积极谋划文化旅游发展,通过打造若干大型文化博物场馆、文化体育场馆、公共文化场馆、科技馆等文化博物、体育场馆及大创小镇、医药港小镇、智能制造小镇等若干省级特色小镇,3—5年实现打造6—8处国家AAA、AAAA级旅游景区,中远期杭州市钱塘区金沙湖—潮音禅院—城市阳台片区积极创建国家AAAAA级旅游景区。

近期,杭州市钱塘区重在打造工业文化旅游,通过积极谋划,集群发展,通过3—5年的谋划,建成百家工业旅游示范基地,成为浙江省乃至全国重要的工业旅游发展高地。

聚合打造杭州市钱塘区工业文化旅游,迫切需要打造一条杭州市钱塘区工业文化旅游巴士专线,起点可以考虑设置在主要旅游交通集散地,并经过主要工业旅游企业,尤其是各级工业旅游示范基地。

2.积极谋划功能多样化、主题特色鲜明的工业文化旅游线路

目前,杭州市钱塘区工业旅游企业类型主要集中在食品类、文创类、服装类、日用品类、家居家电类。智能制造、电子科技、生物制药等企业的工业旅游示范基地的挖掘力度不够。未来要大力扶持和培育高科技型企业发展工业文化旅游,打造各级工业旅游示范基地,并形成食品科技、文创科技、智慧家居、生物科技、智能科技等主题的工业旅游示范基地集群和若干条功能多样、主题特色鲜明的工业文化旅游线路。

3.积极打造杭州市钱塘区工业文化旅游集散中心、工业文化旅游博物馆

2023—2025年,杭州市钱塘区各级工业旅游示范基地争取达到50家;到2030年,力争达到100家,实现杭州市钱塘区工业旅游集群化发展,形成集聚效应、网络效应、规模效应,真正成为浙江省乃至全国知名的工业旅游发展高地。

为更好地推动杭州市钱塘区工业旅游发展,迫切需要打造一处工业旅游集散中心,主要起到集散工业旅游参访者的功能,同时起到工业文旅客厅的功能。

目前,杭州市钱塘区工业文化旅游企业较为分散,各大工业旅游基地各自为战,缺乏整体作战意识。为更好地推动杭州市钱塘区工业旅游的发展,可以选址建设一处杭州市钱塘区工业文化旅游博物馆,主要为工业旅游企业品牌打造、实物展陈、文化展示、企业形象展示等提供聚合空间,成为杭州

市钱塘区对外展示工业文明和工业文化旅游的公共文化服务空间。

4.积极谋划杭州市钱塘区工业文化旅游高端论坛和旅游节庆活动

2019年10月,杭州钱塘新区召开高质量发展暨全面实施"新制造业计划"大会,公布了新的"1+4+X"政策体系:①"1"是一杆"帅旗"——《钱塘新区关于实施新制造业计划 打造杭州制造业发展最大增长极的实施意见》,这是未来引领全区制造业发展的纲领性文件。②"4"是4份领飞计划,即钱塘头雁计划、钱塘雨燕计划、钱塘雏鹰计划和钱塘凤凰计划,分别给予领军企业、成长型企业、科技型企业及上市企业全方位、多渠道支持。③"X"就是指各条线政策。

2019年10月,相关部门发布的《杭州钱塘新区产业发展规划》首次明确了杭州钱塘新区将重点发展的五大千亿产业平台:生物医药"万亩千亿"产业平台、航空航天"万亩千亿"产业平台、半导体"万亩千亿"产业平台、汽车产业千亿平台和新材料产业千亿平台,它们将构成杭州市乃至全省大项目、大产业的重要支撑。

未来杭州市钱塘区将成为工业文化荟萃之地,在工业旅游方面,积极谋划钱塘工业旅游,积极打造工业文化旅游产业平台,积极谋划杭州市钱塘区工业文化旅游高端论坛,为打造钱塘区工业旅游产业高质量发展提供智力支持,并积极谋划杭州市钱塘区工业文化旅游节,以节事活动大力提升杭州市钱塘区工业文化旅游的知名度。

各大工业旅游示范基地要积极举办内容丰富的工业文化旅游节庆、赛事、论坛等活动,大力推进工业文化旅游的发展。如杭州市钱塘区九阳省级工业旅游示范基地可举办豆浆大会,依托九阳小家电丰富的产品和九阳品牌的业界知名度,每年开展中国九阳大会,谋划世界豆浆大会。卓尚服饰(杭州)有限公司可加大企业间联合力度,策划新潮节庆活动,如积极与龙湖天街合作,利用产品研发优势,积极策划大学生艺术时装周、时装发布会等活动,努力成为服饰行业创业最佳者。

5.积极打造杭州市钱塘区工业文化旅游标识系统

杭州市钱塘区社会发展局和交通局通力合作,在主要道路交通出入口、交通干道、主要交通标识系统节点,按照城市旅游标识系统打造杭州市钱塘区工业文化旅游标识系统,为到访各工业旅游企业的游客提供城市旅游交通标识。

各大工业旅游示范基地积极创建国家 A、AA、AAA、AAAA 级旅游景区,对于纳入国家 A、AA、AAA、AAAA 级旅游景区的工业旅游示范基地,要积极纳入到整个杭州市旅游交通标识系统中。

(三)杭州市钱塘区工业文化旅游一体化发展规划

1.杭州市钱塘区工业文化旅游产品和线路一体化发展

从已公布的国家级、省市级工业旅游示范基地来看,食品类企业、生物工程类企业、日用品类企业、家具家电类企业、人工智能信息科技类企业、大健康类企业等适合开展工业旅游。

杭州市钱塘区为智能制造、大健康、食品科技、家居用品等企业集聚的高地,积极构建工业文化旅游产品一体化发展架构,打造类型多样、品种丰富、独具特色的工业文化旅游产品,并形成多条工业文化旅游线路。

2.杭州市钱塘区工业文化旅游信息和营销一体化发展

通过绘制杭州市钱塘区工业文化旅游地图、办理工业文化旅游护照、打造工业文化旅游网站、运营工业文化旅游微博和微信公众号等途径,实现工业文化旅游信息共享,共同对外一体化营销。

通过组建工业文化旅游联盟,打造一体化营销联盟,共同承担营销费用。通过杭州市钱塘区工业文化旅游节、工业文化旅游博物馆、工业文化旅游论坛,以及以杭州市钱塘区工业旅游联盟为主体共同营销,实现杭州市钱塘区工业文化旅游一体化营销。

3.杭州市钱塘区工业文化旅游管理和品牌形象一体化发展

成立杭州市钱塘区工业旅游发展委员会,设置工业旅游办公室,设立工业旅游发展基金,形成统一工业旅游服务标准和规范,对工业旅游示范基地进行统一管理,促进工业旅游快速健康发展。

塑造杭州市钱塘区统一的工业文化旅游品牌,打造统一的杭州市钱塘区工业文化旅游标识系统、形象标识物等,实现工业文化旅游聚合发展、整体发展和一体化发展。

通过打造杭州市钱塘区工业文化旅游集散中心、工业文化旅游巴士线路、工业文化旅游博物馆、工业文化旅游高端论坛和旅游节等,塑造统一的品牌形象和强势的地域工业文化旅游品牌与形象。

(四)杭州市钱塘区工业文化旅游景区化发展规划

杭州市钱塘区各级工业旅游示范基地迫切需要积极融入旅游景区发展思路,主要包括:

①按照旅游景区要求,国家级工业旅游示范基地积极创建国家 AAAA 级旅游景区;省市级工业旅游示范基地积极创建国家 AAA 级旅游景区;区级工业旅游示范基地积极创建国家 A、AA 级旅游景区。

②各级工业旅游示范基地配置游客中心、旅游停车场、旅游厕所,其中国家级工业旅游示范基地按照国家 AAA 级旅游厕所标准积极打造 1—2 处 AAA 级旅游厕所;省市区级工业旅游示范基地按照国家 AA 级旅游厕所标准积极打造 1—2 处 AA 级旅游厕所。

③按照国家等级旅游景区创建要求,配置讲解员与基地讲解系统,积极打造智慧讲解系统。

④各级工业旅游示范基地根据国家等级旅游景区创建要求,做好导览图与标识标牌系统建设工作。

⑤做好工业旅游示范基地网站、微信公众号及在相关旅游电子网站的宣传推广工作。

⑥积极配置厂区参访特色旅游交通工具,厂区内可建设特色绿道及相关工业文化景观小品、建筑小品,营造良好的工业文化氛围。

⑦积极配置相关旅游公共服务设施和旅游接待设施。

第七章　杭州市钱塘区自由贸易试验区文化和旅游改革发展规划理论与实践

中国(浙江)自由贸易试验区杭州片区钱塘区块实施范围 10.1 平方千米,主要包括杭州综保区、大创小镇、东部湾总部基地、生物医药产业园、智能制造产业园、集成电路产业园等区域,聚焦数字经济,重点发展数字贸易、跨境电商、生命健康、智能制造、跨贸金融、研发检测、保税贸易等产业。中国(浙江)自由贸易试验区杭州联动创新区钱塘区块实施范围 25.59 平方千米,主要包括医药港小镇、临空产业园、传化公路港等区块,其中医药港小镇重点参与生命科学领域的国际性分工合作;临空产业园重点发展和探索整合全区高能级对外开放平台资源,构建临空服务等生产性服务业;传化公路港片区重点发展智慧物流及智能制造共享产业园。

为贯彻落实《中国(浙江)自由贸易试验区扩展区域方案》(国发〔2020〕10 号),具体细化《中国(浙江)自由贸易试验区杭州片区钱塘区块建设方案》中的文化和旅游改革发展基础、主要价值、总体目标、发展任务、政策体系、保障体系等内容,结合钱塘区块文化和旅游发展特色优势,制定本五年规划。

一、发展基础

(一)中国(浙江)自由贸易试验区扩展区域方案解读及对杭州片区钱塘区块文化和旅游创新方向的重点要求

1.中国(浙江)自由贸易试验区解读

自贸区按照政策与功能划分,通常可以分为:以转口和进出口贸易为主的自由贸易区,以出口加工为主的自由贸易区,功能趋向综合化的自由贸易区。在《中国（浙江）自由贸易试验区总体方案》（国发〔2017〕16号）中，明确了浙江省自贸区要经过3年左右有特色的改革探索，基本实现投资贸易便利、高端产业集聚、法治环境规范、金融服务完善、监管高效便捷、辐射带动作用突出，以油品为核心的大宗商品全球配置能力显著提升，对接国际标准初步建成自由贸易港区先行区。

2.中国（浙江）自由贸易试验区扩展对杭州市钱塘区文化和旅游产业创新发展方向的要求

一是依据将浙江自贸区建设成综合性自由贸易试验区的要求，积极发展文化和旅游业，使文化和旅游业的发展政策与体制机制达到国际先进水平。

二是依据浙江自贸区建设的目标、范围、任务与措施，中国（浙江）自由贸易试验区杭州片区钱塘区块文化和旅游产业开放政策与体制机制创新的内容包括：加快政府职能转变，尽快构建杭州市钱塘区文化和旅游发展职能机构，以有效开展和指导文化和旅游产业发展；扩大文化和旅游产业投资领域的开放；制定文化和旅游产业发展任务清单；深化文化和旅游产业发展领域的开放创新；完善文化和旅游产业发展的制度保障；制定文化和旅游产业发展建设规划和发展的地方性法规与相关制度；改革创新文化和旅游产业发展金融扶持政策和土地配套政策；改革创新文化和旅游新业态发展的体制机制。

三是依据浙江自贸区改革开放对文化和旅游产业重点领域和重要业态的布局，重点推进开放创新发展的文化和旅游产业，包括邮轮游艇、医疗健康、低空旅游、研学旅游等新型业态，开放旅行社、旅游饭店等旅游企业投资经营，推动旅游购物免税退税，创新文化和旅游项目报批报建模式，以打造文化和旅游主体功能区来推进文化和旅游产业转型升级。

（二）中国（浙江）自由贸易试验区扩展框架下杭州片区钱塘区块重点关联文化和旅游产业的发展基础

1.相继编制完成多项文化和旅游产业发展规划

在杭州市全域旅游发展大背景下，杭州市钱塘区近年来先后编制《杭州经济技术开发区全域旅游发展规划》《杭州经济技术开发区文体旅游发展规划》《杭州市钱塘区文旅融合发展规划》《杭州市钱塘区体育产业布局规划》《杭州市钱塘区文旅"十四五"发展规划》等规划。

2.中国(浙江)自由贸易试验区杭州片区钱塘区块文化、旅游和体育产业体系较为完善

近年来,杭州市钱塘区积极发展工业旅游、观潮旅游、湿地旅游,并积极打造金沙湖、潮音禅院、大田花海、江海湿地、东部湾湿地公园、大创小镇、东部医药港、知青文化园、沿江绿道等旅游景区(点),积极创建国家等级旅游景区,相继打造或创建杭州东部医药港小镇、大创小镇等国家 AAA 级旅游景区。杭州市钱塘区住宿业发达,相继建成杭州开元名都大酒店、杭州希尔顿逸林大酒店、杭州嘉悦希尔顿大酒店等高等级品牌酒店,并有各类住宿设施 100 多家。杭州市钱塘区商贸业发达,相继建成龙湖天街、宝龙城市广场、金沙印象城、银泰工厂店等商业游憩中心。

3.中国(浙江)自由贸易试验区杭州片区钱塘区块东部湾总部基地文化、旅游和体育产业发展基础良好

杭州市钱塘区东部湾总部基地作为杭州市钱塘区重点建设的功能园区之一,当时预计于"十四五"中期建成后将是全国一流、省内领先的双核型总部基地及"创业创新"浙商企业总部基地。杭州市钱塘区东部湾总部基地坐拥 50 多万平方米湿地景观公园,并有 1 万多平方米的地面建筑群。杭州东部湾总部基地总建筑面积约 22.6 万平方米,由 5 幢综合楼及商业裙房组成,其中主楼高 199.8 米,共 47 层。杭州东部湾体育公园作为杭州亚运会速滑赛场,在杭州东部湾总部基地建设有国际标准的杭州亚运速滑馆和轮滑公园。要充分发挥东部湾总部大楼沿江观景的独特优势和杭州亚运会速滑馆的体育资源优势,充分融入文化、国际金融、旅游和体育功能,打造具有标志性的杭州市钱塘区第一高楼,使其成为杭州市钱塘区标志性文化、旅游和体育产业发展的新地标,并充分发挥东部湾总部基地五星级品牌酒店、东部湾湿地地面建筑群良好的生态环境优势,把杭州东部湾总部基地打造为高等级旅游度假区。

4.中国(浙江)自由贸易试验区杭州片区钱塘区块大创小镇文化和旅游产业发展基础良好

　　大创小镇位于杭州市钱塘区核心区,是引领文化产业创新转型、实现高质量发展的主平台。大创小镇自 2016 年起谋划建设,2017 年列入市级特色小镇创建名单,2018 年列入省级特色小镇创建名单,2020 年列入"杭州数字经济旅游十景"公示名单。大创小镇先后获"国家级创新人才培养示范基地""浙江省级国际合作基地""杭州市国际人才创业创新园"称号,现已集聚各类企业 4400 余家(2019 年新增 1260 家),全年小镇企业主营收入超 300 亿元,实现税收 13 亿元。

　　大创小镇自建设以来,在人才引进、产业孵化等方面取得了令人瞩目的发展成果。在产业大踏步发展的同时,大创小镇希望能继续优化软硬件设施,使小镇的旅游、休闲功能更加丰满,并积极参与国家 AAA 旅游景区申报,旨在将小镇打造成为集产业、休闲、旅游及城市生活功能于一体的特色小镇,更好地为产业技术人员、院校师生、城市居民及大众游客四类主体提供全面服务。

　　大创小镇以"创"为核心元素,所有的项目都以"创意"为内核,而最终的内容都与"美"相呼应。以"创"为灵感,以"科技美学、生活美学"为核心,衍生出各类能够给游客带来美好生活体验的项目,并布局到整体空间及游线中,达到"创"与"美"主题的完美融合与相互呼应。

　　大创小镇拥有创博中心、在建的五星级品牌酒店、已经建成的蒲公英商业街区及月亮广场建设用地等设施或空间,可充分发挥自贸区在高端酒店、会议会展、免税购物等服务方面的优势。大创小镇具备发展免税购物休闲街区、文化产业园区、高端城市商务会议会展和中央酒店区等文化和旅游产业的良好条件。在中国(浙江)自由贸易试验区发展政策框架下,依托自贸试验区大力发展免税购物、文化创意、会议会展、城市高端酒店、旅游电子商务等文化和旅游产业。

　　(三)中国(浙江)自由贸易试验区扩展框架下杭州片区钱塘区块重点关联文化和旅游产业的主要问题分析

　　1.产业开放力度不够,政策操作性细则待完善落地

　　①水上旅游发展有待突破。目前杭州市钱塘区虽然坐拥钱塘江,区内河流纵横,并有京杭大运河延伸段经过中国(浙江)自由贸易试验区杭州片

区钱塘区块,新建的八堡船闸极具文旅开发价值,但水上旅游,尤其是游艇旅游和钱塘江水上旅游尚未开展,迫切需要政策突破。

②旅行社与旅游饭店开放政策有待制定。就自贸区服务业开放的发展要求,关于合资旅行社、外资旅行社经营居民出境旅游业务的相关可实施性政策及配套条件的规定,以及外资在兼并、收购与重组等业务领域内的开放政策都有待突破。

③其他文化和旅游服务业开放政策有待制定。杭州市钱塘区在旅游购物、文化、教育、疗养及娱乐等休闲服务行业方面对内对外开放程度均不高,发展活力和空间明显不足。中国(浙江)自由贸易试验区杭州片区钱塘区块要充分利用好国家自贸区相关政策,大力发展与中国(浙江)自由贸易试验区相匹配的文化和旅游产业新业态。中华人民共和国文化和旅游部发布了《关于实施自由贸易试验区文化市场管理政策的通知》,在"允许外国投资者在自贸试验区内设立互联网上网服务营业场所""允许外国投资者在自贸试验区内设立演出经纪机构""允许外国投资者在自贸试验区内设立演出场所经营单位""允许外国投资者在自贸试验区内设立娱乐场所"等方面出台了政策。杭州市钱塘区下一步可针对上述服务业开放领域,制定相应的可操作性政策细则和发展规划,以落实和推进文化和旅游产业在中国(浙江)自由贸易试验区杭州片区钱塘区块内繁荣发展。

2.产业链短缺,产业集群规模发展效应缺乏

①水上游艇业。杭州市钱塘区游艇经济尚处在起步发展阶段,评估、保险、融资、交易、展示的产业链环节还不健全,游艇产业上下游服务还未实现全覆盖。游艇业是自贸区重要的文化和旅游创新发展领域,杭州市钱塘区应依托区块内丰富的水上旅游资源大力发展游艇旅游业。

②文化旅游产业。杭州市钱塘区作为围垦区域,围垦文化底蕴深厚,但围垦文化产业,尤其是文化博物场馆、文化创意等产业没有得到很好的发展,迫切需要构建杭州市钱塘区文旅 IP。目前,杭州市钱塘区缺乏高等级旅游景区,迫切需要抓住中国(浙江)自由贸易试验区纳入机会把钱塘江观潮旅游景区、金沙湖—潮音禅院—城市阳台旅游景区这两大与自贸试验区钱塘区块紧密相连的区块打造为国家高等级旅游景区。杭州市钱塘区拥有金

沙湖龙湖天街、宝龙城市广场、金沙印象城等休闲购物综合体，但传统购物消费多，在杭州综保区、大创小镇、东部湾总部基地等自贸区实验区块尚缺乏大型购物场所，以及文化项目消费少，缺乏高端的文化休闲度假旅游产品。

③旅行社业。目前杭州市钱塘区旅行社业发展尚处于起步阶段，迫切需要抓住中国（浙江）自由贸易试验区纳入机会大力引入影响力较大的电子商务旅行社或实体旅行社，并制定优惠政策积极引入外资旅行社。

3.新型业态总体处于发展起步阶段，产业发展基础薄弱

目前，杭州市钱塘区文化和旅游产业尚处于起步阶段。钱塘江西岸沿江公园和东部湾湿地公园具有打造国家 AAAA 级旅游景区的基础；金沙湖—潮音禅院—城市阳台高等级旅游景区尚在谋划之中；自贸试验区钱塘区块的联动区块东部医药港、大创小镇、临空产业园等重要旅游发展区块的文化和旅游产业基础薄弱。

一方面，全新型业态市场亟待开发。水上游艇产业发展基础良好，但总体上发展艰难，政策坚冰有待突破；体育旅游、免税购物旅游、婚庆旅游、数字化旅游和养老疗养等高端旅游产业基本处于空白或起步阶段。另一方面，创新型业态内容和方式亟待改进提升，如杭州综保区和大创小镇免税购物旅游、生物医药产业园医疗健康旅游、大创小镇文化创意旅游和数字旅游、江海湿地露营和水上旅游、智能制造产业园和集成电路产业园工业旅游和旅游装备制造业等业态尚未开发。杭州市钱塘区总体上拥有丰富的文化和旅游资源，但文化和旅游产业发展尚处于起步阶段，产业发展基础薄弱。

二、主要价值

随着我国自贸区的建设发展，文化和旅游业分享其投资、贸易、金融、行政管理等领域的制度创新经验，自贸区成为文化和旅游业深化改革发展的试验田。随着中国（浙江）自由贸易试验区扩展区域方案的实施，杭州市钱塘区自贸试验区和自贸联动区成为中国（浙江）自贸试验区的重要组成部分之一，为杭州市钱塘区自贸区文化和旅游产业发展提供了重要舞台，并发挥了重要作用。

（一）有利于促进自贸试验区整体竞争力提升

自贸区发展文化和旅游产业对提升自贸区发展水平及实力非常重要。自贸区具有自由贸易及免税等政策优势，文化和旅游产业中的免税购物、大型旅游电子商务企业（旅行社）和高等级品牌酒店（旅游度假区）、会议会展、旅游装备制造及贸易、文化演艺和文化休闲娱乐等产业都是自贸区产业发展的重要内容，也是引入外资自由投资的重点产业。中国（浙江）自由贸易试验区杭州片区钱塘区块应大力发展文化和旅游产业，这对自贸试验区整体竞争力提升具有十分重要的作用。

（二）有利于促进文化和旅游产业环境改善和经营管理水平提高

1.促使文化和旅游产业政策创新

借助自贸试验区负面清单管理、贸易便利化、金融创新、服务业开放、政府监管制度等的创新，自贸试验区包括文化和旅游产业在内的服务业发展环境也相应得到极大改善，重点表现为：①通过放宽准入、事中事后监管的配合，形成了文化和旅游服务贸易的良好制度环境，使得文化和旅游企业落户更加快捷，也拓宽了文化和旅游业务，为中国（浙江）自贸试验区杭州片区钱塘区块文化和旅游产业发展提供了良好的制度基础。②通过合资、独资、外资等形式，极大地改善了文化和旅游产业发展的资本环境，并进而通过钱塘区块自贸试验区文化和旅游产业的率先发展带动钱塘区整体文化和旅游业的快速发展。

2.促进钱塘区文化和旅游产业整体发展水平的提升

通过国际营商环境的优化，尤其是国际文化和旅游品牌落户后的经营管理示范效应，带动国内文化和旅游企业的组织管理形式向更加人本化、高效率方向发展，例如中国（上海）自由贸易试验区六大改革路径，其中一项就是全面放开服务业。在自贸试验区服务业扩大开放措施中，包括对旅行社经营和娱乐场所经营实施扩大开放，这些经验正在各地自贸试验区被复制、推广，吸引更多境外文化和旅游企业落户中国。中国（浙江）自贸试验区杭州片区钱塘区块也将吸引更多的文化和旅游企业落户，尤其是国内知名文化和旅游企业落户钱塘区块，可以改变杭州市文化和旅游产业发展格局。

这就需要杭州市钱塘区加快文化和旅游产业发展速度,抓紧创建多处国家高等级旅游景区,提升文化和旅游行政管理水平,构建专门的文化和旅游产业发展机构,并提升杭州市钱塘区文化和旅游服务贸易竞争力。

(三)有利于促进钱塘区块文化和旅游产业的国际化、高端化、融合化发展

1.有利于促进钱塘区块文化和旅游产业竞争国际化发展

市场化是促进文化和旅游产业发展的必经之路。中国(浙江)自由贸易试验区杭州片区钱塘区块的建立将进一步促进文化和旅游资源优化配置,进一步促进杭州综保区向免税购物区发展,进一步促进东部湾总部基地文化和旅游创意产业、国际金融业、旅游度假产业及体育产业发展,进一步促进生物医药产业园的医药康养文化和旅游产业发展,进一步促进大创小镇大众创业万众创新、会议会展、高端酒店、免税购物及文化和旅游休闲产业的发展。

中国(浙江)自由贸易试验区杭州片区钱塘区块的建立将区块内文化和旅游企业推向竞争市场,提高文化和旅游投资市场的活跃程度,提高钱塘区块文化和旅游产业竞争的国际化程度,提高其文化和旅游国际市场竞争水平。同时,中国(浙江)自由贸易试验区杭州片区钱塘区块的建立也成为文化和旅游走出去的战略跳板。因为自贸试验区作为区域的资金洼池,吸引大量国内外资金向洼池流入,中国居民和企业也可以直接在自贸试验区投资国际市场,使自贸试验区成为资金的蓄水池。因此,自贸试验区钱塘区块内文化和旅游企业更易于获得资金,更易于走出去向海外收购、兼并和拓展相关文化和旅游企业。

2.有利于促进钱塘区块文化和旅游项目和产品高端化发展

随着自贸试验区一系列制度创新和政策开放的推进,商务旅游、邮轮旅游、特色医疗旅游、娱乐演艺旅游、研学旅游、会展旅游等新型旅游产业业态快速发展,显著提升了地区旅游产业的发展品质。对中国(浙江)自由贸易试验区杭州片区钱塘区块来说,自贸试验区的设立将进一步促进钱塘区块免税购物旅游、旅游休闲度假、数字旅游、体育运动旅游、文创旅游、特色湿地旅游、水上游艇旅游、会议会展旅游、娱乐演艺旅游、大健康医疗旅游、旅游装备制造等特色文化和旅游产业发展,进一步促进高等级酒店落户中国(浙江)自由贸易试验区杭州片区钱塘区块。自贸试验区实施金融制度和海关制度创新,高星级酒店所需建造材料和设施设备进口享受保税免税,而且高星级酒店开业运营后,所需各类部件、食材等进口物资也享受保税免税,大大降低了高星级酒店的建造和运营成本,有利于吸引世界顶级品牌酒店落户自贸试验区。

自贸试验区依托杭州生物医药产业园丰富的医疗健康资源,推动大健康医疗旅游产业发展。自贸试验区开放外资医疗服务业,将吸引众多国际医疗服务机构、国际商业医疗保险机构进驻,拉动整体医疗健康服务产业经济的升级与协同发展。

杭州市钱塘区作为一处大型的高教园区,区内有 14 所高等院校,要充分利用自贸试验区的政策大力推动文化和旅游教育与培训发展。自贸试验区允许开展合作教育和职业培训,便于国际品牌教育和培训机构很快进入自贸试验区,使得自贸试验区成为人才学历教育和专业职业培训的特区,进而带动教育旅游业的发展。

杭州市钱塘区作为一座年轻的建成区,区内年轻人多,也是国际人口占比较大的城区,具有开发文化和旅游休闲娱乐产业的良好基础。自贸试验区取消了外资演出经纪机构的股比限制,允许设立外商独资演出经纪机构,为游客提供服务。这不仅进一步开放了娱乐场所经营范围,也促进文化和旅游娱乐产品的转型升级。

自贸试验区充分发挥东部湾总部基地、大创小镇等总部空间、文创空间优势,大力发展总部经济和会议会展文旅产业。海关监管模式创新使得自贸试验区内的商品流动更为自由,吸引更多企业在区内建立交易展示中心,推动了国际会展旅游的发展。随着自贸试验区各项政策的进一步细化,可以预见有更多的跨国企业,甚至其总部和各类著名品牌企业进驻中国(浙江)自由贸易试验区杭州片区钱塘区块,从而带来更多的商务活动,推动杭州市钱塘区会议会展和商务旅游的发展。

3.有利于促进文化和旅游产业高度融合化发展

自贸试验区的根本属性是自由化的货物贸易和服务贸易发展,为制造业的服务和不同产业之间的融合发展创造良好条件,包括促进自贸试验区文化和旅游产业与其他相关产业高度融合化发展。从国内外自贸试验区发展的实际来看,文化和旅游产业融合发展迅速。与制造业的融合重点是旅游装备制造,包括房车制造、邮轮游艇制造、游艺设备制造、旅游户外用品装备制造等。与此同时,文化创意产业、技术咨询服务业与旅游娱乐项目发展日益紧密,教育旅游不仅包括常规的学历教育合作,也包括类似于飞机驾驶、游艇驾驶等的专业技术培训。

(四)有利于促进文化和旅游产业空间格局的新拓展

自贸试验区本身就是一处特定的文化和旅游产业发展功能区,其重要吸引物有独特的贸易园区环境、知名酒店企业总部和研发中心、会展场馆及丰富的会展活动、国际教育培训、高端医疗等。这些是为高端商务游客服务的高等级接待设施,也是其他游客开展文化和旅游相关活动的基本硬件。加之便捷的手续和支付方式,以及高性价比的文化和旅游产品,自贸试验区正日益成为海内外文化和旅游休闲的新空间。

进口商品税率过高一直是影响中国入境旅游消费和内需外流的直接原因。我国进口商品综合税率过高,达到50%以上,因而目前中国消费者更倾向在海外购买进口商品,出现"转移消费"的现象。针对这一问题,国内相关自贸区如中国(上海)自由贸易试验区已经着手从线上、线下两方面进行进口商品税制改革:线上建设跨境通,实现跨境电子商务保税改革,减少中国游客境外消费;线下探索离境退税,促进入境游客增加购物消费。如今,上述改革开放经验正在其他自贸试验区复制、推广,将有望促使中国游客的境外购物消费倾向转移至国内,并且使境外游客在中国境内有更多的购物消费。这对于减少中国旅游服务贸易进口,增加中国旅游服务贸易出口,同时提升中国旅游服务贸易竞争力,必然产生重大影响。杭州市钱塘区要充分把握住融入自贸试验区的历史性机遇,充分发挥杭州综保区的国际贸易功能和大创小镇蒲公英街区、东部湾总部基地的商业空间优势,打造国际免税购物新空间。

(五)有利于促进文化和旅游市场管理的模式创新

自贸试验区内有关政府管理理念与管理方式的创新、建设信息共享平

台对文化和旅游主管部门管理文化和旅游市场秩序具有启发意义,主要有:

①旅游企业在自贸试验区内运作,与之相关的信息都可以在这个平台上汇集、共享。

②重视社会信用体系建设。

③建立综合执法体系,改变原来部门相对分割的执法格局,形成文化和旅游综合执法格局。

④鼓励更多的社会组织参与市场监管。

⑤建立综合评估机制。

⑥在风险防范上建立反垄断和安全审查机制。

因此,杭州市钱塘区融入中国(浙江)自由贸易试验区杭州片区建设,是促进杭州市钱塘区文化和旅游产业转型发展的重大机遇,文化和旅游产业应以更加主动积极的姿态,按照进一步提高开放度、增加透明度、与国际规则衔接的原则,融入自贸试验区并结合产业实际借鉴自贸试验区政策,提出适合文化和旅游产业的制度创新纲领,做好现有文化和旅游支持政策的细化和配套工作,加快文化和旅游企业市场主体的形成和转型升级,打造在杭州旅游发展板块中具有显著文化和旅游产业竞争力的文化和旅游新兴区块。

(六)促进国内国际双循环,为国家"六稳"做贡献

面对世界百年未有之大变局,我国提出了国内国际双循环大战略。自2020 年 3 月以来,浙江省在全国率先以省级政府名义出台了提振消费的专项政策意见,各地相继出台促进文化和旅游消费的措施,引领内需市场消费加速回暖。浙江省以中国(浙江)自由贸易试验区扩容为牵引、以自贸试验区文化和旅游产业为抓手,充分发挥改革的突破和先导作用,构建以国内大循环为主体、国内国际双循环相互促进的新发展格局,下好应对变局的改革先手棋,打好开拓新局的主动仗。浙江省要想在变局中开新局,就要做好自贸试验区文化和旅游大文章,促进当前中国自贸试验区爆发式、跨越式发展,这对我国"六稳"中的稳就业、稳外资、稳外贸都有重要作用。中国(浙江)自由贸易试验区杭州片区钱塘区块充分发挥自贸试验区优势,大力发展文化和旅游产业,有利于促进国内国际双循环。

三、总体目标

以习近平新时代中国特色社会主义思想为指导,按照党中央、国务院决策部署,统筹推进"五位一体"总体布局,协调推进"四个全面"战略布局,坚持稳中求进工作总基调,坚持新发展理念,坚持推动高质量发展,坚持以供给侧结构性改革为主线,坚持深化市场化改革、扩大高水平开放,树立"绿水青山就是金山银山"理念,积极践行浙江省打造全国文化高地、"诗画浙江"中国最佳旅游目的地、全国文化和旅游融合发展样板地的三大文旅发展目标,充分把握住自贸试验区融入的历史性机遇,把杭州市钱塘区打造为杭州市文化和旅游发展新高地。

"十四五"期间,将通过以下路径加快文化和旅游要素在中国(浙江)自由贸易试验区杭州片区钱塘区块集聚提升,推进文化和旅游产业向纵深迈进。

①发展免税购物旅游。依托杭州综保区打造免税购物园区,引入一批免税购物店;依托大创小镇蒲公英休闲街区打造免税购物休闲街区。

②发展高端酒店休闲度假旅游。在自贸试验区东部湾总部基地、大创小镇、综保区三大区块各引入1—2处五星级高端度假酒店,其中东部湾总部基地区块充分发挥总部基地优势及东部湾湿地公园生态环境优势打造1处高等级旅游度假区。

③发展文化产业园区旅游。依托大创小镇、东部湾总部基地大力发展文化产业园区。

④发展医药康养旅游。依托杭州生物医药产业园大力发展现代医药康养旅游,也可依托杭州综保区围墙外红线内的三栋楼宇中的部分空间打造免税高端医疗美容和健康疗养旅游产品。

⑤发展体育竞技旅游。依托杭州亚运轮滑馆、东部湾滑板公园等亚运赛场及室外体育极限运动设施大力发展体育竞技旅游,大力打造体育赛事,引入国际高端赛事组织机构发展节事旅游。

⑥发展工业文化旅游。依托自贸试验区智能制造产业园和集成电路产业园优势开发工业文化旅游和发展旅游装备制造业。

⑦发展观光游览旅游。依托东部湾湿地公园和沿江绿道,把金沙湖－潮音禅院－城市阳台区块打造为国家高等级旅游景区。

⑧发展文化和旅游商业游憩等文化和旅游休闲新兴业态。把文化和旅游产业充分融入中国(浙江)自由贸易试验区杭州片区钱塘区块,并通过构建完善的自贸试验区文化和旅游超常规发展的强有力要素保障体系,把该区块打造为文化和旅游产业高度集聚发展、文化和旅游设施功能完善、文化和旅游流高度集聚、地域特色文化独特的国际文化和旅游休闲新兴区块,成为杭州市免税购物旅游发展新高地、杭州市文化和旅游要素集聚和高端休闲度假旅游新高地、杭州市文化和旅游东大门门户。

四、发展任务

(一)明确文化和旅游产业改革开放发展方向

在中国(浙江)自由贸易试验区发展框架下,文化和旅游产业国际化发展是自贸试验区杭州片区钱塘区块发展的重要内容之一,这也是杭州市钱塘区需要打造开放、合作、共享、共融的文化和旅游产业体系的重要前提。杭州市钱塘区拥有丰富的钱塘江岸线资源,不仅具有世界级的钱塘江观潮旅游资源及集江、海、湖、河、湿地、田园于一体的自然旅游资源,也具有江潮文化、围垦文化、知青文化、工业文化、蜀山文化等地域特色文化资源。相关部门应充分利用杭州市钱塘区文化和旅游资源特色,面向国际旅游市场,开发与国际文化和旅游市场直接接轨的文化和旅游服务产业。相关部门加快构建以钱塘江观潮旅游、杭州湾湿地旅游(东部湾湿地和江海湿地)、金沙湖和东沙湖湖泊观光旅游、大田花海田园观光旅游为基础,以城市高等级品牌酒店休闲度假为重点,以东部医药港医疗健康康养旅游、体育健身运动休闲旅游为特色的文化和旅游产业体系,推进杭州市钱塘区全域旅游发展,打造全域文化和旅游发展高地。

创新文化和旅游改革开放发展方向,大力促进自贸试验区钱塘区块文化和旅游产品高端化和特色化发展。相关部门要加大原有的旅游项目与国际化的接轨力度,也要积极开辟钱塘江水上及内河水上旅游、免税购物旅游、高端酒店休闲度假旅游、会议会展旅游、医疗康养保健旅游、体育竞技旅游、文化创意旅游、数字旅游、钱塘江两岸索道旅游、城市阳台等旅游项目，大力推动杭州市钱塘区的文化和旅游产业发展，促进杭州市钱塘区文化和旅游的国际合作交流。

(二)建立文化和旅游产业改革开放发展制度

将自贸试验区内注册区外服务作为制度创新，支持高端酒店、旅行社、低空飞行、游艇邮轮等领域的企业纳入自贸试验区框架管理。支持境内外投资机构在杭州市钱塘区设立股权投资基金、创业投资基金等，吸引各类规范运作的交易场所和资产管理机构落户发展。

加大自贸试验区内文化和旅游产业及相关服务业市场开放化程度。产业政策自由，允许境内外从事旅游开发经营的企业进驻自贸区，投资经营旅游产业及相关服务业包括旅游餐饮业、文化交流业、会务会展、体育业、医疗业、娱乐业等。

文化和旅游市场开发及运作不能限于某个地区，要争取面向全世界开发游客资源，要简化游客出入境手续，促进自贸试验区内文化旅游市场国际化发展。此外，在文化和旅游目的地产品打造方面，要注重文化和旅游市场服务对象、内容、标准、文化和旅游项目的多样化，如度假、休闲、会议、健身、娱乐、文化交流游、文化博物场馆、文化产业园等项目内容的多样化，真正实现产业国际多样性的要求。

(三)界定文化和旅游产业改革开放发展内容

1.明确促进文化和旅游产业改革开放制度创新的产业定位和发展范围

文化和旅游产业是融合第一、第二、第三产业的综合性产业，扩大文化和旅游产业改革开放制度创新的产业范围，既包括文化和旅游产业自身的增长机会，又包括文化和旅游产业与相关行业和领域融合发展、催生新业态、优化提升相关行业和领域的机会，即包括"旅游(文化)""旅游(文化)+"，或者"+旅游(文化)"。明确与中国(浙江)自由贸易试验区发展重点关联的文化和旅游产业，是实施文化和旅游产业开放发展的第一步。

明确中国(杭州)自由贸易试验区杭州片区钱塘区块文化和旅游产业适

合发展类型,主要包括:依托东部湾总部基地大力发展总部旅游产业、旅游休闲度假产业、体育运动产业、文化创意产业、旅游电子商务等文化和旅游产业;依托大创小镇大力构建创业文化产业园区、数字文化和旅游产业、网红文化和旅游产业、免税购物旅游街区、文化博物场馆、会议会展旅游、旅游电子商务、研学旅游、高端商务酒店等文化和旅游产业;依托杭州生物医药产业园大力发展医疗康养、养生体检、康复保健、大健康文化等文化和旅游产业;依托杭州综保区大力发展免税购物、高端医疗、高端酒店、会议会展旅游综合体和国际文化交流中心等文化和旅游产业;依托智能制造产业园和集成电路大产业园大力打造低空航空旅游设备和智慧导览、智慧旅游等文化和旅游产业(包括旅游装备制造业)。

2.建构促进文化和旅游产业改革开放制度创新的内容体系

每一个地方的自贸试验区制度创新重点都具有其所在地的特点。例如,上海市抓住了中国(上海)邮轮旅游发展实验区的制度创新;广东省抓住了在珠海横琴新区片区重点发展旅游休闲健康产业的制度创新;福建省抓住了平潭片区重点建设两岸共同家园和国际旅游岛的制度创新。促进文化和旅游产业改革开放制度创新内容的系统性,包括文化和旅游投资管理领域、文化和旅游贸易便利化领域、文化和旅游金融领域、文化和旅游服务业开放领域、文化和旅游海关监管制度领域、文化和旅游营商环境领域、文化和旅游创新创业领域等。中国(浙江)自由贸易试验区杭州片区钱塘区块重点发展城市免税购物休闲旅游、数字文创旅游、会议会展和体育节庆赛事旅游、城市中央酒店区高端休闲度假旅游等旅游创新业态,把其打造为中国自贸试验区中的文化和旅游产业劲旅。

3.充分利用自贸区优势,发展旅游新业态

在"自贸区"的海关特殊监管区内——属于"境内关外"地区,在不进入非海关特殊监管区的情况下,举办会展的入境商品不需要缴纳进口税,这就为在海关特殊监管区发展国际文化和旅游会展业态提供了便利。杭州市钱塘区要充分发挥纳入自贸试验区的政策优势,大力发展国际文化和旅游会展业,打造杭州会议会展之新区。在大创小镇、东部湾总部基地、杭州综保区相应区块各打造若干不同规模的会议会展中心,也可在新的空间构建综合性会议会展中心,大力发展会议会展旅游,发挥自贸试验区会议会展业政策优势,构建中国(浙江)自由贸易试验区杭州片区钱塘区块发展优势和特色。

不同于工业和一般商业服务,文化和旅游产业尤其是具有竞争优势的新业态更需突破自贸试验区范围的限制。为此应将在区内注册区外服务作为制度创新加以重视,支持大江大河游艇、旅游度假区、低空飞行等领域的企业纳入自贸试验区框架管理。杭州市钱塘区坐拥钱塘江、京杭大运河延伸段、内河水网、江海湿地、东沙湖、金沙湖等大江大河大湖和湿地旅游资源,具有发展游轮游艇产业的良好条件。积极发展旅游度假区是自贸试验区的重要发展路径,杭州市钱塘区拥有广阔的乡村腹地资源,具有发展旅游度假区的良好条件。依托金沙湖—潮音禅院—城市阳台片区(东部湾总部基地在该片区,该片区拥有钱塘江大潮、潮音禅院、八堡船闸等五级旅游资源,旅游资源等级高且高度富集)打造东部湾总部旅游度假区,建设2个高端酒店集群区。把东部湾湿地公园东园区和西园区作为整体进行打造,作为生态休闲旅游度假区来重点培育,并结合大创小镇、东部湾总部基地、综保区的多处高等级品牌酒店一起申报浙江省级旅游度假区。

4.构建促进文化和旅游产业改革开放制度创新的体制机制

文化和旅游产业是综合性产业,因此文化和旅游制度创新的过程与创新方案的实施都需要得到各个相关部门的支持。这就要求通过开展多部门的联席会议与专家决策咨询机构来推进文化和旅游产业改革开放制度创新的协调、商讨和论证等工作。

5.在整个行业领域内积极复制、推广自贸试验区的先进经验

由于中国(浙江)自由贸易试验区杭州片区钱塘区块为面积较小的区块,自贸试验区发展文化和旅游产业的内容体系及其方法、路径(见表7-1),在非自贸试验区管理区域内,以及在文化和旅游行业管理领域内,可以积极复制、推广自贸试验区的先进经验,如"负面清单管理""单一窗口"、对文化和旅游企业的事中事后监管等,从而推动行业整体转型升级。

表 7-1　自贸试验区发展文化和旅游产业内容体系及其方法、路径

序号	内容体系	方法、路径
1	重要的产业地位	旅游产业为主导产业或关键支柱产业之一,大项目投资开发,主体功能区建设
2	明确的目的地定位	国际休闲度假区
3	对外开放的重点产业投资经营	旅行社、饭店、会展中心、景区开发、水上旅游等面向外资开放; 开发养老、医疗、文体、娱乐演艺、低空、房车等系列项目
4	符合国际旅游需求的业态创新	高端新型业态:开发旅游装备制造和旅游商品加工业
5	自由便利的出入境管理	旅游签证政策、中转停留、邮轮出入境等
6	富有吸引力的购物政策	离境退税和离岛免税
7	助推优质资源发展的产业投融资	旅游产业发展基金
8	有力到位的产业推广	海外推广机构;举办国际著名会议
9	行之有效的管理体制	部门联席会议制度;高层次的专家顾问机构
10	可持续的环境建设	生态保护规划

(四)大力促进文化和旅游新型业态发展

1.着力打造高等级旅游景区和高等级旅游吸引物聚集体

目前,中国(浙江)自由贸易试验区杭州片区钱塘区块仅有联动区块杭州东部医药小镇创建为国家 AAA 级旅游景区。作为自贸试验区,积极发展文化和旅游产业的基础工作是创建国家高等级旅游景区,积极发展工业文化旅游、围垦文化旅游、文化博物场馆旅游和高等级旅游景区。"十四五"期间,在自贸试验区大力发展文化和旅游产业,积极创建大创小镇、东部湾湿地公园等高等级旅游景区及浙江省级旅游度假区。

2.着力发展自贸试验区免税购物旅游

在中国(浙江)自由贸易试验区扩容背景下,要充分挖掘与利用丰富的地方文化和旅游资源,在旅游规划与开发时,依据杭州市不同类型旅游资源的空间分布特点,结合自贸试验区的扩容建设需要,将具有相似特点的旅游资源用

合理的方式串联起来并形成了各具特色的旅游区。发展杭州市钱塘区免税购物综合体,争取试点杭州综保区围墙外红线内的三栋楼宇及综保区内部空间、大创小镇蒲公英街区、东部湾总部基地大楼等空间购物免税、进境口岸免税,吸引旅游购物人流;以杭州综保区为平台,建设保税免税商品交易市场。

3.着力发展医疗康养康复体检旅游

充分发挥自贸试验区的政策优势,在杭州东部湾总部基地、杭州东部湾湿地公园、杭州生物医药产业园、杭州综保区等区块大力打造杭州市钱塘区高端休闲养生度假区,并依托杭州东部医药港开发高端健康体检、医学美容、养生护理等高端旅游项目。规范服务流程和服务标准,发展整形整容、疗养康复、健康体检、中医养生保健等健康医疗旅游,推进杭州生物医药产业园和杭州综保区等面向国内外提供医疗健康旅游服务。

4.着力发展体育健身和体育赛事旅游

继续培育杭州国际女子马拉松、浙江大湾区自行车等高端赛事活动,积极发展体育健身业,举办有杭州市钱塘区特色的体育赛事,培育体育健身市场。充分利用亚运轮滑馆、东部湾滑板公园、沿江高等级绿道等资源举办具有国际影响力的国际轮滑赛事、马拉松赛事、极限运动赛事。在合法合规的前提下,引导各类体育俱乐部规范、有序、健康组织各类体育旅游活动。引导旅游企业推广体育赛事旅游,鼓励旅行社结合国内外体育赛事活动开发体育旅游特色产品和精品线路。加快"引进来和走出去"的步伐,吸引一批具有较高知名度和市场竞争力的体育旅游知名企业落户中国(浙江)自由贸易试验区杭州片区钱塘区块。推进连锁、联合和集团化经营,实现自贸试验区内体育旅游企业规模化、集团化、网络化发展。在合法合规的前提下,鼓励在自贸试验区成立单项体育产业组织和团体,引导各类体育俱乐部规范、有序、健康发展,培育一批具有较高知名度和市场竞争力的体育企业与知名品牌。加强体育行业协会建设,搭建政府与体育企业沟通渠道。

积极利用体育和旅游现有的各种宣传资源和渠道支持各地各企业加强对杭州市钱塘区体育旅游资源、活动、赛事等的宣传。借助杭州市钱塘区现有的节庆活动,整合体育和旅游相关单位的力量,联合开发体育旅游客源市场,推动体育与旅游联动发展。充分发挥自贸试验区的政策优势,鼓励和支持各街道、社区、院校、企事业单位与体育主管部门联合举办主题赛事和专题活动,并逐步培育杭州市钱塘区体育赛事活动的品牌。积极探索钱塘江、内河、京杭大运河延伸段水上运动休闲旅游及游艇旅游的路径,大力发展水上运动休闲旅游。

5. 着力发展会议会展文化旅游

大力发展会议会展文化和旅游产业,打造一处综合性会展中心,并充分利用大创小镇创博中心、新建设施、月亮广场建设用地、杭州综保区新建楼宇、杭州东部湾总部基地新建楼宇等空间打造若干大中型会议会展场馆,大力发展杭州特色商品(如杭州西湖龙井茶叶、杭州丝绸等)、游艇、家居建材、服饰时装、家用电器、精密仪器、现代智慧家居、人工智能产品等品牌展会,培育国际汽车、通用航空、水暖厨卫、服装时尚、移动应用等专业展会。引进境内外知名的专业会展公司等中介服务机构入驻自贸试验区,对入境参展商品依法给予税收优惠和通关便利。依托杭州综保区优势,重点举办层次多样的海外文物回流展览。

6. 加快文化和旅游装备制造业发展

依托自贸试验区内智能制造产业园、集成电路产业园,打造低空飞行旅游装备及配套专业化生产基地,加快研制适合低空飞行旅游的国产多用途轻小型通用飞机、直升机、特种飞行器、水上飞机等产品,鼓励开发电动飞机等新产品,打造国产低空飞行旅游装备品牌。积极发展旅游房车、景区电瓶车、高尔夫用具、潜水装备、休闲运动自行车等旅游交通运输工具及装备制造,以及数字导览设施、智慧旅游技术设施等智能化、信息化旅游专用设备制造。

7. 大力发展文化创意旅游商品研发

充分发挥自贸试验区杭州片区钱塘区块及杭州市钱塘区文化创意、数字经济、网红经济、旅游商品、服装服饰等企业文化创意产业发展优势,大力推进特色文化旅游商品开发,开发旅游服饰、民族手工艺品、纪念品、深加工土特产品、日用消费品、网红商品等体现杭州市特色的文化创意旅游商品。

8. 大力发展休闲度假旅游

自贸试验区是旅游度假区发展的"天然良港",自贸试验区往往也是旅游度假区。充分发挥自贸试验区在高端酒店、旅游度假区开发建设方面的政策优势,大力构建杭州东部湾旅游度假区、大创小镇中央酒店区、生物医药产业园和杭州综保区高端休疗养度假区等休闲度假旅游产业,把中国(浙江)自由贸易试验区杭州片区钱塘区块及周边腹地打造为极具特色的滨江生态休闲旅游度假区,并积极创建浙江省级旅游度假区。

(五)制定自贸试验区旅游产业改革发展政策

1.旅游购物促进政策

主要为境外游客离境退税和内地游客离区免税政策,设定免税商品范围和较高的上限额度,允许多地、多次累计免税商品金额。

2.旅行社开放政策

制定对世界一流旅行社入驻中国(浙江)自由贸易试验区建立外方独资或合资旅行社经营国内旅游产业业务与入境旅游产业政策细则,放宽外资在自贸试验区设立旅行社的条件,适度降低经营总额限制,对国(境)外服务提供者在自贸试验区内设立旅行社的经营场所要求、营业设施要求和最低注册资本要求。以上政策比照本土企业实行。以准入前国民待遇原则为依据,进一步放开外资旅行社从事出境游业务,允许区内中外合资旅行社经营中国居民出境游,外资旅行社经营出境游业务享受与国内旅行社同等待遇。鼓励自贸试验区片区简化旅行社证照审批许可流程,在自贸试验区片区综合服务中心试行受理中外合资、独资旅行社设立申请业务,将办理工商营业执照与申请旅行社业务经营许可两个环节合二为一,实行"一口受理、一站办齐",简化办证流程,提高办事效率。

3.旅游饭店开放政策

探索建立国际旅馆产权交易市场与经营管理合作平台,制定具有可操作性的旅游饭店开放政策细则,允许外资对酒店、写字楼、旅游饭店、会展中心等进行兼并、收购与业务重组,建立国际旅馆产权交易市场与经营管理合作平台等。

4.入境旅游的便利政策

推进入境旅游签证、通关便利化。推动在自贸试验区及联动创新区实施144小时过境免签政策,并纳入江浙沪已实施144小时过境免签口岸的一体化范围。通过区分不同入境群体的特点,制定合理免签证、落地签证与过境免签政策的要求;对发达国家或地区的小学与中学学生实行团队落地签证政策;对发达国家或地区拥有养老金证明的退休老人实行落地签证政策。

对出于入境医疗目的的游客提供便利签证。试行国际海员、国际邮轮游客和国际旅游团队落地、过境72小时免签政策,并争取进一步扩大落地签证或免签入境范围。

5. 文化和旅游产业推广政策

允许设立海外推广中心,与世界高端知名媒体合作进行活动宣传;依托境外友好城市、杭州市政府部门、杭州市钱塘区管委会和企事业单位驻外办事机构、文化和旅游海外推广机构建立全球宣传网络。

6. 文化和旅游新业态开放政策

(1)邮轮旅游相关新业态政策

杭州市钱塘区虽然无法停靠邮轮,但可以开展与邮轮相关的文化和旅游新业态,主要有:设立与邮轮、游艇相关的进口商品保税展示交易中心;对注册在自贸试验区的邮轮公司、全球或地区总部迁移的境外邮轮公司实行税收优惠政策;对自贸试验区邮轮产业链相关公司企业免收营业税;设立的邮轮单船融资租赁公司,允许开设离岸账户,鼓励并帮助国内企业通过银行融资、邮轮企业基金等方式解决融资问题。

(2)水上休闲旅游娱乐业新业态政策

制定开放经营水上运输休闲旅游娱乐业的合资企业政策,明确规定哪些江河湖海可以开放合资经营水上的运输休闲旅游娱乐业。推动低空旅游发展,争取进一步放宽空域申请条件,争取中国(浙江)自由贸易试验区成为空域改革试点,推动报告空域和监视空域由审批制改为备案制。保障低空旅游用地的需要,将旅游项目建设用地纳入土地林地利用总体规划和城乡建设规划统筹考虑。

(3)医疗健康旅游新业态政策

制定开放外资与本国医疗机构和人员合作开发建设面向国际游客的中医中药产业或医院及养生保健活动(太极拳、少林拳)的相关政策。对出于入境医疗目的的游客提供便利签证,例如借鉴日本医疗旅游签证政策规定,可获得6个月的医疗签证,其前提是需要在当地医疗机构停留90多天进行治疗活动,或者可以获得多次签证,适用时间为 3 年,每一次访问的时间要低于 90 天。

(4)文化教育新业态政策

制定开放合资建设经营性的学前教育、中等职业教育、普通高中教育、高等教育等教育机构的政策。

(5)文化娱乐演艺新业态政策

允许设立外商独资经营的娱乐场所,在自由贸易试验区内提供服务;允许外国投资者设立独资演出经纪机构。

7.涉旅的财税政策

(1)建设和生产旅游设施的进口设备实行免税政策

区内的外商投资企业在投资总额内进口自用的建筑材料、生产经营设备、交通工具和办公用品;常驻的境外客商和技术人员进口的安家物品和自用交通工具,在合理数量范围内,免征关税和进口工商统一税。为生产出口旅游商品而进口的原材料、零部件、元器件、配套件、辅料、包装物料,海关按保税货物的有关规定办理。建设特区基础设施所需进口的机器、设备和其他基建物资,免征进口关税和产品税。

(2)开展离岸金融业务试点

允许国内外大型涉旅企业在自贸试验区内建立区域性财务中心,统筹境内境外资金结算、调拨和境外投资。允许保税区内企业开立离岸账户,允许大型商业银行设立离岸业务部试点,给予试点企业和银行融资性对外担保业务专项余额指标。

(3)推动人民币国际化

提高跨境人民币结算试点额度,提高涉旅企业跨境贸易和跨境资本人民币结算额度,支持外资投资舟山海岛旅游特区建设。允许符合条件的涉旅企业或金融机构,在额度范围内到境外发行人民币债券,用于区内旅游项目开发建设。

(六)制定自贸试验区文化产业改革发展政策

1.加大对外文化贸易基地建设的支持政策

由浙江省文化和旅游厅牵头,中国(浙江)自由贸易试验区杭州片区钱塘区块依托大创小镇、东部湾总部基地、杭州综保区建设对外文化贸易基地,将基地打造成为"国际互联网＋数字文化产业"引领平台、全球影视产业集聚平台、国际文化交流示范平台和国际经贸服务同和平台,积极利用"互联网＋文化＋科技(经济、贸易、金融、创意、旅游)"等线上线下联动模式,建设国家级对外文化贸易基地。

依托国家文化出口基地中国(浙江)影视产业国际合作区、之江文化产业带,在杭州综保区、大创小镇、东部湾总部基地等区块建立对外文化贸易主体园区和配套园区,搭建"政府推动、企业运作"为主和线上线下联动运营的模式,积极引进和培育龙头文化企业,促进文化产业发展,构建一个线下涵盖设计、生产、运营、全球销售的全生态文化创意、经济与传播平台,形成国家级文化品牌(第一是开发平台,第二是合作平台,第三是服务平台)。也可依托杭州生物医药产业园及联动区的杭州医药港小镇打造中医药文化产业园区开展中医药文化国际交流工作。

2.加强文化产业开放的顶层设计

根据自贸试验区不同片区的优势,加强文化产业开放的顶层设计。杭州片区钱塘区块重点发展广告、设计、影视、传媒、软件、直播、动漫等文化创意产业,以及文化传媒、文化展示、非物质文化遗产与旅游、艺术品交易、数字文化产业等服务业。

依托大创小镇杭州数字旅游十景品牌资源及数字经济优势,积极打造基于围垦文化、工业文化、江潮文化、蜀山文化等地域特色文化的文化IP产品,形成涵盖内容生产数字化、管理流程数字化、产品形态数字化、传播渠道数字化、消费场景数字化、基础设备产品研发、数字内容衍生品市场等环节的全产业链,在自贸试验区形成产销一体化的数字文化产业集群,加速数字文化产品高质量、高效率、高回报产出。依托杭州创岩国际孵化中心大力打造大创小镇数字文化产业链。

不断拓展对外文化交流渠道,深化文化合作领域,充分发挥大创小镇创博中心等场馆优势,举办"一带一路"大众创业万众创新大会等多边文化交流活动,通过树立文化活动品牌,积极承接国家重大交流项目,推动对外文化交流与文化贸易相结合。大力发展国际文化会展、保税文化交易、文化进出口仓储物流、国际文化市场信息服务等业态。

探索大创小镇"创业学院＋众创空间＋科技园＋企业"多位一体的创新创业模式;开展"千人进校"等活动,构建校企联合的创新人才培养模式;打造创新创业平台,实现区内大型仪器设备等创新资源共享;合力举办高端人才创新活动,支持区内高校举办具有国际影响力的论坛和赛事等创新创业活动;优化高校科技成果在开发区研究、孵化、加速、产业化"一体化"的全链条高速模式。打造从创业苗圃、孵化器到加速器、产业园区的双创全过程体系。

3. 促进文化产业与旅游产业融合发展

以杭州市钱塘区工业文化、围垦文化、江潮文化、湿地文化为核心,着力打造自贸试验区杭州片区钱塘区块文化旅游的新线路,重点发展文化和旅游制造业、文化和旅游服务业、文化和旅游工艺品、文化和旅游商品加工业等,带动相关产业发展。积极推动文化创意产业的发展,开发创意文化旅游品牌建设项目和高品位的文化旅游产品,建立如"工业体验之旅""围垦文化之旅""观潮之旅""潮音禅院朝圣之旅"等多种主题文化创意旅游品牌体系。建成能体现不同片区文化特色的旅游观光休闲度假基地,并将旅游与文化产业融合作为新的经济增长点,打造大创小镇、东部湾总部基地小镇、杭州综保区免税购物小镇等特色小镇的文化旅游带。

4. 加大文化市场开放政策扶持力度

通过政策制定,允许在试验区内设立外资经营或外商独资的演出经纪机构、演出场所经营单位;允许在试验区内设立外资经营或外商独资的娱乐场所,在试验区内提供服务;允许外资企业从事游戏游艺设备的生产和销售,通过文化主管部门内容审查的游戏游艺设备可面向国内市场销售。采取参加专题展会、上门重点走访、召开主题招商推介会等多种方式,吸引文化龙头企业和重点企业集聚自贸试验区。

充分运用配套政策,加强文化产品和服务出口,促进对外文化贸易发展。启动"专项扶持资金项目",扶持方式主要有出口项目资助、贷款贴息、政府委托、房租补贴等,对扶持对象为促进文化产品和服务出口而开展的海外渠道拓展项目给予一次性的资助,出台"设立文化创投风险引导基金""加大文化企业融资担保风险分担比例""促进文化创意产业发展财政扶持资金实施办法"等多项政策。

5.积极引进和培育文化企业

创新政府管理方式,简化工作流程,减少文化企业申报、审批流程,缩短时间,提高政府工作和企业效率。营造良好的营商环境,鼓励民营文化企业借助自贸试验区平台,利用国际化资本,进一步提高发展水平。放宽涉及开发、制作、发行游戏、娱乐应用软件及衍生产品、电子出版物的零售和批发等文化项目经营的企业准入标准。在准入条件放宽的情况下,加紧制定相关优惠政策吸引文化企业入驻。一方面要积极制定入驻的优惠扶持政策,另一方面加大扶持力度,为本地文化企业的发展提供良好的资金及政策扶持。要重视在技术引进的基础之上进行再创新,培养本地区文化科技发展的优势,推动本地区文化企业的生产增效;适当引进技术性人才,培育地区科技发展的内生动力。在鼓励技术人才入驻方面,可采取技术入股、开办合资企业等方式,推动文化与科技融合更好地落地生根。

6.加大文化宣传力度

首先,凝练可以代表本地区文化特色的符号与口号。其次,将其普遍应用于文化产品、服务与外观设计中,以此达到宣传推广本地文化的效果。再次,要加强本地文化产品的创意设计,将地区文化符号合理融入其中,增强本地文化认同感,大力宣传本地特色文化。最后,探索宣传推广新模式。通过成立形象宣传专业机构、设立海外推广中心,加强与"一带一路"相关国家和地区的文化和旅游交流合作,构建全球宣传网络。

(七)构建覆盖自贸试验区钱塘区块及腹地的全域旅游公共服务体系

注重自贸试验区杭州片区钱塘区块东部湾总部基地、大创小镇、东部医药港、传化公路港基地等主要片区旅游公共服务基础配套设施建设,推进旅游要素和公共服务全域覆盖,形成适应大众旅游时代的公共服务体系。

1.推动自贸试验区杭州片区钱塘区块城市、园区内旅游标识标牌建设

制定旅游标识标牌建设推进计划,以集散服务场所、干线公路为骨架,以重点交通节点、换乘点、道路出入口和接驳处为重点,完善旅游标识标牌体系,为游客提供直观、醒目、便捷、清晰的导识服务。以交通引导、全景导

览为主要功能,并提供多语言文字说明,打造规范、简洁、实用、国际通行的旅游交通引导标识系统。

2.推动自贸试验区杭州片区钱塘区块的旅游集散中心建设

依托杭州市萧山国际机场、杭州东站高铁站、杭州市钱塘区高铁站(规划中)、客运站、高速公路服务区、港口、码头等,推动自贸试验区杭州片区钱塘区块旅游集散中心建设,完善旅游服务功能,构建覆盖自贸试验区杭州片区钱塘区块的旅游集散系统。

3.发挥"互联网+旅游"优势,运用微信、微博等平台,开展新媒体营销矩阵

依托五级旅游咨询服务体系,打造现场咨询、电话咨询、新媒体咨询"三位一体"的一站式旅游服务体系。探索建立"一带一路"和杭州湾文化和旅游合作圈,借助国际主流社交媒体平台,拓展旅游目的地市场,加大国际旅游市场宣传力度。

(八)自贸试验区及联动区主要区块改革发展规划

1.大创小镇文化和旅游产业发展区块

充分发挥自贸试验区政策优势,依托大创小镇文化创意类企业、旅游酒店业、旅游吸引物聚集体,大力发展文化和旅游产业,打造"两核双驱两翼"的空间结构:①两核(游客服务核与创新艺术核),分别是以创博中心为空间的游客服务中心、以大拇指绿地广场为空间的创新艺术广场。②双驱(科技体验驱动带和互动服务驱动带),以中央绿地广场周边科技创意企业为代表的生活科技美学驱动带,以外围高新企业为代表的外围研学、考察旅游辐射带,包含产业研学、商务考察等旅游项目。③两翼(生态休憩与主题美食翼),以高校东区公园及宝龙城市广场区域为空间的生态休闲与风情美食区,以及以白洋桥为空间的历史文化与主题美食区。

依托大创小镇创博中心和在建五星级酒店,充分利用浙江省自贸试验区关于会议会展和高等级酒店发展方面的政策优势,大力促进大创小镇会议会展旅游发展,并打造高等级酒店集聚区,构建杭州市钱塘区中央酒店区。

依托大创小镇文化创意类、电子商务类、信息科技类企业集聚优势大

力发展文化产业,打造文化产业园区,并积极创建国家文化产业园。文化产业园区发展是推动文化创新创业的重要载体:①文化产业园区具有资源整合能力,能够吸纳一切有利于创新的要素向园区集聚,从而培育创新氛围,营造创新环境,促进创意群体的形成。②企业集聚,人才荟萃,企业之间可以密切合作,人们之间可以亲切交往,各种创意和技术得以充分碰撞、融合、传播、分享,即通过发挥知识的溢出效应,增强企业或个人的学习能力、研究能力和创新能力。③通过构建孵化器、加速器等各种服务平台,为集聚企业提供适宜其生存和发展的土壤,促进文化创新成果转化,有助于培育创新型文化企业和企业家。④促进文化创业者和创业型企业的孵化及培育,帮助从业者通过拥有自主知识产权和核心技术或品牌,实现从文化创意到文化产品再到文化企业的转化,推动文化创新创业繁荣景象的形成。

依托大创小镇现有空间,并积极拓展可利用空间积极发展免税购物旅游,改变杭州市国际国内旅游流向,为杭州市钱塘区文化和旅游产业发展赋予新的发展空间。

积极策划和打造会议会展和节事活动,打造具有国际影响力的节庆、赛事、会议、展览等文化和旅游产业。依托大创小镇蒲公英街区现有空间,大力发展免税购物休闲街区,培育成为杭州市钱塘区城市旅游新动能。积极探索海外文化演艺、文化传播、文化休闲娱乐企业,利用自贸试验区海外投资便利政策,在大创小镇自贸试验区投资建设相应企业,并与"微念"等企业合作,把李子柒中国传统文化传播利用海外传播平台更好更快传播到海外,吸引更多的粉丝和传播量。积极探索"微念"李子柒系列文创和休闲食品在企业属地杭州市钱塘区大创小镇自贸试验区报关出口,解决公司所销售各类食品在全国不同地方零散报关所带来的众多发展制约和不便捷等问题。

大创小镇园区文化和旅游资源类型、大创小镇产业及企业资源见表7-2、表7-3。

表 7-2　大创小镇园区文化和旅游资源类型

主类	代表性资源单体
地文景观类（A）	东区公园、白洋桥、中央绿地
水域风光类（B）	二号渠、五号渠及周边绿地
	东区公园水域、白洋桥水系
生物景观类（C）	东区公园树林、白洋桥树林
	城东公园水系内的白鹭等野生动物
遗址遗迹类（E）	一号闸、水塔遗址
景观建筑与设施类（F）	新西兰奥克兰大学中国创新研究院、帝工先进技术研究院
	东区公园、白洋桥
	生物医药公司、科技公司等
	五星级酒店（在建）
	创博中心
	蒲公英天地、白洋桥美食街
旅游商品类（G）	百草味休闲食品
人文活动类（H）	浙江省首届"创博会""创响中国杭州站"、浙江双创主题周、国际人才交流大会、"创宠天下"海外高层次人才创新创业大赛等

表 7-3　大创小镇产业及企业资源

企业	类别	说明
海马体	生活	时尚轻快简摄影品牌（品牌特色：轻·快·简）
微念	生活	通过孵化与深度整合 KOL 网络、跨界新消费品牌的公司
百草味	生活	以休闲食品研发、加工、生产、贸易、仓储、物流为主体，集互联网商务经营模式、新零售为一体的渠道品牌和综合型品牌
宜格	生活	主要彩妆品牌：花西子
火烈鸟	生活	以睫毛膏为主导、眼部彩妆品类为核心的老牌国货彩妆公司
玩物得志	生活科技	核心产品玩物得志 App 是国内领先的国风文化电商平台

续　表

企业	类别	说明
乐秀	生活科技	电子加工公司,属于小米生态链企业成员
湃沃	科技	主营服装和女鞋类目的公司
壹网壹创	科技	专注于快速消费品垂直领域的电子商务服务提供商
搜狗杭州研究院	科技	以人工智能为主要研究方向的研究机构
帝工先进技术研究院	科技	由来自英国的皇家院士教授团队独立发起创建,从事国际科技交流合作、中欧技术转移、医疗影像技术研究的新型研发机构
浙江国际协同创新研究院	科技	民办非企业新型科技成果产业化服务机构
新西兰奥克兰大学中国创新研究院	科技	奥克兰大学在中国落地的第一家研究院,是奥克兰大学在中国开展商业研究、知识传输与定制教育的公司

2.钱塘东部湾总部基地文化和旅游产业发展区块

充分发挥自贸试验区政策优势,依托亚运轮滑馆及东部湾总部大楼打造总部基地、文化产业园区、高端文化创意产业园区、亚运体育小镇,并结合东部湾湿地公园整体建设钱塘东部湾湿地旅游区和东部湾旅游度假区,充分融入文化、旅游、体育功能,把该区块打造为文化旅游体育综合体。依托东部湾总部基地五栋大楼和亚运轮滑馆,在这块国家自贸试验区打造沿江高等级旅游度假区、东部湾国际金融中心,把该区块打造为杭州的国际金融贸易区、总部基地和中央酒店区。主要思路为:

①打造东部湾文化和旅游产业总部基地。依托东部湾总部基地打造总部经济,在吸引全球500强和国内主要集团企业入驻外,也吸引国际顶尖文化和旅游产业入驻总部基地,打造总部文化和旅游产业发展基地,并充分利用周边未开发区块大力构建杭州的国际金融贸易区、总部基地和中央酒店区。

②打造亚运体育小镇,大力发展体育休闲旅游产业。在亚运轮滑馆、东部湾体育公园、滑板公园基础上,借助亚运会轮滑馆品牌机遇,大力发展轮滑运动产业,举办国内外轮滑锦标赛、公开赛,打造中国杭州轮滑运动 IP,拓展轮滑设施用品制造、轮滑教育培训,以及"冰雪＋轮滑"等轮滑衍生产业。打造东部湾运动体育小镇,打造文化体育产业国家级示范基地。

③融入休闲运动体验项目。借鉴"荷兰夜光自行车道"策划夜光骑行道。连通内河河道,营造滨水景观、策划水上赛事活动。打通滨江内河河道,营造两岸芦苇景观,改造部分桥梁,发展运动休闲旅游产品,策划杭州国际女子马拉松、高校滨江龙舟竞赛、皮划艇竞赛等赛事活动,中远期谋划国家级体育赛事。内河与滨水草坪相结合,构建生态垂钓平台,策划垂钓大赛。

④多元化开发草坪、湿地。以极限运动、草坪儿童娱乐区、室外音乐会场馆等业态多元化开发草坪,以"海绵城市"科普研学、湿地生态科普研学等业态多元化开发东部湾湿地公园。

⑤建设东部湾湿地城市阳台。在东部湾湿地最南侧滨江部分,建设一处观景城市阳台,与运河二通道城市阳台相呼应。

⑥建设东部湾旅游度假区。依托自贸试验区钱塘区块核心区的政策优势和东部湾区块腹地广的空间优势,依托开发区沿江景观公园(公园总用地面积约 52 万平方米,其中东区公园用地面积 31 万平方米,西区公园用地面积约 21 万平方米,主岛面积约 10 万平方米,地上建筑面积 9300 平方米,包括 4000 平方米、2900 平方米、1400 平方米、500 平方米、500 平方米五幢独立二层建筑及地下车库 6013 平方米,134 个车位)打造一处东部湾旅游度假区,调整旅游休闲度假设施用地,打造中高端酒店群,并与大创小镇、东部湾总部基地、杭州综保区等区块的高等级酒店联动,共同创建浙江省级旅游度假区。

3.把杭州生物医药产业园打造为国际医疗康养、会议会展综合体

依托杭州生物医药产业园,充分发挥自贸试验区关于医疗、医药、康养、会议会展等方面的政策优势,通过以下路径大力发展国际医疗康养旅游、文化博物场馆、会议会展旅游、教育研学旅游等文化和旅游产业:①建设国际会议中心。打造集行政服务、国际会议、时尚购物、特色展览、旅游服务等功

能复合的国际会议中心,作为小镇地标。②构建杭州市生物医药产业博物馆。利用自贸区核心区优势,开放资源交易中心,在科技成果展示、科技成果交易、知识产权交易场所等功能基础上,建设展示杭州市生物医药发展历程的展厅,建立杭州市生物医药产业博物馆。③建设科技体验中心,发展研学旅游,提供生命科技体验、科普展示等服务,满足消费者、游客的知识性需求。④构建休闲街区,配备咖啡厅、西餐厅、精品超市、健身中心、图书馆等场所,构建服务于园区及附近大创小镇内部员工及游客的休闲街区。

释放生物医药公共查验监管平台的撬动效应。利用综保区内部分生物医药进口试剂免证的政策优势,已招引上海外高桥生物医药公司在综保区成立新达丰供应链管理公司,计划打造综保区内的生物医药检测平台,实现"两免、两集中、一全程"集约化管理服务体系,即利用综保区内研发货物免许可证件和研发展示医疗器械免办理注册或备案手续的政策红利,打造集中口岸、集中查验、全程监管的出入境生物制品集中查验监管平台,为杭州医药小镇的生物医药客户乃至江浙沪地区的生物医药企业提供服务。

4. 探索把杭州综保区打造为跨境电商免税购物旅游区

杭州综保区自诞生之日起便肩负着"先试先行"的重任,一年来以跨境电商为引领,积极探索"一区两园""云惠钱塘"、浙江自贸区杭州联动创新区钱塘片区、共建 eWTP 示范区等多个首创项目,获得国家部委肯定和 500 多家媒体报道。近年来,杭州综保区做新贸易服务中心:推进跨境电商全球采购中心、全球销售服务中心建设,为出口贸易企业提供海外产品咨询、供应链金融、知识产权和 VAT 咨询服务,提供跨境零售企业售后服务政策便利,鼓励出口加工企业开拓国内市场。

(1)依托跨境电商新模式为国际免税购物旅游区创造条件

杭州综保区在全国率先开展网购保税进口业务等 10 项管理措施和 7 项监管制度的基础上,积极争取海关、机场和邮政等部门支持,在跨境电商 1210、9610、9710 和 9810 进出口业务模式上创新多个"全国首个"。如在原 B2C 基础上又打通 1210 邮路出口和进出口退换货模式,实现跨境业务闭环;在 1210 基础上,叠加 9610、9710 和 9810,主攻跨境出口,实现进出口双环,在国内率先实现业务模式全覆盖。这为杭州综保区打造免税购物旅游区提供了良好的条件。

(2)探索跨境零售新业态，打造免税购物旅游区

自 2019 年全国首个"保税仓直播间"落户杭州综保区下沙园区以来，已建成各类直播间 18 个，联合天猫国际、考拉海购等企业举办"云惠钱塘·嗨购全球""了不起的保税仓"等直播活动 20 余场，累计销售各类货品 30 万件，销售额达 2 亿元。在区外专门打造了两个线下园区即东方科技城和杭州跨境供应链产业园，孵化跨境电商新零售项目。充分发挥乐链网络科技、金创供应链企业和国贸云商三个跨境电商外综服务平台作用，向中国卖家提供一站式的解决方案，助力中国优品畅行全球。在新区加强政策赋能后，谋划并启动开工建设普洛斯"前店后仓"的跨境新零售示范街区，通过全场景零售融合新模式赋能进口电商产业发展。通过直播销售探索免税购物旅游区打造路径，可利用杭州综保区围墙外红线内的三栋主体建筑打造免税购物空间。

(3)探索利用杭州综保区与阿里巴巴共建的杭州 eWTP 示范园，发展免税购物实体店

目前，杭州综保区搭建的 eWTP 公共服务平台，已连通杭州市、义乌市、马来西亚的吉隆坡、卢旺达的基加利、比利时的列日、埃塞俄比亚的亚的斯亚贝巴等全球 13 个 eWTP 互联互通的物理节点。跨境商品 SKU 约 10 万个，外贸企业出口国家和商品涉及原产地国家约 200 个，力争把杭州综保区打造成数字贸易丝绸之路战略枢纽。充分发挥 eWTP 公共服务平台，拓展专门空间，大力发展线下实体免税购物商店，打造免税购物休闲街区，并配备休闲娱乐、特色文化酒店等文化和旅游产业，把杭州综保区打造为以免税购物为主体的文化和旅游产业集聚区。

(4)聚焦跨境直播

利用全国跨境保税仓直播总部基地，联合传媒学院设立中国(杭州)网络主播实训学院、青年网红研究中心和跨境电商主播孵化基地，同步打造一个线下保税展示、线上电商直播的跨境电商网红带货展播园，集运营、软件、培训、设计、摄影视频等产业链服务为一体，推进全链式直播经济生态发展。

（5）布局跨境零售

在综保区创新"保税展示＋线下计提"交易平台,商品在展示过程中是保税的,卖出去才交进口关税,不仅能降低供货商资金成本,而且通过品牌全球调拨,参与国际贸易的资源配置,也能扩大进口贸易,形成综保区综合优势。继正典燕窝项目成功落地后,进一步探索进口坚果、果干、咖啡茶制品、家居轻纺等多品类产品"保税进口＋零售加工"新模式,打造为天猫国际工厂店的优质孵化平台、"全球工厂店"模板,使进口值变产值、关税变地方税,加速实现"买全球卖全球"的战略布局。

五、保障体系

（一）组织与行政管理保障

1.加强组织领导,提升政府效率与服务效能

转变行政服务角色,从"服务提供者"向"服务组织者"转变。积极整合社会资源为促进自贸试验区文化和旅游协同发展提供服务。加强与全国其他兄弟省市自贸试验区联动合作,建立常规交流的工作机制,强化在调研培训、政策研究和制度创新等方面的合作。尤其要把自贸试验区建设深度融入长三角一体化发展,合力打造高质量、一体化发展典范。

2.成立文化和旅游产业发展专门组织机构

建议成立杭州市钱塘区自贸试验区文化和旅游局,负责自贸试验区文化和旅游发展与行政管理事务。

健全文化和旅游产业发展推进机制。整合杭州市钱塘区管委会各个职能机构中涉及文化与旅游行政管理职能的相关管理机构,组建杭州市钱塘区文化和旅游局。打造融合自贸试验区三大核心区、三大协同区及非自贸试验区的多区文化和旅游协同联动推进工作机制,形成杭州市钱塘区文化和旅游产业融合发展"一盘棋"的工作格局。建立动态监控和管理机制,加快推动文化旅游产业服务平台建设。健全人文交流合作机制,积极开展对外文化交流、文化贸易和文化传播。

成立杭州市钱塘区文化和旅游生产力促进中心,为文化和旅游产业政

策研究、行业管理和市场引导提供技术支持；建立新区文化和旅游发展联席会议制度，定期研究协调自贸试验区文化和旅游产业发展建设中遇到的重大问题，协调解决政策落实、项目资金安排等方面需省里予以支持的重大事项。构建高层次的自贸试验区文化和旅游发展专家顾问团，建立完善发展重大问题的科学决策、咨询与评估机制。

3.制定杭州市钱塘区自贸试验区文化和旅游产业行政管理的"五个清单"

自贸试验区最大的特点就是赋予更大的改革自主权。一方面，在营造优良投资环境、提升贸易便利化水平、推动金融创新服务实体经济、推进人力资源市场融合等方面，加大改革授权，给予政策扶持。另一方面，通过积极协调自贸试验区自主改革试点政策与上位法之间的关系，不断建立健全自贸试验区相关法律规章，为自贸试验区的改革开放保驾护航，如推动审批权限下放，将原属于浙江省级的行政审批权限，进一步下放至自贸试验区和联动创新区。

（1）制定旅游产业发展负面清单

制定文化和旅游产业发展的负面清单，经营许可改为备案，区内注册延伸至区外服务，建立行业信用管理体系和文化和旅游企业经营者综合信用档案制度，试行信用公示制度，促使文化和旅游企业和从业人员自我约束、守法经营。全面梳理与明确说明文化和旅游产业哪些领域不能进入或限制进入，从而引导文化和旅游企业进入其他重点发展领域。

（2）明晰旅游部门管理权力清单

依据"事前放开，事中与事后加强管理"的原则，制定好文化和旅游行政管理的权力清单。要制定好引导旅游企业事前自律、对旅游企业行为进行事中与事后监管管理的条例，去除影响市场有效配置资源的行政障碍，同时加强促进市场更好配置资源的监管机制，提高违法经营成本。

（3）压实旅游行政岗位责任清单

要制定好每一个文化和旅游行政岗位的服务与管理对象、工作职责、工作程序、经常发生问题的处理方法等，更有效地履行好政府的职责，更好地为社会服务。

（4）提高文化和旅游行业透明度的信息清单

为了解决有关政策、行业与市场信息不能及时让文化和旅游企业和游客了解的问题,要将旅游政策、行业与市场信息,以及告知文化游客的责任主体和旅游企业等。

(5)制定促进相关政府部门落实自贸试验区可复制经验的协调清单

自贸试验区文化和旅游产业创新可复制经验,文化和旅游政府主管部门需要搭建一个供中国(浙江)自由贸易试验区杭州片区钱塘区块内文化和旅游企业与相关主管部门沟通交流的平台,促进自贸试验区可复制经验的落实。

(二)规划和法规保障

1. 做好顶层设计,做好自贸试验区文化和旅游产业发展规划

做好自贸试验区文化和旅游发展政策的顶层设计工作,编制自贸试验区杭州片区钱塘区块文化和旅游产业发展规划,形成自贸试验区文化和旅游规划体系。优化自贸试验区钱塘区块文化和旅游消费结构,提升文化旅游设施和要素国际化水平、标准化水平、信息化水平,推动文化和旅游高质量融合发展。深度挖掘钱塘区围垦文化、蜀山文化、工业文化、沙地文化、民俗文化等特色文化资源,重点开发文旅融合优质产品,促进文化创意向传统文化艺术延伸,打造在全国乃至世界具有一定知名度和核心竞争力的文化旅游品牌和大创小镇—杭州综保区—东部湾总部基地文化产业带,加快建设杭州市钱塘区沿江文化产业集聚区。

2. 完善文化和旅游产业发展政策法规体系

自贸试验区最大的特点就是赋予更大的改革自主权。一方面,在营造优良投资环境、提升贸易便利化水平、推动金融创新服务实体经济、推进人力资源市场融合等方面,给予政策扶持。另一方面,通过积极协调自贸试验区自主改革试点政策与上位法之间的关系,不断建立健全自贸试验区相关法律规章,为自贸试验区的改革开放保驾护航。

制定促进自贸试验区钱塘区块文化和旅游发展指导意见,按照推进文化和旅游融合发展的要求,鼓励自贸试验区探索制定文化和旅游产业发展激励办法,研究出台财政、土地、金融、科技、税收和人才培养方面的支撑政策,支持社会资本参与文化和旅游项目建设,壮大文化和旅游市场主体,推动文化和旅游市场综合执法改革。

(三)信息和大数据保障

建设自贸试验区文化和旅游大数据中心,推进全域智慧文化和旅游改革发展的政策。

1.实施自贸试验区"智慧文化和旅游工程"

在初步形成集智慧管理、智慧营销、智慧服务于一体的智慧文化和旅游模式的基础上,要有效整合自贸试验区的文化和旅游资源。分片区建设文化和旅游大数据中心,打造集事前预测预警、事中引导分流、事后精准营销于一体的文化和旅游大数据平台,实现公安、交通、旅游、气象、海洋等涉旅部门信息数据共享,建立涵盖"吃、住、行、游、购、娱"六要素的文化旅游基础数据库系统,掌握旅行社团队、导游领队的动态数据,旅游投诉执法案件受理数据、旅游统计数据等旅游行业数据,实现对旅游监管对象和内容的全覆盖。

2.依托自贸试验区文化和旅游大数据中心,推进杭州市钱塘区全域智慧文化旅游建设

提升智慧监管系统,建立基于运营商手机信令的游客综合动态监测系统和智能疏导系统,通过实时游客流量统计,实现对游客流量、消费习惯等游客画像进行深度剖析。通过智慧交通、智慧城管、智慧景区等服务管理平台建设,完善对车站、码头等游客集散点,以及主要景区、道路、停车场等重要旅游节点的实时监控、超限报警和智能调度。提升智慧导览系统,完善官方门户网站、微信公众号、官方微博、智能触摸屏等平台,提供信息推送、在线预订、资讯投诉等线上服务,畅通旅游服务热线,为游客提供及时性、动态化信息。提升景区智能票务系统,实现二维码和身份证等多种智能通关方式。

(四)产业投资资金保障

中国(浙江)自由贸易试验区杭州市片区钱塘区块文化和旅游产业发展投资资金保障体系可通过以下方式构建:

①制定促进自贸试验区文化和旅游产业投资的政策。

②利用中小企业发展专项资金,鼓励中小企业在自贸试验区和联动试

验区投资文化和旅游产业。

③设立杭州市钱塘区自贸试验区文化和旅游产业发展促进基金,专门用于文化和旅游产业培育及文化和旅游重大项目建设。

④采用设立旅游不动产基金、银团贷款、发行旅游债券、旅游项目资产证券化的方式,包括投入一部分财政专项资金与市政建设配套资金,每年规划建设一批大型、配套的综合旅游项目。

(五)人才保障

契合中国(浙江)自由贸易试验区总体发展战略,通过待遇与愿景吸引人才,吸引大量外资企业、外籍人士、海外高端技术人才落户,尤其是石油化工、航空产业、大宗商品交易、国际金融、招商引资、海洋生物、港航物流等领域,并进一步完善用人机制和晋升机制。有针对性地引进高素质人才,通过贸易自由化、投资便利化等措施,依托中国(浙江)自由贸易试验区这个平台积极探索创新人才机制,引进更多全球资源做大做强优势产业,为人才提供更多的就业机会。鼓励企业不断调整管理模式,强化培训,提供广阔的发展平台和晋升空间,培养人才、留住人才。

(六)落实与督查保障

1.营造改革气氛

各相关单位认真做好中国(浙江)自由贸易试验区钱塘区块改革创新政策的宣传解读,强化与主流媒体的战略合作,利用广播、电视、报刊和网络等媒体,开展"线上+线下"立体宣传,展现钱塘区文化和旅游产业发展新举措、新进展、新成效。建立健全中国(浙江)自由贸易试验区文化和旅游产业改革创新容错机制,鼓励大胆试、大胆闯、自主改。

2.强化责任落实

杭州市钱塘区和区级相关部门要切实承担主体责任,细化任务分工,绘制明细的文化和旅游产业改革开放发展的任务图、时间表。各区级部门要积极主动、靠前服务,构建区一体、部门间协作、政银企社联动推进机制,协同推进钱塘区块文化和旅游产业发展。建立督查考核机制,将自贸试验区建设纳入重点工作考核体系。建立线上问题反馈通道,根据企业需求制订解决方案。

    3.加强督促检查

    建立"月例会、季目标、专班干、走前列"的工作推进机制和快速响应的问题协调解决机制,定期开展工作督促检查工作,定期报送文化和旅游产业改革发展工作进展情况。建立阶段性评估总结机制,开展评估评价和督查工作,及时总结经验和创新成果,不断推进自贸试验区及联动区文化和旅游产业发展各项改革任务的实施。

第八章 杭州市钱塘区体育与旅游发展规划理论与实践

一、体育产业布局实施基础

(一)体育产业分类与体育产业产值

1.体育产业分类

体育产业在满足人民日益增长的美好生活需要方面发挥着不可替代的作用。在新形势下,要以习近平新时代中国特色社会主义思想为指导,强化体育产业要素保障,激发市场活力和消费热情,推动体育产业成为国民经济支柱性产业,积极实施全民健身行动,让经常参加体育锻炼成为一种生活方式。

体育产业是指为社会提供各种体育产品(货物和服务)和体育相关产品的生产活动的集合。分类范围包括:体育管理活动,体育竞赛表演活动,体育健身休闲活动,体育场地和设施管理,体育经纪与代理、广告与会展、表演与设计服务,体育教育与培训,体育传媒与信息服务,其他体育服务,体育用品及相关产品制造,体育用品及相关产品销售、出租与贸易代理,体育场地设施建设等11个大类。

2.体育产业产值

2017年全国体育产业总规模(总产出)为2.2万亿元,增加值为7811亿元。其中,体育用品及相关产品制造的总产出和增加值最大,分别为13509.2亿元和3264.6亿元,占比分别达61.4%和41.8%。2018年全国体育产业总规模为2.4万亿元,同比增长9.09%;实现增加值8800亿元,同比增长12.82%。当时预计未来三年内行业整体将继续维持稳健的增长水平,体育产业增加值有望在 2020 年突破 1 万亿元。

(二)体育产业消费特征与增长动力

1.体育产业消费特征

体育消费正不断呈现出新的特征:①骑行、游泳、垂钓等运动项目受到追捧,满足特定人群个性化需求的运动项目正逐渐成为热潮。②女性体育消费市场开发存在巨大的潜力。③体育用品呈现全龄段消费,其中"80后"成为体育消费黄金一代。④小众消费大众化,差异化与专业定制化服务需求开始出现。⑤产业经营者借助技术升级搭建运动跨界消费场景,场景化革命推动体育消费全面升级。⑥户外运动逐步转为大众消费品,人们对于旅游、休闲、自驾等户外运动的需求进一步加大。

2.体育产业增长动力

体育产业的增长动力主要来自三个方面:①国家政策对产业的助推;②消费升级带动的内需激增;③国民健康意识提升对市场的唤醒。国家政策自上而下的推动作用引导了待配置资源向体育产业的集聚,强大的消费动力吸引了供应端的持续投入,国民健康观念的转变成为了加速行业成长的催化剂。

(三)杭州市钱塘区体育产业发展现状

1.体育设施总量

第四次全国经济普查体育场地统计调查主要数据显示,截至 2019 年 7 月 1 日,杭州钱塘新区核实六普有效数据单位共 207 家,场地 877 个,体育场地面积 120.12 万平方米,人口 62.4 万人,人均体育场地面积 1.92 平方米。杭州钱塘新区白杨街道、下沙街道体育场地有 601 个,场地面积为 99.85 万平方米,人口 40.6 万人,人均体育场地面积 2.46 平方米;义蓬街道、河庄街道、新湾街道、前进街道、临江街道体育场地有 276 个,场地面积为 22.16 万平方米,人口 21.8 万人,人均体育场地面积 1.02 平方米;乡镇之间体育场地发展不均衡。杭州钱塘新区人均体育场地面积汇总表(截至 2019 年 7 月 1 日)见表 8-1。

表 8-1 杭州钱塘新区人均体育场地面积汇总(截至 2019 年 7 月 1 日)

街道	场地数量/个	场地面积/万平方米	人口/万人	人均体育场地面积/（平方米/人）
白杨街道	601	97.96	40.6	2.46
下沙街道				
河庄街道	276	22.16	21.8	1.02
临江街道				
前进街道				
新湾街道				
义蓬街道				
钱塘区	877	120.12	62.4	1.92

2.体育场地分布

第四次全国经济普查体育场地统计调查主要数据显示,杭州钱塘新区全民健身路径数量最多,有 290 个场地,主要分布在白杨街道和下沙街道;其次是篮球场,有 140 个场地,主要分布在白杨街道和河庄街道。杭州钱塘新区体育场地类型分布情况见表 8-2。

表 8-2 杭州钱塘新区体育场地类型分布情况

场地类型	场地类别	白杨街道/个	河庄街道/个	临江街道/个	前进街道/个	下沙街道/个	新湾街道/个	义蓬街道/个	总计/个
101011	十一人制足球场	4	1	0	0	0	0	0	5
101021	七人制足球场	2	2	0	0	0	0	0	4
101031	五人制足球场	2	1	0	0	0	2	1	6
102011	篮球场	68	25	5	4	14	3	21	140
102012	篮球馆	9	0	1	1	3	1	1	16

续　表

场地类型	场地类别	白杨街道/个	河庄街道/个	临江街道/个	前进街道/个	下沙街道/个	新湾街道/个	义蓬街道/个	总计/个
102021	三人制篮球场	18	1	0	0	13	2	1	35
103011	羽毛球场	19	0	0	0	1	1	1	22
103012	排球馆	2	0	0	0	0	1	0	3
108012	武术馆	7	0	0	0	0	0	0	7
109011	田径场	11	1	0	0	1	0	0	13
109021	小运动场	8	4	1	2	6	2	4	27
110011	游泳池	5	0	0	0	1	0	0	6
110012	游泳馆	3	0	0	0	0	0	0	3
111012	体操馆	9	0	0	0	3	0	0	12
112011	乒乓球场	7	4	1	2	4	2	4	24
112012	乒乓球馆	65	16	4	2	21	5	10	123
113011	羽毛球场	6	3	1	0	6	0	2	18
113012	羽毛球馆	10	3	0	0	4	2	0	19
114011	网球场	28	1	1	0	0	0	0	30
117011	高尔夫球场	1	0	0	0	0	0	0	1
120052	跆拳道馆	3	0	0	0	2	0	0	5
122011	射击场	0	0	0	0	1	0	0	1
123011	射箭场	0	0	0	0	1	0	0	1
125012	击剑馆	1	0	0	0	0	0	0	1
132012	羽毛球馆	5	0	0	0	1	0	0	6
134012	棋牌室	0	0	0	0	0	0	3	3
135011	滑轮场	2	0	0	0	0	0	0	2
201012	社区健身中心	1	0	0	0	0	0	0	1

续　表

场地类型	场地类别	白杨街道/个	河庄街道/个	临江街道/个	前进街道/个	下沙街道/个	新湾街道/个	义蓬街道/个	总计/个
203011	全民健身路径	118	49	7	2	70	13	31	290
204012	健身房	5	6	0	0	4	2	5	22
205021	步行道	1	0	0	0	0	0	0	1
301011	攀岩场	3	0	0	0	0	0	0	3
401011	体育场	11	0	0	0	0	1	1	13
402012	体育馆	8	0	0	0	0	0	2	10
403012	综合馆	3	0	0	0	0	0	0	3
404012	体能训练馆	0	0	0	0	0	0	1	1
总计/个		445	117	21	13	156	37	88	877

3.在建体育设施

(1)下沙文体中心

该项目位于浙江省杭州市钱塘区学源街与海达南路交叉口,总占地面积为 62808.6 平方米,总建筑面积为 252500.6 平方米,其中地上总建筑面积为 150108.89 平方米,地下建筑面积为 102391.71 平方米。1 号楼共三层,建筑面积为 39604.19 平方米,主要有体育馆(10866 平方米)、游泳馆(5820平方米)、全民健身中心及相关配套用房(5560 平方米);2 号楼主要有图书馆、办公场所,其中图书馆面积 8000 平方米。与青少年宫(1 万平方米)及资产经营公司的两幢 24 层楼合建,已于 2019 年 6 月开工建设,当时预计 2021年底竣工。

(2)大学城北体育健身中心

该项目东临规划支路,南至秀水街,西接文淙北路,总用地面积 18137 平方米,总建筑面积 30359 平方米,其中地上建筑面积 19704 平方米,地下 10655 平方米。主体三层(一层为健身房、体测和幼儿活动区,二层为篮球和乒乓球、台球活动室,三层为羽毛球、网球活动室);局部六层(内设击剑、跆拳道、培训教室和配套用房及办公用房);副馆为攀岩馆。该项目于 2018 年 4 月开工,当时预计 2020 年底竣工。

(3)东部湾体育公园(亚运轮滑馆)

该项目位于 22 号大街以南、绕城高速公路以西、之江东路以北、东部湾总部大楼东侧支路以东。地块总用地面积 131516 平方米,其中防护绿地面积 88079 平方米,体育公园用地 43437 平方米。该项目内设有亚运会的轮滑馆和滑板两个项目,轮滑馆面积 15427.86 平方米(包含一个标准轮滑场地赛内场,2000 座观众看台和配套竞赛管理用房),建成后的轮滑馆将成为亚洲区域唯一标准轮滑比赛场馆,该项目已于 2018 年 12 月底开工,当时预计 2021 年 3 月竣工。

(4)下沙环区绿道

下沙环区绿道全长约 31.3 千米,在全线改造慢行系统设计施工时,要按照举办马拉松、自行车比赛等赛事要求,设有跑步道、散步道、骑行道等体育健身布点。同时,绿道也要将沿线的美化景观、滨河景观、观潮广场、城市阳台、文化公园与游步道的慢行功能结合在一起,打造成为新区一条高标准、高水平的集文化、运动、旅游、休闲等功能为一体的绿道慢行网络和绿色开放的共享空间。

4.体育类企业总量

截至 2019 年 6 月底,杭州钱塘新区共有体育类企业 233 家,其中下沙街道和白杨街道共有 208 家,义蓬街道、河庄街道、新湾街道、前进街道、临江街道共有 25 家。

体育类企业主要集中于体育用品销售、体育休闲健身、体育活动策划、体育文化创意、户外用品销售等方面。

5.基层体育工作

(1)基层文体团队的组建情况

2019 年,杭州钱塘新区开展两期工间操培训,培训人员达 240 余人;开展了篮球、乒乓球、气排球、体育健身舞蹈等体育项目的社会体育指导员培训,共 400 余名群体骨干参加了学习培训。通过"点面"结合,有效促进各项体育项目的开展。同时,根据浙江省杭州市体育系统培训工作要求,积极组织群体骨干参加培训,共有20余名基层工作人员参与了浙江省杭州市举办的各类培训,有力提升了群众体育队伍的服务能力。

(2)公共体育活动的参与情况

自2015年起,杭州经济技术开发区经济发展局连续3年举办公益性体育活动,即全民毅行大会和四大球赛,包括篮球、足球、羽毛球、乒乓球四个项目,活动得到群众的热烈响应,报名人数年年增加,效果显著。同时,更有体育爱好者自发自费地开展各项体育活动和人才培训交流活动,为开展群众文体工作起到了较好的补充作用。

6.体育赛事特色

(1)扩大赛事影响力

以培育品牌体育赛事为目标,2019年上半年,杭州钱塘新区与浙江省体育局共同举办2019浙江大湾区自行车公开赛,赛事以国际化、特色化和专业化的标准着力打造国际品牌赛事。此次活动共有2000多名来自各地的自行车爱好者在钱塘区同台竞技,赛事在央视5套、央视13套等媒体播出。2019年下半年,杭州钱塘新区协同中国田径协会继续共同举办杭州国际女子马拉松,吸引了来自美国、澳大利亚、日本、韩国、加拿大、印度、阿尔及利亚、意大利等22个国家及地区共计1万多名女性跑者参与,赛事以绿色、环保、女性、健康为主题,以健康、时尚、美丽、快乐作为自身的四大元素,展现女子青春风采,倡导女性健康运动,打造颜值钱塘、活力钱塘、国际钱塘新名片。赛事通过腾讯直播、小时新闻、新浪微博、今日头条、百度、虎牙体育、中国体育等21个平台进行直播,成为杭州地区又一个万人级规模的马拉松赛事,同时也借助这些品牌赛事,杭州钱塘新区的城市风光、人文景观和时代风采通过媒体得到完美地展现,提升了杭州市钱塘区的知名度和影响力。

(2)赛事丰富多彩,群众参与度高

按照贴近生活、贴近社区、贴近群众的原则,2019年杭州钱塘新区成功举办了杭州市体彩杯射箭比赛、浙江省自由式轮滑积分联赛、毅行大会、青少年跆拳道公开赛、篮球联赛、羽毛球联赛、乒乓球联赛等大型群众性体育赛事活动,共有400多支队伍20000余名居民参加,极大丰富了群众体育生活。

(四)杭州市钱塘区体育产业发展问题

1. 乡镇/街道场地分布不均衡

第四次全国经济普查体育场地统计调查数据显示,全区白杨街道的场地数量最多,有 445 个场地,占比 50.74%;其次是下沙街道,有 156 个场地,占比 17.79%。白杨街道的场地面积最多,有 898400 平方米,占比 74.79%;其次是下沙街道,有 81246 平方米,占比 6.76%,将相关数据汇总后见表 8-3。从调查汇总数据来看,白杨街道和下沙街道体育场地建设比较完善,而其他五个街道体育场地建设相对较弱,特别是义新湾街道、前进街道、临江街道三个街道的体育场地累计只有 71 个。

从调查数据可以看出,杭州市西湖区共 12 个街道,各街道体育场地数量占比基本在 4%—10% 之间,发展比较均衡。钱塘新区共 7 个街道,白杨街道体育场地数量占总数的 50.74%,面积占总数的 74.79%,而临江街道和前进街道体育场地数量各占总数的 2.39% 和 1.48%,面积各占总数的 1.42% 和 1.33%。各街道体育场地发展不均衡的情况比较突出。

表 8-3 杭州钱塘新区各乡镇/街道场地情况

街道	体育场地数量/个	占比/%	体育场地面积/平方米	占比/%
白杨街道	445	50.74	898400	74.79
河庄街道	117	13.34	80657	6.71
临江街道	21	2.39	17078	1.42
前进街道	13	1.48	15947	1.33
下沙街道	156	17.79	81246	6.76
新湾街道	37	4.22	36461	3.04
义蓬街道	88	10.03	71420	5.95
总计/个	877	—	1201209	—

2. 各类型体育场地发展不均衡,村/社区拆除体育场地未重建

从调查数据可以看出,全区 36 个场地类型中,只有全民健身路径、篮球

场、乒乓球馆的场地数量超过 100 个,有 20 种体育场地类型数量不足 10 个。各类体育场地发展不均衡。

目前杭州市钱塘区 7 个街道相关村/社区因旧村改造或者美丽乡村建设等原因拆除了所有体育场地,由于建设资金及建设规划未确定导致已拆除的体育场地尚未重新建设,这对杭州市钱塘区体育产业发展带来一定的影响。

3.财政拨款为主要建设资金来源,社会资金投入严重不足

财政拨款是场地建设资金的主要来源,公共体育经费保障单一。第四次全国经济普查体育场地统计调查主要数据显示,全区累计体育场地投资资金 37987 万元,其中财政拨款 32936 万元,占投资总额的 86.70%;单位自筹 5051 万元,占投资总额的 13.30%(见表 8-4)。目前,杭州市钱塘区公共体育设施建设经费保障方面来源过于单一。

表 8-4　杭州钱塘新区体育场地建设资金来源情况

	投资金额	其中	
		财政资金	社会资金
投资金额/万元	37987	32936	5051
占比/%	100	86.70	13.30

稳定充足且多渠道的经费来源是开展多元化的文化体育公共服务的重要前提。兴建公共场所设施、组织文体活动等各方面都需要资金的投入,依靠政府财政拨款远远不能满足文化体育建设的实际发展需要。因此,杭州市钱塘区公共体育设施建设还需要在原有经费的基础上,增加社会集资和企业赞助,吸引更多的个人和企业到杭州市钱塘区来发展繁荣公共体育事业。

4.其他系统管理单位场地占比近六成,体育系统管理单位严重不足

第四次全国经济普查体育场地统计调查主要数据显示,全区体育场地 877 个,其体育系统管理单位 1 个,占总单位数量的 0.11%;教育系统管理单位 350 个,占总单位数量的 39.91%;其他系统管理单位 526 个,占总单位数量的 59.98%(见表 8-5)。杭州钱塘新区体育系统管理单位严重不足,迫切

需要提升体育系统自有体育场地的管理服务水平。

表 8-5　杭州钱塘新区体育场地管理单位所在系统情况

街道	体育系统管理单位/个	教育系统管理单位/个	其他系统管理单位/个
白杨街道	1	238	206
河庄街道	0	25	92
临江街道	0	4	17
前进街道	0	7	6
下沙街道	0	40	116
新湾街道	0	15	22
义蓬街道	0	21	67
总计/个	1	350	526
占比/%	0.11	39.91	59.98

5.基层体育人才队伍短板

目前,体育人才队伍建设还不能适应杭州市钱塘区经济快速发展的形势,高素质复合型的体育管理人才依然缺乏。现今,杭州市钱塘区体育社会化水平不高,基层体育社会组织发展与群众日趋增长的体育需求产生矛盾。

6.体育产业发展尚处于初级阶段

目前,杭州市钱塘区尚缺乏大型体育龙头企业,体育产业经济总量尚处于较低水平,大型体育赛事的社会经济效应尚未得到发挥;尚缺乏大型体育赛事策划和运作企业,体育运动休闲产品尚未形成品牌;省级或国家级运动休闲精品线路或旅游目的地尚未打造;体育运动休闲产品制造企业及体育运动装备产品生产企业尚未形成集群。目前杭州市钱塘区体育产业发展尚处于低位运行时期,迫切需要进行大力扶持,并从资金、场馆、赛事、会展、产品、品牌等多路径着手带动杭州市钱塘区体育产业发展。

二、指导思想、实施原则和实施目标

(一)指导思想

充分挖掘和发挥杭州市钱塘区体育产业发展场馆和资源优势,推进体育、健身休闲和相关产业的深度融合,培育和壮大体育企业集群,构建杭州市钱塘区体育产业体系和品牌,把体育产业培育成杭州市钱塘区国民经济新的增长点,不断满足人民群众多层次多样化健身运动和体育休闲需求,积极实施全民健身行动,让经常参加体育锻炼成为一种生活方式,努力把杭州市钱塘区打造为展示美丽中国建设成果的重要窗口。

(二)实施原则

1.市场主导,政府扶持

充分发挥市场在资源配置中的决定性作用,加大政府扶持力度,激发社会活力和企业动力,建立和完善体育产业体系。遵循市场规律,充分发挥市场在资源配置中的决定性作用和各类企业的主体作用,同时发挥好政府在引领、规范体育产业发展方面的作用,通过政府和企业行动的结合,实现杭州市钱塘区体育产业大发展。

2.消费引领,培育主体

以满足人民群众日益增长的体育休闲需求为宗旨,培育壮大体育企业主体,加快体育的供给侧结构性改革,不断完善体育产业配套设施,提高体育产业服务水平。

3.强化特色,打造品牌

开发具有杭州市钱塘区地域文化特色和产业特点的体育赛事和体育活动产品和项目,加大体育赛事和相关活动宣传推广和市场开拓力度,打造体育产业品牌,扩大杭州市钱塘区体育产业在杭州的影响力和知名度。

4.加强监管,规范发展

加强体育产业市场管理和监督,推进体育产业服务标准化和专业化。加强国际合作和交流,学习国际先进体育产业发展理念和方法,提升我国体育产业服务的现代化、专业化和国际化水平。

5.因地制宜,突出重点

鼓励杭州市钱塘区各体育场馆、体育企业、各街道根据自身的资源和市场条件发展各具特色的体育活动。将促进群众充分参与体育活动,以及推动体育产品和相关产业的深度融合作为工作的重点;通过重点体育精品赛事、重点运动休闲项目、重点体育产业布局节点的建设,带动杭州市钱塘区体育产业发展。

(三)实施目标

1.打造杭州湾大湾区体育产业发展高地

多措并举,多方联合,培育体育产业发展和积极打造体育赛事、体育活动,实现一年有影响、两年上规模、三年创品牌的目标,形成一批精品体育赛事、特色运动休闲项目、有竞争力的体育企业和知名体育产业发展基地,打造杭州湾大湾区体育产业发展高地。

2.打造运动休闲特色鲜明的"现代化体育强区"

目前,杭州市钱塘区体育产业基础扎实,全民运动蔚然成风。融入运动休闲、文化教育、科技研发、医疗养老、生态观光等元素,打造"生态经济型运动休闲基地",建立"运动休闲迪士尼",导入"亚运、体育、健康、生活"主题,创造杭州国际运动休闲新区,努力将杭州市钱塘区打造成集"休闲运动、体育赛事、观潮冲浪、居民健身"四大功能于一体的"国际化、综合型"运动休闲特色鲜明的现代化体育强区。

3.打造六大体育产业发展板块

①亚运体育产业布局板块:以杭州东部湾总部基地亚运轮滑馆为主体的亚运体育产业布局板块。②大学城北体育中心体育产业布局板块:浙江省规模最大设施最完善的攀岩馆。③钱塘江堤杭州三江两岸国家绿道沿线体育产业布局板块:钱塘江观潮、钱塘江冲浪、内河水上运动、滨江国家绿道骑行和路跑休闲运动。④江海湿地水陆体育产业布局板块:生态知识、科普教育类生态旅游项目区域。⑤金沙湖水陆体育产业布局板块:水系游赏、动感休闲类旅游项目区域。⑥大田花海体育运动休闲板块:大面积花海观赏、大面积乡村游步道、骑行道运动休闲区域。

三、体育产业布局实施方案

(一)引领体育产业融合发展

1. 推动体育医疗融合发展

将体育产业发展核心指标纳入杭州市钱塘区城市评选体系。鼓励医院培养和引进运动康复师,开展运动促进健康指导工作,推动形成体医融合的疾病管理和健康服务模式。完善国民体质监测指标体系,将相关指标纳入居民健康体检推荐范围。为不同人群提供有针对性的运动健身方案或运动指导服务,推广科学健身,提升健身效果。加强针对老年群体的非医疗健康干预,普及健身知识,组织开展健身活动。

截至 2019 年底,杭州钱塘新区常住人口 107 万人,人口聚集度较高,尤其是下沙街道和白杨街道,共有常住人口 70 多万人。依托现有体育设施,大量构建以体质测试与监测服务、运动理疗服务、运动康复按摩服务、科学健身调理服务、科学健身指导服务,以及专科医院、中医院、民族医院和疗养院提供的运动创伤治疗、运动康复等服务,运动康复辅具适配服务,运动减控体重、运动养生保健等其他体育健康服务为主要内容的体育健康与运动康复服务产业,并充分发挥杭州市钱塘区浙江省中医院下沙院区、邵逸夫医院中医康复科室、各大街道社区中医康复科室的力量,融入中医康复技术,大力扶持与发展体育健康与运动康复服务产业。

2. 推动体育旅游融合发展

探索将体育旅游纳入杭州市钱塘区旅游发展序列,实施体育旅游精品示范工程,打造一批有影响力的体育旅游精品线路、精品赛事和示范基地,规范和引导体育旅游示范区建设,将杭州国际女子马拉松、杭州超级马拉松、浙江大湾区自行车公开赛、越野跑等体育运动项目作为杭州市钱塘区发展体育旅游的重要方向。

3. 推动体育教育融合发展

通过政府购买服务等方式,引进专业教练员、退役运动员、体育培训机构等为学校体育课外训练和竞赛提供指导。鼓励各地将体育基地、运动营地等纳入青少年研学基地。完善学校体育教学、训练和竞赛体系,支持学校与体育部门建立运动员共同培养机制。以游泳、田径等项目为试点,将教育部门主办的符合要求的赛事纳入运动员技术等级评定体系。加强普通高校高水平运动队建设,将其纳入国家竞技体育后备人才培养体系。

4. 推动体育会展融合发展

大力发展体育经纪与代理、广告与会展、表演与设计服务产业。体育经纪与代理服务包括体育经纪人服务、体育保险经纪服务、体育中介代理服务、体育票务代理服务。体育广告与会展服务包括体育广告服务、体育会展服务。体育表演与设计服务包括体育表演服务、体育设计服务。杭州市钱塘区的各大体育场馆、体育赛事的发展,离不开体育经纪与代理服务、体育广告与会展服务及体育表演与设计服务,需要大力扶持该类体育产业的发展,为杭州市钱塘区体育产业发展提供保障。

5. 推动体育制造融合发展

杭州市钱塘区作为智能制造之都,对相关企业进行调研,掌握体育用品及相关产品制造类企业的情况,大力发展体育用品及相关产品制造等体育产业。积极谋划发展智能体育产业,加强智能体育产学研合作,推动智能体育产业园区建设,积极承办相关智能体育大赛,引导产业集聚,积极谋划国家级、省级体育产业示范基地建设。

杭州市钱塘区作为服装类企业、营养保健品、食品饮料类企业及城市商贸业集聚的产业聚集地,拥有国家级杭州经济开发区(出口加工区),具有跨境贸易的优势条件,具有发展体育用品及相关产品销售、出租、贸易代理类体育产业的良好基础。

6. 构建体育产业综合体

职业体育竞赛表演活动指商业化、市场化的职业体育赛事活动的组织、宣传、训练,以及职业俱乐部和运动员的展示、交流等活动,主要包括足球、篮球、排球、棒球、乒乓球、羽毛球、拳击、马拉松、围棋、电子竞技等运动项目。目前,杭州市钱塘区职业体育竞赛活动取得一定基础,在杭州国际女子马拉松、浙江大湾区自行车公开赛等基础上,未来可以充分利用高等级体育场馆设施举办多项具有区域或全国影响力的职业体育赛事活动。依托大中型体育场馆和体育设施,积极谋划以运动健身、体育培训、体育用品销售、运动康复等体育服务为主,融合餐饮、娱乐、文化等多项活动的体育产业综合体。

(二)打造体育产业发展载体

1.建设体育服务综合体

以金沙湖、沿江绿道、江海湿地、大田花海等适合大力发展体育产业的板块,积极谋划1－2处体育特色鲜明、服务功能完善、经济效益良好的综合体项目,建设1处规划科学、特色突出、产业集聚的运动休闲特色小镇。依托大学城北体育中心、亚运速滑馆、杭州国际女子马拉松体育赛事、江海湿地及大田花海等体育发展空间培育1处运动休闲小镇。以融入运动休闲体育赛事,把杭州市钱塘区下沙沿江区块打造成为国家AAAA级旅游景区,并在杭州市钱塘区江海湿地旅游开发中大量融入体育运动休闲项目,为江海湿地旅游景区打造成国家AAAA级旅游景区注入重要元素。培育一批试验区,鼓励和引导各地在体制机制、主体培育、融合发展等方面探索实践。利用现有资源,设立杭州市钱塘区体育产业发展协同创新中心。

2.谋划体育产业示范基地

积极落实国家关于体育产业、运动休闲产业发展方面的相关规划、政策,积极打造浙江省运动休闲基地及浙江省运动休闲精品线路,并培育谋划国家体育旅游精品赛事、国家体育旅游示范基地等国家级体育产业品牌。积极谋划国家水上运动训练基地、浙江省速滑基地、浙江省攀岩基地。加强体育产业基地建设与管理,推动形成一批运转良好、带动能力强的杭州市钱塘区区级体育产业示范基地、示范单位和示范项目。贯彻落实《国家旅游局国家体育总局关于大力发展体育旅游的指导意见》(旅发〔2016〕172号)、《浙江省人民政府办公厅关于促进全民健身和体育消费推动体育产业高质量发展的实施意见》(浙政办发〔2020〕17号),引导体育产业升级。做大龙头企业,培育创新企业,认定一批体育用品制造业、体育服务业示范企业;鼓励制造企业科学布局产业链,依托主业发展体育服务业;推动旅游与体育产业融合发展,培育体育旅游精品项目。

3.培育体育产业重点项目

加快杭州市钱塘区重点体育项目建设。根据《杭州市体育设施专项规划（2019—2035）》，围绕杭州市建设国际体育名城、世界赛事之城、运动友好城市、活力休闲之都的目标，积极推进杭州市钱塘区赛事场馆建设，显著提升群众体育设施规模。一是重点建好下沙轮滑馆项目，使杭州市钱塘区真正具备国际单项体育赛事承办能力。结合亚运比赛的轮滑馆及滑板项目，将沿江体育公园打造成杭州市（乃至浙江省）唯一的极限轮滑公园，并争创建成国家级轮滑运动训练基地。二是重点建设环区绿道。该绿道全长约31.3千米，在全线改造慢行系统设计施工时，要按照举办马拉松赛、自行车赛等赛事要求，设有跑步道、散步道、骑行道等体育健身布点。同时，绿道也要将沿线的美化景观、滨河景观、观潮广场、城市阳台、文化公园与游步道的慢行功能结合在一起，打造成为新区一条高标准、高水平的集文化、运动、旅游、休闲等功能为一体的绿道慢行网络和绿色开放的共享空间。

以杭州市钱塘区体育产业大发展为统领，重点在杭州市钱塘区沿钱塘江三江两岸国家绿道、江海湿地、大学城北体育中心、亚运轮滑馆、金沙湖等区块开展女子马拉松、自行车、水上运动、户外挑战、航空运动、汽车摩托车、攀岩、电竞等体育赛事活动，加强赛事创新性、包容性，营造月月有活动、个个有亮点、处处有精彩的体育运动氛围。

在金沙湖成功举办大型龙舟赛基础上，在钱塘江、江海湿地及滨江众多河道广泛开展龙舟、皮划艇等水上运动体育活动，并充分利用城市居民休闲广场，如杭州市钱塘区围垦文化公园等公园、广场开展太极拳、武术、马术、广场舞等居民休闲健身体育活动。

在大学城北体育中心、亚运速滑馆等大型体育场馆配套建设游客中心、旅游厕所、停车场等旅游公共服务设施和周边配套运动商业设施，整体打造亚运速滑体育小镇。

建设杭州市钱塘区三江两岸国家绿道。在目前高标准的钱塘江三江两岸国家绿道杭州市钱塘区段基础上，连同杭州市钱塘区钱塘江东岸及南沙大堤等推进符合标准的休闲绿道、自行车赛道、水上运动船艇码头等设施建设。充分利用杭州市钱塘区所在地杭州电子科技大学、浙江理工大学、中国计量大学、浙江传媒学院等大学场馆优势打造电竞场馆。充分利用杭州市钱塘区江海湿地、大田花海等江河湖海及田园广阔空间推进汽车自驾运动营地、航空飞行营地、户外运动公园等体育设施建设。

继续推进全民健身设施建设。探索"百姓健身房"建设工作,努力满足居民就近健身的实际需求;加强杭州市钱塘区建设部门、街道社区的合作,结合城市有机更新和钱塘江绿道建设,试点"嵌入式"建设体育场地,"插花式"安装体育健身设施,推进体育健身设施进公园、进绿地,打造"点线结合"交互一体的钱塘江沿江生态体育公园,不断拓展体育运动空间。

培育能胜任杭州市钱塘区体育赛事招徕、推广事务的体育旅行社、体育俱乐部等优秀体育产业发展组织,培育体育场馆、体育赛事等相关体育事业与企业的企业家、管理者、服务员、教练员、研究者等优秀体育事业和产业工作者。

4.大力推进全民健身工作

(1)法律宣传

紧紧把握全民健身上升为国家战略的机遇,继续加大对《体育法》《全民健身条例》的宣传、贯彻和落实力度,要把全民健身工作作为当前改善民生的一项重要任务,依法保障人民群众参与体育健身活动的基本权益,提高全民健身的参与度,不断提高人民群众科学健身素养,形成崇尚体育健身的社会风尚。

(2)活动开展

要坚持需求导向和问题意识,建立群众体育活动联赛机制,充分发挥社会指导员的作用,组织好全民健身日、工间操推广、体育活动进基层等活动,举办好新区乒乓球联赛、羽毛球比赛、篮球联赛、毅行等形式多样的全民健身系列活动,丰富居民的业余文体生活。

(3)品牌赛事培育

通过发挥开发区地域优势、人才队伍优势,集中社会力量办赛事,举办好杭州国际女子马拉松赛、浙江大湾区自行车赛等有影响力的体育品牌赛事,通过品牌体育赛事的举办,提升杭州市钱塘区域知名度和营商环境。

5.建设体育健身设施

在杭州市钱塘区市(区)级公共服务设施中配置体育健身休闲设施,主要布局在下沙大学城北体育中心、下沙东部湾总部亚运轮滑馆、金沙湖水上运动中心、钱塘江沿线生态体育公园、沿钱塘江两岸绿道等。

在街道级公共服务设施中配置体育健身休闲设施,和行政管理分级相衔接,包括杭州市钱塘区 7 个街道、各大社区卫生服务中心、居住区养老院、高教园区中的大学、中小学等配置或提升体育健身休闲设施。

社区级设施包括居住小区级、基层社区配套设施,如幼儿园、社区医疗服务站、文化活动站、居住小区体育设施、小区商业设施、托老所等设施。

在河庄街道、义蓬街道、新湾街道、前进街道和临江街道 5 个街道范围内各规划 1 处文化体育场馆(中心)。

加强各类体育健身休闲资源共建共享。针对不同人群建设不同类型的设施,按照"儿童益智类＋活动场地、青壮年球类＋力量健身、中老年棋类＋活动健身"的要求,一是在新建小区同步规划建设健身场所和体育设施,在老旧小区合理增设体育设施。二是在现已建成的绿地、休闲场所规划建设篮球、羽毛球等适当健身场所设施,以健身路径项目建设为主,使休闲和健身能够有机结合。三是结合城管绿化用地建设健身路径,重点用好下沙路、德胜路等又长又宽的绿化带,合理布设健身步道。

(三)丰富体育产业产品供给

1.提升体育服务业比重

大力培育健身休闲、竞赛表演、场馆服务、体育经纪、体育培训等服务业态,创新商业模式,延伸产业链条。当时预计力争到 2022 年,杭州市钱塘区体育服务业增加值占体育产业增加值的比重达到 60％。加强体育服务业质量监测。

2.支持体育制造业发展

对杭州市钱塘区工业企业进行调研,遴选相关企业推动智能制造、大数据、人工智能等新兴技术在杭州市钱塘区体育制造领域的应用。鼓励杭州市钱塘区相关体育企业与高校、科研院所联合创建体育用品研发制造中心。

3.推动体育赛事职业化

支持校际体育赛事发展,探索商业化运营模式。发展体育经纪人队伍,挖掘体育明星市场价值。

4.大力发展"互联网＋体育"

推动电子商务平台提供体育消费服务。支持以冰雪、足球、篮球、赛车等运动项目为主体内容的智能体育赛事发展。

5.打造体育产业集聚区

在沿钱塘江堤、江海湿地、金沙湖、大田花海、东湖等板块重点发展体育产业,培育一批具有较大影响力的体育运动赛事、体育运动乡镇(社区)。

6.促进特色体育产业发展

以资源为依托,引导徒步、自行车、马拉松、冲浪、攀岩、速滑、水上运动、汽车摩托车、航空等运动项目产业合理布局。制定杭州市钱塘区体育产业发展规划,加强相关体育及运动休闲基础设施建设,鼓励各大体育场馆、体育设施及各街道、社区开发一批以攀岩、速滑、马拉松、水上运动、自行车、皮划艇、滑翔伞、汽车越野等为代表的户外运动项目。

7.提升设施管理服务水平

按照人口发展和分布,坚持均衡配置、规模适当、功能优先、经济适用、节能环保的原则,合理规划建设各级各类体育设施,并做好设施的维护保养工作,提高资源的利用率。村(社区)加快整合资源,完成体育休闲公园、健身广场等多功能场地建设。

8.保障特殊群体体育权益

积极开展面向残疾人、外来务工人员、孤寡老人等群体参与公益性体育培训、文体活动等服务。公共体育场所为残疾人提供无障碍设施;将外来务工人员纳入常住地公共体育服务体系。以街道、村(社区)、企业为实施主体,满足各类特殊群体的基本体育需求。

(四)推动体育健身产业发展

1.完善健身休闲服务体系

(1)普及日常健身,发展居民日常健身休闲体育产业

推广适合公众广泛参与的健身休闲项目,加快发展足球、篮球、排球、乒乓球、羽毛球、网球、游泳、徒步、路跑、骑行、棋牌、台球、钓鱼、体育舞蹈、广场舞等普及性广、关注度高、市场空间大的运动项目,保障公共服务供给,引导多方参与。充分利用杭州市钱塘区内 14 所高校及 70 多所中小学、大中型

企业内部体育场馆和体育设施及城市公共体育场馆和体育设施,大力开展足球、篮球、排球、乒乓球、羽毛球、徒步、骑行、路跑、钓鱼等日常体育健身活动。

(2)培养杭州市钱塘区城乡居民终身运动习惯

实施全民健身行动,努力打造百姓身边的健身组织和"15分钟健身圈"。培养健身技能,增加体育消费黏性,激活健身培训市场。在政策指导下,探索实行学生运动技能标准达标评定制度,帮助每名学生熟练掌握至少1项终身受益的运动技能。广泛开展杭州市钱塘区各大高校、中小学学校体育联赛。

(3)充分利用丰富的江河湖海和湿地资源,大力发展水上运动健身休闲体育产业

大力推进钱塘江、江海湿地、内河湖泊等水力资源的水上运动体育项目及活动的开展,推动钱塘江、江海湿地、内河、金沙湖、东湖等水域公共船艇码头建设和俱乐部发展,积极发展冲浪、帆船、赛艇、皮划艇、摩托艇、潜水、滑水、漂流等水上健身休闲项目,依托沿江景观带谋划发展江钓、海钓休闲项目,实施水上运动精品赛事提升计划,依托水域资源,推动形成钱塘江和江海湿地水上运动产业集聚区。

(4)充分利用户外体育设施,大力发展户外运动休闲体育产业

制定杭州市钱塘区健身休闲重点运动项目目录,重点依托大学城北体育中心攀岩馆、东部湾总部基地亚运轮滑馆、沿钱塘江三江两岸国家绿道、江海湿地绿道、骑行道等资源,重点发展以户外运动为重点,研究制定杭州市钱塘区户外运动产业发展规划,支持具有消费引领性的健身休闲项目发展。

(5)推动杭州市钱塘区自驾车营地、露营地等体育健身休闲产业的发展

充分利用沿钱塘江三江两岸国家绿道、健身游步道、江海湿地和大田花海绿道等资源,大力发展汽车摩托车运动,推动汽车露营营地和中小型赛车场建设,利用自然人文特色资源,举办拉力赛、越野赛、集结赛等赛事,组织家庭露营、青少年营地、主题自驾等活动,不断完善赛事活动组织体系,打造环钱塘江两岸、环下沙城、环江海湿地的自驾路线和营地网络,推动杭州市钱塘区自驾车营地、露营地等体育健身休闲产业的发展。

（6）充分利用江海湿地、大田花海、钱塘江滨江开阔地带,大力发展航空运动休闲体育产

整合航空资源,深化管理改革,合理布局杭州市钱塘区江海湿地、大田花海航空体育飞行圈,推动建设国家级低空航空飞行营地和俱乐部发展,推广运动飞机、热气球、滑翔、飞机跳伞、轻小型无人驾驶航空器、航空模型等航空运动项目,构建以大众消费为核心的航空体育产品和服务供给体系。

2.促进"互联网＋健身休闲"

鼓励开发以移动互联网、大数据、云计算技术为支撑的健身休闲服务,推动传统健身休闲企业由销售导向向服务导向转变,提升场馆预定、健身指导、运动分析、体质监测、交流互动、赛事参与等综合服务水平。积极推动健身休闲在线平台企业发展壮大,整合上下游企业资源,形成健身休闲产业新生态圈。

3.加强健身休闲设施建设

（1）完善杭州市钱塘区健身休闲基础设施网络

目前,下沙街道和白杨街道体育健身休闲基础设施网络较为健全,义蓬街道、河庄街道、临江街道、新湾街道、前进街道等较为落后。严格执行城市居住区规划设计等标准规范有关配套建设健身设施的要求,并实现同步设计、同步施工、同步投入,在各街道科学合理规划布局健身休闲基础设施网络,把各街道体育场馆、南沙大堤、钱塘江东岸大堤、江海湿地各大堤坝、大田花海道路系统等打造为骑行道、跑道、自驾车绿道等。科学规划健身休闲项目的空间布局,适当增加健身休闲设施用地和配套设施配建比例,充分合理利用公园绿地、城市空置场所、建筑物屋顶、地下室等区域,重点建设一批便民利民的社区健身休闲设施,形成15分钟城市健身圈。在金沙湖、东沙湖大力打造环湖健身圈,各大社区打造社区健身休闲设施。充分利用现有健身休闲设施,进一步和杭州市钱塘区14所高校协作,开放高校健身休闲设施,为当地居民提供丰富的健身休闲场所。

（2）盘活用好现有体育场馆资源

加快推进企事业单位等体育设施向社会开放,扎实做好公共体育资源向社会开放工作。全面推进中小学校、机关等文化体育资源全方位向社会

开放,完善经费补助、设施责任保险等制度,确保开放率保持在90％以上。积极引导集聚区企业、部队参与体育资源向社会开放工作,进一步推进公益性场馆面向群众免费或低收费开放工作。推动有条件的学校体育场馆设施在课后和节假日对本校学生和公众有序开放。通过公共体育设施免费或合理收费开放等措施满足基本健身需求。通过管办分离、公建民营等模式,推行市场化商业运作,满足多层次健身消费需求。各类健身休闲场所的水、电、气、热价格按不高于一般工业标准执行。落实体育场馆房产税和城镇土地使用税优惠政策。截至2019年底,杭州钱塘新区内34所中小学校室外体育场地向社会居民实施免费开放,实现区内有条件开放的学校场地设施向社会开放率达到100％。目前相关部门正逐步加强与杭州市钱塘区内各企业、高校的工作对接,切实推进高校体育资源区校合作共享事宜。

(3)加强特色健身休闲设施建设

结合智慧城市、绿色出行,规划建设城市步行和自行车交通体系。充分挖掘水、陆、空资源,研究打造国家步道系统和自行车路网,重点建设一批滨江滨海滨湖户外营地、徒步骑行服务站、自驾车房车营地、钱塘江和内河湖运动船艇码头、航空飞行营地等健身休闲设施。鼓励和引导特色小镇、旅游景区等根据自身特点,建设特色健身休闲设施。

4.完善公共体育服务建设

(1)抓好区级场馆建设

着力抓好区重大体育场馆项目建设。当时计划加强与杭州亚运会组委会的对接联系,全力完成下沙亚运轮滑馆年度建设工作。继续推进大学城北体育健身场馆、下沙文体中心的建设工作按期有序、保质保量地完成。

(2)抓好基层阵地建设

根据健康浙江考核办法,对新建居住区和社区要按室内人均建筑面积不低于0.1平方米或室外人均用地不低于0.3平方米的要求,指导街道、村(社区)做好全民健身工程的提升工作。

（3）抓好资源共享合作

深入实施中小学校体育场地设施向社会开放工作，实现区内有条件开放的中小学校场地设施向社会开放率达到100％。加大与高校合作，探索与浙江育英职业技术学院、杭州职业技术学院等高校体育设施资源的共享模式，力争将区内各体育资源向居民开放，弥补体育设施不足的缺陷。

（五）促进体育旅游融合发展

1.着力发展健身休闲旅游

依托杭州市钱塘区的优势体育资源，重点发展滨江慢行、女子马拉松、水上运动、自行车、航空运动、轮滑、攀岩等体育项目，并积极发展观赛旅游。鼓励积极承接或承办体育赛事和体育活动，形成具有杭州市钱塘区特色的体育运动旅游景区或运动休闲区。

2.强化体育赛事旅游效应

在现有杭州国际女子马拉松、浙江自行车公开赛等赛事基础上支持在各大体育场馆、体育设施、各街道和社区举办各类体育赛事，丰富赛事活动供给，打造赛事活动品牌，促进体育赛事与旅游活动紧密结合。支持各地引进和承办具有较大影响力的国家级和国际级的体育比赛，同时积极发展足球、篮球、乒乓球、羽毛球等市场化程度高的职业类体育赛事，以及马拉松、自行车、山地户外等市场基础好的群众性体育赛事活动，将赛事活动打造成杭州市钱塘区的特色体育旅游节庆活动。

3.培育体育旅游市场主体

鼓励有条件的企业利用场地设施、专业人才开展体育旅游业务。在合法合规的前提下，引导各类体育俱乐部规范、有序地组织各类体育旅游活动。引导旅游企业推广体育赛事旅游，鼓励旅行社结合国内外体育赛事活动开发体育旅游特色产品和精品线路。加快"引进来和走出去"的步伐，吸引一批具有较高知名度和市场竞争力的体育旅游知名企业落户杭州市钱塘区。推进相关企业集团化经营，实现体育旅游企业规模化、集团化、网络化发展。在合法合规的前提下，鼓励成立单项体育产业组织和团体，引导各类体育俱乐部规范、有序、健康发展，培育一批具有较高知名度和市场竞争力的体育企业与知名品牌。加强体育行业协会建设，搭建政府与体育企业沟通渠道。

4.鼓励社会资源支持参与

积极推动各类体育场馆设施、运动训练基地提供体育旅游服务。大力提升体育场馆的设施水平和服务水平,特别是完善厕所设施设备和提升日常管理水平,推出适合旅游者的服务项目。在此基础上,适时推出杭州市钱塘区体育旅游场馆和项目的推荐目录。积极推动在杭州市钱塘区沿江旅游景观带、江海湿地旅游景区、金沙湖旅游景区、大田花海旅游景区等板块完善户外体育运动的设施设备和安全保障工作。鼓励相关企业在观潮期间举办冲浪等极限运动项目,结合钱塘江观潮旅游活动提升杭州市钱塘区体育运动休闲旅游知名度。

5.加大体育旅游推介力度

积极利用现有的各种宣传资源和渠道支持各地各企业加强对杭州市钱塘区体育旅游资源、活动、赛事等的宣传。借助杭州市钱塘区现有的节庆活动,整合体育和旅游相关单位,联合开发体育旅游客源市场,推动体育与旅游相互联动。鼓励和支持各街道、社区、院校、企事业单位与体育主管部门联合举办主题赛事和专题活动,并逐步培育杭州市钱塘区体育赛事活动的品牌。

6.探索体育旅游发展模式

加强国内外交流与合作,开展体育旅游的专项研究课题研究,为体育旅游发展搭建学术和经验交流平台。通过调研,编写发布《杭州市钱塘区体旅融合发展报告》,推广体育旅游融合发展理念,积极探索并推行符合杭州市钱塘区特色的体育旅游发展模式,把体旅发展与体旅建设、体旅产业发展项目有机结合。

(六)引导体育健身消费理念

1.完善健身休闲消费政策

鼓励健身休闲企业与金融机构合作,试点发行杭州市钱塘区健身休闲联名银行卡,实施特惠商户折扣。支持创新健身休闲消费引导机制。引导保险公司根据健身休闲运动特点和不同年龄段人群身体状况,开发场地责任保险、运动人身意外伤害保险等险种。积极推动青少年参加体育活动相关责任保险险种发展。

2.引导健身休闲消费理念

加大宣传力度,普及科学健身知识。鼓励制作和播出国产健身休闲类节目,支持形式多样的体育题材文艺创作。鼓励发展多媒体广播电视、网络广播电视、手机应用程序等体育传媒新业态,促使消费者利用各类社交平台互动交流,提升消费体验。

3.鼓励本地居民体育消费

采取灵活多样的市场化手段促进体育消费,丰富群众性体育赛事活动,优化参赛体验。推动公共体育场馆延长开放时间,鼓励开发健身产品、提供体育培训服务。

4.开展促进体育消费试点

以体育产业规划、城市体育用地供给、社区体育设施配套、经常参加体育锻炼人数等为条件,确定一批体育消费试点场馆(企业),并创建体育消费试点区。

5.激发体育消费行为

打造体育消费新业态,编制体育服务综合体建设指南,鼓励开发1—2个体育服务综合体示范项目,根据建设规模、投入资金等,可给予一定奖励。培育体育消费新模式,鼓励开展线上线下相结合的健身休闲、竞赛表演活动。

(七)坚持"体教结合"一体发展

1.深化"体教结合"工作

加大对杭州市钱塘区现有市队区办项目的管理力度和扶持力度,针对各学校开展体育活动的状况,积极与市体育局、教育局沟通。杭州市钱塘区市队联办项目有5个:下沙中学射箭项目、景苑中学攀岩项目、萧山区第九中学射箭项目、文海中学自行车项目和女篮项目。体教结合点有5个:学正小学的田径项目、学正中学的田径项目、杭州市基础教育研究室附小的网球项目、义蓬初中田径项目、义蓬小学定田径项目。积极推动启源中学与体校合作交流,深化体教融合工作,完善体教结合体制机制,促进杭州市钱塘区市队区办体育项目在杭州市钱塘区持续开展。

2.推动阳光体育发展

严格落实阳光体育,以传统体育项目为抓手,举办杭州市钱塘区青少年足球联赛、篮球联赛、气排球联赛等活动。同时,在完成区运动员注册工作的基础上,持续组队参加杭州市青少年阳光体育田径、篮球、排球、足球、空手道、羽毛球、射箭等项目的比赛,通过以赛代训来提升区体育团队整体水平。此外,在承办浙江省青少年射箭冠军赛、浙江省青少年排球锦标赛、浙江省青少年攀岩锦标赛等省级赛事基础上继续承办此类体育赛事,促进杭州市钱塘区青少年体育与浙江省高水平运动队之间的学习和交流。

3.探索体育政策扶持

加大对体育学校的政策扶持力度,调动教练、家长、学生参与竞技体育的积极性。在学校广泛开展阳光体育运动,保证学生的体育课时间,扩大体育苗子的选拔面,加强对中小学生中体育特长"苗子"培养工作。

4.完善骨干队伍建设

开展群众体育骨干各体育项目培训工作,举办好三级社会体育指导员培训活动,做好群众喜欢的排球、篮球、羽毛球、乒乓球、广播操等体育项目培训活动,通过各体育项目的培训,不断提升基层体育骨干的业务能力。

5.规范体育社团建设

规范各体育社团工作的开展,引导各体育协会开展丰富多彩的体育活动,对条件成熟的体育项目,引导成立杭州市钱塘区专项体育协会,满足居民体育活动选择的多样性。

(八)加大体育产业宣传力度

1.统一宣传形象

设计体育产业宣传形象,包括是体育赛事、体育旅游标识系统、宣传口号,制作形象宣传片,并将其作为杭州市钱塘区相关体育赛事、体育活动活动共同使用的形象品牌。

2.推进赛事宣传

广泛开展杭州市钱塘区体育赛事、体育活动及体育旅游方面的宣传工作,与各类电视、报刊等媒体合作,按照不同主题,宣传杭州市钱塘区体育赛事、体育活动及体育旅游。开设杭州市钱塘区体育微信公众号及微博号,加大移动互联网的宣传力度。

3.联合对外宣传

将体育赛事、体育活动及体育旅游作为杭州市钱塘区对外宣传的重要内容之一,绘制杭州市钱塘区体育产业(体育场馆等体育设施)地图。

四、体育产业布局保障体系

(一)管理体制机制保障

1.健全体育产业高质量发展工作机制

(1)建立多部门合作的体育产业、体育赛事和健身休闲产业发展工作协调机制

及时分析体育产业、体育赛事和健身休闲产业发展情况,解决存在的问题,落实惠及体育产业、体育赛事和健身休闲产业的文化、旅游等相关政策。各地要把发展体育产业、体育赛事和健身休闲产业纳入国民经济和社会发展规划,积极开展编制杭州市钱塘区体育产业、体育赛事和健身休闲发展方面的专项规划工作。杭州市钱塘区体育科室和各街道、社区体育相关科室要加强职能建设,充实体育产业工作力量,推动体育产业和体育赛事、健身休闲产业发展。

(2)建立公共体育服务体系协调机制

制定杭州市钱塘区公共文化体育服务体系的实施方案,明确党委领导、政府管理、部门协同、权责明确、统筹推进的公共文化体育服务体系建设协调组,协调党群工作部(工会、妇工委)、街道、公安、消防等部门开展文体工作,充分发挥各部门职能和资源优势,加强统筹、整体设计、协调推进。

(3)建立公共文化体育政企合作共建机制

企业文化资源与地方文化资源的优势转化和相互融合是建立政府与企业文化体育合作共建共赢机制的关键。尝试在大型企业内推进"文化驿站"建设,充分利用送文化送服务、区域性群众文体活动加强杭州市钱塘区社会发展局与各大型企业间的文化交流和合作。

(4)完善政府购买服务的长效机制

鼓励社会力量参与公共体育事业建设,加强政府和社会资本合作共建

模式,通过支持社会力量兴办体育产业实体、资助体育产业项目、赞助体育赛事活动、提供体育产品和服务等方式,完善公共体育服务体系建设。

(5)建立群众体育需求反馈机制

推动实现公共体育惠民项目与群众需求相对接,完善体育惠民平台,制定杭州市钱塘区公共体育服务目录,开展"菜单式""订单式"服务,建立群众反馈机制,及时准确掌握群众需求。充分实现公共体育服务标准化、均等化、社会化,健全和完善公共体育服务标准体系和政策体系。

2.构建体育产业运营发展平台机制

鼓励将赛事活动承办权、场馆运营权等通过产权交易平台公开交易。由杭州市钱塘区主办的体育赛事活动资源、培训项目等,符合条件的都要通过公开方式交由市场主体承办。鼓励将赛事活动承办权、场馆运营权等通过产权交易平台公开交易。

鼓励推进公共体育场馆"改造功能、改革机制"工程。政府投资新建体育场馆应委托第三方企业运营,不宜单独设立事业单位管理。支持职业体育俱乐部主场场馆优先改革。

围绕可利用的江海湖河及江海湿地、大田花海、钱塘江江海堤坝等自然资源,综合考虑生态、防洪、防潮、湿地保护等因素,申办相关体育运动赛事。

3.完善体育赛事管理服务机制

制定杭州市钱塘区现有体育赛事活动办赛指南、参赛指南,明确举办赛事的基本条件和各相关主管部门的责任。建立跨部门的体育赛事活动综合服务机制或例会制度。简化体育赛事活动安全许可预受理程序,与浙江省相关部门加强沟通协作,为区级及各街道、社区、企事业单位举办赛事活动提供便利。改进商业性体育赛事活动的安全管理措施。

加大体育产业和体育赛事活动知识产权保护力度。推动杭州国际女子马拉松、浙江大湾区自行车赛事等体育赛事转播权市场化运营。建立体育无形资产评估标准,完善评估制度。支持杭州市钱塘区各大体育场馆或体育设施采用冠名、赞助、特许经营等方式开发其无形资产。

4.完善体育产业标准和统计制度

(1)遵循《体育产业统计分类(2019)》,形成体育产业统计体系,测算体

育产业市场规模

建立体育产业数据观测点,组织相关研究力量,定点开展体育产业数据研究;结合数据统计,发布杭州市钱塘区年度体育产业发展报告。

(2)完善标准和统计制度

全面推动体育产业、体育赛事、健身休闲标准体系建设,制定体育产业、体育赛事、健身休闲服务规范和质量标准,在服务提供、技能培训、活动管理、设施建设、器材装备制造等各方面提高健身休闲产业标准化水平。引导和鼓励企业积极参与行业和国家标准制定。以国家体育产业统计分类为基础,完善体育产业、体育赛事、健身休闲产业统计制度和指标体系,建立体育产业、体育赛事、健身休闲产业监测机制。

(二)完善资金投入机制

1.完善投入机制

设立由社会资本筹资的体育产业投资基金,引导社会力量参与健身休闲产业。鼓励社会资本以市场化方式设立健身休闲产业发展投资基金。推动开展政府和社会资本合作示范,符合条件的项目可申请政府和社会资本合作融资支持基金。进一步健全政府购买公共体育服务的体制机制。运用彩票公益金对健身休闲相关项目给予必要资助。鼓励地方通过体育产业引导资金等渠道对健身休闲产业予以必要支持。

2.加大金融支持力度

鼓励金融机构开展体育企业应收账款、知识产权等质押贷款创新工作。引导政府性融资担保机构将杭州市钱塘区体育企业纳入支持范围。与相关保险公司合作,鼓励保险机构在杭州市钱塘区各大体育场馆、体育设施和体育赛事活动中积极开发相关体育运动保险产品。

3.落实已有税费政策

体育企业符合现行政策规定条件的,可享受研究开发费用税前加计扣除、小微企业财税优惠等政策。体育场馆自用的房产和土地,可按规定享受有关房产税和城镇土地使用税优惠。鼓励通过谈判协商、参与市场化交易等方式,确定体育场馆及健身休闲设施使用电气热的价格。

4. 设立体育产业发展基金

建设动态的杭州市钱塘区体育产业发展重大项目库,对重点项目给予政策支持。鼓励和支持各街道、社区、科技园区、大型企业举办体育赛事,鼓励社会力量设立杭州市钱塘区体育产业发展基金。

(三)增加土地要素供给

1. 优化体育产业供地

杭州市钱塘区在编制国土空间规划时要统筹考虑体育用地布局,在安排年度土地利用计划时,加大对体育产业新增建设用地的支持力度。利用以划拨方式取得的存量房产、土地兴办体育产业,符合《划拨用地目录》的可按划拨方式办理用地手续,不符合《划拨用地目录》的可采取协议出让方式办理。鼓励各地探索利用集体建设用地、符合条件土地发展体育产业。

2. 优化健身休闲土地利用政策

积极引导健身休闲产业用地控制规模、科学选址,并将相关用地纳入地方各级土地利用总体规划中。对符合土地利用总体规划、城乡规划、环保规划等相关规划的重大健身休闲项目,要本着应保尽保的原则及时安排新增建设用地计划指标。对使用荒山、荒地、荒滩及石漠化、荒滩湿地土地建设的健身休闲项目,优先安排新增建设用地计划指标,出让底价可按不低于土地取得成本、土地前期开发成本和按规定应收取相关费用之和的原则确定。在土地利用总体规划确定的城市和村庄、集镇建设用地范围外布局的重大健身休闲项目,可按照单独选址项目安排用地。利用现有健身休闲设施用地、房产增设住宿、餐饮、娱乐等商业服务设施的,经批准可以协议方式办理用地手续。鼓励以长期租赁、先租后让、租让结合方式供应健身休闲项目建设用地。支持农村集体经济组织自办或以土地使用权入股、联营等方式参与健身休闲项目开发。

3. 因地制宜建设体育设施

杭州市钱塘区作为工业发达的新区,各大工业企业转型升级后留下一些老厂房等资源。鼓励各类市场主体利用工业厂房、商业用房、仓储用房等既有建筑及屋顶、地下室等空间建设改造成体育设施,并允许按照体育设施设计要求,依法依规调整使用功能、租赁期限、车位配比及消防等土地、规划、设计、建设要求,实行在 5 年内继续按原用途和土地权利类型使用土地的过渡期政策。合理利用公园绿地、市政用地等建设足球场、篮球场、排球场等体育场地,鼓励社会资本参与投资建设并依法按约定享受相应权益。已交付的体育设施由体育部门履行监管职责,确保落实体育用途。

(四)组建体育产业人才智库

1.组建体育产业联盟

建立涵盖体育俱乐部、体育场馆设施、体育赛事组织部门、体育旅行社、景点景区等体育市场主体的社会团体组织,并以此为基础,以大力促进体育产业大发展为重点,组建杭州市钱塘区体育产业联盟。

2.组建体育产业发展智库

充分发挥杭州市钱塘区各大体育场馆、体育设施、体育企业及各大院校中的体育专业人员优势,组建杭州市钱塘区体育产业发展智库,构建体育产业人才库,设置杭州市钱塘区体育产业发展研究院,发布体育产业发展课题,为体育产业发展提供人才培训,并为杭州市钱塘区体育产业发展提供坚实的人力资源和智力支撑。

3.鼓励校企合作

加强对从业人员的职业培训力度,提高健身休闲场所、体育场馆和体育设施、体育赛事组织工作人员的服务水平和专业技能。完善体育人才培养开发、流动配置、激励保障等机制,支持专业教练员投身体育产业、体育赛事和健身休闲产业。加强社会体育指导员队伍建设,充分发挥其对群众参与健身休闲的服务和引领作用。加强健身休闲、体育产业和体育赛事人才培育的国际交流与合作。

4.强化基层队伍建设

进一步完善选人用人机制,完善基层公共体育服务人才激励和保障机制,着力培养一批具有现代创新意识、专业思维意识、廉政法治意识的管理团队和服务团队。加强对村(社区)体育队伍的管理,推进基层社会体育指导员培训,坚持培训上岗制度,全面提高从业人员素质。推广文体志愿者队伍,坚持志愿服务与政府服务、市场服务相衔接,构建参与广泛、内容丰富、形式多样的体育志愿服务体系。

第九章　杭州市钱塘区美丽乡村精品游线规划理论与实践

一、规划背景

(一)全国范围内美丽乡村建设政策历程

在 2005 年党的十六届五中全会上,党中央提出建设社会主义新农村的重大历史任务,明确了"生产发展、生活宽裕、乡风文明、村容整洁、管理民主"的整体目标。

在 2007 年党的十七大会议上,进一步深化"统筹城乡发展,推进社会主义新农村建设"相关要求。

国家在 2008 年正式推出"中国美丽乡村"计划,制定了《建设"中国美丽乡村"行动纲要》,明确要利用 10 年左右时间,打造中国最美丽乡村。

党的十八大将生态文明建设纳入总体布局。

2013 年,中央一号文件《中共中央　国务院关于加快发展现代农业　进一步增强农村发展活动的若干意见》首次对美丽乡村进行了全方位的定义和部署:保留农村的生活气息,完善基础设施,加强公共服务,在不破坏原有建设的基础上翻新,加快道路建设,吸取优秀的传统文化,进行广泛传播,丰富农民的精神文化。

2015 年 6 月 1 日,《美丽乡村建设指南》(GB/T32000—2015)》国家标准正式实施。

2019 年,国家市场监督管理总局、国家标准化管理委员会发布《美丽乡村建设评价国家标准》(GB/T 37072—2018)。

2021 年,中央一号文件《中共中央　国务院关于全面推动乡村振兴加快农业农村现代化的意见》提出强化基础设施建设,着力打造美丽乡村。

经过 10 余年发展,在党中央和全社会的重视下,美丽乡村建设逐步步入正轨,内涵得到新的提升,建设水平得到进一步提高,前景也更加开阔。

(二)浙江省美丽乡村建设历程

浙江省作为全国城乡差异最小的省份,作为实现“共同富裕”标杆省份,美丽乡村建设起步早发展快,取得巨大成果。

2003 年至 2007 年,浙江省共投入村庄整治建设资金 707.36 亿元,5 年累计已完成省市级“全面小康建设示范村”1181 个、环境整治村 10303 个,村庄整治率达到 35.39%。一大批传统村落改造成为文明和谐、生活舒适的农村新社区,超额完成了“千村示范、万村整治”工程的 5 年阶段性目标任务。

2008 年,浙江省安吉县正式提出“中国美丽乡村”计划,出台《建设“中国美丽乡村”行动纲领》,提出用 10 年左右时间,把安吉县打造成为中国最美乡村。

2010 年 12 月 31 日,中共浙江省委办公厅、浙江省人民政府办公厅印发《浙江省美丽乡村建设行动计划(2011—2015 年)》的通知,主要任务是根据浙江省委提出的“四个美”的总体要求,开展 4 个行动计划,即按照“规划科学布局美”要求开展生态人居建设行动,按照“村容整洁环境美”要求开展生态环境提升行动,按照“创业增收生活美”要求开展生态经济推进行动,按照“乡风文明素质美”要求开展生态文化培育行动。

2014 年,浙江省进一步发布了《美丽乡村建设规范》,这是全国第一个美丽乡村建设的省级地方标准,对推动浙江省美丽乡村建设标准化和制定《美丽乡村建设指南》国家标准,都起到了重要的促进作用。

2016 年,浙江省委、省政府印发《浙江省深化美丽乡村建设行动计划(2016—2020 年)》,对浙江省美丽乡村建设提出具体要求、基本原则及工作举措,为维护浙江省千万农民的切身利益和加快美丽乡村升级版建设进程及促进农村经济发展重大改革提供指导。

2017 年 6 月,中国共产党浙江省第十四次代会大会提出“大力发展全域旅游,积极培育旅游风情小镇,推进万村景区化建设,提升发展乡村旅游、民宿经济,全面建成‘诗画浙江’中国最佳旅游目的地”的目标,这是践行“绿水青山就是金山银山”理念,实施乡村振兴战略的创新实践。

2018 年,比照党的十九大报告擘画的乡村振兴新坐标,浙江省持之以恒贯彻"绿水青山就是金山银山"理念,印发了《全面实施乡村振兴战略高水平推进农业农村现代化行动计划(2018—2022 年)》《浙江省乡村振兴战略规划(2018—2022 年)》等文件,从阶段目标到重点任务到政策供给,立起了浙江省推进乡村振兴的"四梁八柱"。

2019 年,浙江省委办公厅、浙江省人民政府办公厅发布《关于深化"千村示范、万村整治"工程高水平建设新时代美丽乡村的实施意见》,同时出台《浙江省新时代美丽乡村认定办法(试行)》。

2019 年,浙江省农业农村厅和浙江省市场监督管理局共同组织、浙江省标准化研究院为主起草的《新时代美丽乡村建设规范》省级地方标准正式发布,并于 2019 年 8 月 9 日起在全省实施,这标志着浙江省的美丽乡村建设正式迎来新标准。

截至 2020 年底,浙江省文化和旅游厅公布了三批浙江省 AAA 级景区村庄名单(2017—2020),其中包括:2020 年全省 AAA 级景区村庄名单(合计 419 个),2019 年全省 AAA 级景区村庄名单(合计 412 个),2018 年全省 AAA 级景区村庄名单(合计 481 个),首批浙江省 AAA 级景区村庄名单。

目前杭州市钱塘区大江东 14 个乡村已完成美丽乡村建设,五个街道中的四个街道创建成为浙江省美丽城镇样板镇。

二、乡村旅游资源基础分析

(一)乡村旅游资源分类与评价

参照《旅游资源分类、调查与评价》(GB/T 18972—2017)旅游资源评价等级标准及评价指标,对杭州市钱塘区乡村旅游资源进行分类,见表 9-1。

表 9-1　杭州市钱塘区乡村旅游资源分类表

主类	亚类	基本类型	资源名称
A 地文 景观	AA 自然景 观综合体	AAA 山丘型景观	蜀山

续　表

主类	亚类	基本类型	资源名称
B 水域 景观	BA 河系	BAA 游憩河段	八工段直河、盛凌湾、梅林湾、四工段横河景观带、红围丁字河、三联中心直河、同安溪
	BB 湖沼	BBA 游憩湖区	横牛湖
		BBC 湿地	江海湿地
	BE 海面	BEB 涌潮与击浪现象	钱塘江大潮
C 生物 景观	CA 植被景观	CAD 花卉地	大田花海、新围村花海、闲梦江东
E 建筑 与设施	EA 人文景观综合体	EAA 社会与商贸活动场所	钱塘芯谷、江东村科创园、江东综合园、江东创客村
		EAD 建设工程与生产地	蓬园村钱江蔬菜厂、新江村草莓基地(在建)、盛红大棚蔬菜合作社、爱怡蔬菜合作社、火星村小番茄基地、新创村酱菜厂、祥祺农业
		EAE 文化活动场所	临江知青文化园、东庄村童星儿童乐园、东庄村莲池公园、盛陵湾公园、共和和谐公园、建设村公园、三联文化公园、共裕村文化公园、前峰村公园、临江村德和公园、新围村围垦文化公园、横牛湖旅游公园、春光村文化礼堂后小花园、春雷村文化公园、萧东村乡村大舞台、临江村大舞台、南沙公园
		EAF 康体游乐休闲度假地	星光老年之家
		EAG 宗教与祭祀活动场所	东海禅寺、三官殿、靖海殿、蜀山庙
		EAI 纪念地与纪念活动场所	杭州市钱塘区围垦大堤及附属设施(河网河道)
	EB 实用建筑与核心设施	EBA 特色街区	头蓬老街
		EBB 特色屋舍	春光村美丽庭院
		EBC 独立厅、室、馆	新湾街道沙地博物馆、春园村二十四节气农耕园、新围村围垦文化馆、围中村村史馆、五和馆、共裕村文化中心、江东民俗文化苑、春光村文化礼堂

主类	亚类	基本类型	资源名称
		EBD 独立场、所	共和文化广场、建设村广场、新围村农林文化广场、五和文化广场
		EBE 桥梁	火星村同安桥
		EBK 景观农田	五米田园、文伟村麦田
		EBO 特色店铺	钱江蔬菜厂购物点
	EC 景观与小品建筑	ECA 形象标志物	临江村二十四节气小品、共和村牌坊、萧东村九墙十八柱
		ECB 观景点	萧东直河亲水平台、江东大桥观光电梯
		ECC 亭、台、楼、阁	同心亭
		ECE 雕塑	萧东村潮涌钱塘雕塑
		ECH 门廊、廊道	春园村党建园和文化长廊、春雷村相亲长廊
		ECJ 景观步道、甬道	文伟村麦田游步道、东庄村樱花大道（1100米）、前峰村樱花道（500米）、观十五线、南沙大堤游步道、杭州三江两岸国家绿道钱塘区段
F 历史遗迹	FA 物质文化遗存	FAA 建筑遗迹	春园村供销社旧址、傅永先烈士旧址
	FB 非物质类文化遗存	FBB 地方习俗	火星村沙地文化展示
G 旅游购品	GA 农业产品	GAA 种植业产品级制品	萧山萝卜干
H 人文活动	HA 人事活动记录	HAA 地方人物	傅永先烈士
		HAB 地方事件	傅永先烈士事迹

根据《旅游资源分类、调查与评价》（GB/T 18972—2017）对杭州市钱塘区乡村旅游资源进行调查、分类和评价，得到 81 个旅游资源单体。其中，优良级旅游资源单体共 6 个，占规划区旅游资源单体总数的 7.4％，其中五级

等级 1 个,占规划区旅游资源单体总数的 1.23%;四级等级 3 个,占规划区旅游资源单体总数的 3.70%;三级等级 2 个,占规划区旅游资源单体总数的 2.47%,具体内容见表 9-2。

表 9-2　杭州市钱塘区乡村旅游资源评价表

等级	资源单体名称	总计
五级	钱塘江大潮	1
四级	杭州市钱塘区围垦大堤及附属设施(河网河道)、杭州三江两岸国家绿道钱塘区段、江海湿地	3
三级	萧山萝卜干等围垦文化沙地文化非遗(蓬园村钱江榨菜厂、新创村酱菜厂)、傅永先烈士事迹及其故居	2
二级	东庄村童星儿童乐园、四工段横河景观带、红围丁字河、头蓬老街、钱江蔬菜厂购物点、南沙公园(含南沙大堤游步道)、东海禅寺、三宫殿、祥祺农业、新围村花海、五米田园、闲梦江东、新江村草莓基地(在建)、星光老年之家、文伟村麦田、梅林湾、盛陵湾、盛陵湾公园、大田花海、新湾街道沙地博物馆、蜀山(蜀山庙)、临江知青文化园、八工段直河、观十五线	24
一级	东庄村樱花大道(1100 米)、东庄村莲池公园、萧东直河亲水平台、萧东村九墙十八柱、萧东村潮涌钱塘雕塑、萧东村乡村大舞台、前峰村公园、前峰村樱花道(500 米)、临江村二十四节气小品、临江村大舞台、临江村德和公园、春园村二十四节气农耕园、春园村党建和文化长廊、春园村供销社旧址、春雷村文化公园、春雷村相亲长廊、春光村文化礼堂、春光村文化礼堂后小花园、春光村美丽庭院、火星村同安桥、同心亭、同安溪、火星村小番茄基地、火星村沙地文化展示、新围村围垦文化公园、新围村农林文化广场、新围村围垦文化馆、围中村村史馆、五和馆、五和文化广场、钱塘芯谷、江东村科创园、江东综合园、江东创客村、江东民俗文化苑、三联文化公园、三联中心直河、建设村广场、建设村公园、江东大桥观光电梯、文伟村麦田游步道、共裕村文化公园、共裕村文化中心、横牛湖、横牛湖旅游公园、共和村牌坊、共和和谐公园、共和文化广场、靖海殿、盛红大棚蔬菜合作社、爱怡蔬菜合作社	51
总计		81

(二)乡村旅游资源开发方向

1.深度挖掘围垦文化

杭州市钱塘区大部分区域为围垦区,现在的陆地是受钱塘江潮流作用、台风影响而引起的江道变迁、滩涂涨坍和历经围垦筑堤而逐步形成的,其所承载的"钱塘江围垦精神",是一种艰苦奋斗、斗天斗地的精神,是世间不可多得的一种精神。通过围垦第一村、围垦老村、围垦文化展示馆、围垦文化村、围垦文化历史遗迹保护区、围垦文化公园、围垦文化长廊、围垦文化广场等建设,深度挖掘围垦文化中包含的"战天斗地,不屈不挠"的拼搏精神,使其成为杭州市钱塘区未来发展的宝贵精神。

2.整合开发农业文化

杭州市钱塘区大江东片区农业资源丰富,农田占地面积较大,拥有文伟村1700亩麦田、围中村五米田园等特色农业资源,以及新江村正在建设的千亩草莓基地等,对都市人群具有巨大吸引力。在此基础上依托杭州市及周边城市巨大的客源市场,打造都市田园综合体,推广城市里的农田、一线城市地铁口的金色麦浪等品牌。通过网上统一平台建设,整合杭州市钱塘区农业旅游开发资源,逐渐提升杭州市钱塘区农业旅游的影响力,将杭州市钱塘区农业旅游打造为浙江省乡村旅游"金名片",并力争成为代表浙江省农业旅游形象的国家级"金名片"。

3.创新开发现代文创

杭州市钱塘区创客资源丰富,拥有钱塘芯谷、江东创客村、巧客小镇等良好基础条件。通过智能制造企业工业旅游开发,依托本地文创企业,对杭州市钱塘区乡村旅游产品线路进行专业打造、策划、包装、营销和推广,打造具有杭州市钱塘区乡村文化特色、便于携带的特色旅游商品,大力发展智造文创旅游,在杭州市钱塘区现有基础上,发展科普研学、文创研学、现代农业研学。

三、发展定位与目标

(一)指导思想

以习近平新时代中国特色社会主义思想为指导,全面贯彻党的十九大精神,坚持党中央集中统一领导,主动对标浙江省"努力成为新时代全面展示中国特色社会主义制度优越性的重要窗口"的新目标新定位,积极实现浙江省打造全国文化高地、"诗画浙江"中国最佳旅游目的地、全国文化和旅游融合发展样板地的三大文旅发展目标,干在实处、走在前列、勇立潮头;紧紧围绕杭州市"数智杭州·宜居天堂"的发展导向,持续推进"干好一一六、当好排头兵",为杭州市加快建设社会主义现代化国际大都市,展现"重要窗口""头雁风采"的城市发展目标,建成东方文化国际交流重要城市和国际文化创意中心,创建国家文化和旅游消费示范城市,打造世界级文化和旅游目的地,主动对接乡村产业振兴、人才振兴、文化振兴、生态振兴、组织振兴的乡村振兴发展任务,成为杭州市乡村旅游发展和美丽乡村精品游线"重要窗口""头雁风采"展现示范区。

(二)总体定位

以杭州市钱塘区"钱塘江潮文化""围垦文化""红色文化"和"移民文化"为底蕴,以"都市田园""美丽乡村""文化体验""休闲农业"等为主题,通过创建浙江省景区镇(街道)及景区村和浙江省美丽乡村精品村及样板镇(街道),打造乡村旅游景区,挖掘和塑造乡村地域特色文化品牌,打造差异化发展的美丽乡村旅游功能组团,策划若干条特色鲜明、串联相关乡村的美丽乡村精品游线,更好更快地发展杭州市钱塘区乡村旅游产业,把杭州市钱塘区美丽乡村精品游线和旅游组团打造为长三角都市田园水乡美丽乡村精品旅游体验区、浙江省城乡共同富裕美丽乡村精品旅游展示区、杭州湾钱塘江潮文化美丽乡村精品旅游先行区。

(三)目标定位

1.浙江省景区镇(街道)、景区村创建目标

浙江省杭州市钱塘区 A 级景区街道、景区村创建工作尚未启动,在杭州创建国家全域旅游示范区背景下,当时规划将河庄街道、义蓬街道、新湾街道、前进街道、临江街道等 5 个街道全部创建成为浙江省 AAA 级及以上景区街道,其中临江街道创建成为浙江省 AAAAA 级景区街道,河庄街道、新湾街道创建成为浙江省 AAAA 级景区街道,义蓬街道、前进街道创建成为

浙江省 AAA 级景区街道。

杭州市钱塘区城市边界外和开发边界共有新围村、围中村、江东村、春光村、春园村、春雷村、共裕村、共建村、共和村、新创村、新江村、建设村、后新庙村、灯塔村、仓北村、长红村、蓬园村、新庙前村、新益村、共兴村、宏波村、火星村、萧东村、东庄村、前峰村、临江村、三联村、文伟村、杏花村、金星村、全民村、金泉村、后埠头村、义盛村、南沙村、新南村、创建村、三丰村等 38 个行政村,其中创建村、后埠头村、南沙村、杏花村、义盛村、三丰村等村庄被划分入新城建设范围,基本实现城市化。

谋划将新围村、萧东村、春光村、江东村创建成为 AAA 级景区村庄,将春园村、春雷村、东庄村、文伟村、火星村、临江村创建成为 AA 级景区村庄,将仓北村、三联村、新江村、围中村、共裕村、新庙前村、蓬园村、共和村创建成为 A 级景区村庄。

2.旅游景区和美丽乡村精品游线创建目标

依托大田花海市民公园、东海禅寺、南沙公园等已有一定基础的旅游景点,结合文伟村、新江村等现代都市田园,规划 2 年内创建 3 处国家 AAA 级旅游景区,实现旅游景区零突破。根据规划打造的 8 条美丽乡村精品游线,与杭州市区其他区的美丽乡村精品游线相串联,谋划创建 1 条中国美丽休闲乡村旅游精品景点线路、2 条浙江省美丽乡村风景线、1 条浙江省休闲农业和乡村旅游精品线路。

3.沿线村庄乡村旅游发展目标

美丽乡村精品游线沿线村庄乡村旅游取得较快发展,依托数万亩耕地,打造 1-2 处都市田园综合体、1-2 处国家农村产业融合发展示范园。依托各个村庄合作社和农业开发公司,申报创建 20 个家庭农场。杭州市钱塘区创建成为全国农村一二三产业融合发展先导区。

(四)形象定位

烟雨江南·水墨钱塘。

四、美丽乡村旅游组团功能分区

结合杭州市钱塘区各个街道行政边界和各个美丽乡村分布现状,同时考虑杭州市钱塘区道路交通系统,打造"五线六组团"的美丽乡村旅游组团空间布局。

五线:"潮起钱塘·围垦梦圆"美丽乡村精品游线、"春光春园·童趣同心"美丽乡村精品游线、"红色南沙·峥嵘记忆"美丽乡村精品游线、"美丽窗口·都市田园"美丽乡村精品游线、"共建共举·共裕钱塘"美丽乡村精品游线。

六组团:"潮起钱塘·围垦梦圆"美丽乡村精品游线组团、"童趣同心·勇立潮头"美丽乡村精品游线组团、"数字启航·春光满园"美丽乡村精品游线组团、"军民融合·共建共荣"美丽乡村精品游线组团、"都市田园·精致家园"美丽乡村精品游线组团、"钱塘观潮·民俗体验"美丽乡村精品游线组团。

五、美丽乡村精品游线旅游功能策划

(一)"潮起钱塘·围垦梦圆"美丽乡村精品游线旅游功能策划

1.新围村

(1)发展现状

新围村建有围垦文化公园、农林文化广场、围垦文化馆、盆景园、采摘基地、水产养殖基地等旅游吸引物聚集体,并已经建成200亩油菜花海,与小麦混种。新围村围垦文化馆展示了村庄的历史沿革,介绍了围垦精神,以围垦历史和传统民俗老物件为主,但缺乏智慧导览讲解系统。目前,新围村建有公共卫生间3个,还有一个正在规划中的游客接待中心和停车场。村内主要旅游吸引物包括水稻、花卉(油菜花、向日葵、蝴蝶兰)、蔬菜、水果(小番茄、猕猴桃、枇杷等)。目前,该村有浙江省级农业龙头企业祥祺农业,休闲农业旅游开发具有较好基础,该村没有农家乐和民宿。总体上,新围村的区位条件优越,交通方便,是杭城下沙主城区方向前往钱塘区的第一站,紧邻江东

大桥与在建钱塘江下穿过江隧道江东出入口。新围村已经建设成为浙江省美丽乡村精品村——钱塘区围垦第一村。新围村产业基础良好,拥有盆景园、采摘基地、水产养殖基地。

(2)打造思路

总体思路:农旅融合,发展创意农业,打造平原地区的休闲农庄、都市里的田园,着力弘扬围垦精神,打造围垦文化第一村。

发展思路如下:

①依托现有农业公园、围垦文化园,打造都市田园,在花海里打造摄影基地等。

②打造创意农业(农庄)和共享农场。打造水果蔬菜采摘基地,同时注重主题化、差异化;打造景观水稻及稻田村;打造油菜种植大地图案景观。在党建长廊上种植紫藤,以供游客休闲。

③打造杭州市钱塘区围垦文化第一村庄,将围垦精神和围垦文化融入村庄文化中。主要的道路节点可加入一些围垦文化元素,依托旅游线路,在小入口设计一些与围垦精神有关的景观小品;在采摘园里也可融入围垦文化元素;在导游词和解说词中也可加入围垦第一村的标识讲解;要讲好围垦故事,讲清楚什么是围垦、为什么要围垦、怎么围垦等问题。打造围垦文化纪念碑,建设围垦文化百米长廊。

④充分利用村里的空房子,打造围垦文化民宿村,外观可以是过去茅草屋的样子,里面是现代化的设施,以满足游客住宿需求。

⑤打造环村美丽乡村精品游线,并纳入组团及沿江美丽乡村精品游线。一期工程主体以村庄为核心区域,依托"围垦文化第一村"交通优势和产业基础,成为杭州市钱塘区美丽乡村精品游线围垦主题线路游线起点。在靠近江堤一侧建设用地处,建设围垦主题精品游线起点和新围村旅游综合体,并配建生态停车场。

⑥新围村作为杭州市钱塘区"潮起钱塘·围垦梦圆"美丽乡村精品游线中的重要节点,同时新围村内部规划设计两期建设项目,通过电瓶车服务串联一期、二期工程建设,主要包括生态科普研学基地、采摘基地、农事体验基地、水产养殖基地、家庭农场教育农园等项目。

⑦按照浙江省 AAA 级景区村庄建设要求,对村庄标志、标识导览系统、旅游解说系统、智慧旅游服务系统、自驾车一二三级驿站系统进行维护。路牌按照浙江省景区村庄打造的要求进行改造。

⑧通过土地流转,整村开发。将现有采摘园、农业种植园等连点成片,规模化发展。二期工程将村庄其他地方串联。依托围垦文化,建设浙江省中小学生研学旅行实践基地,打造中小学生第二课堂。

(3)功能定位

"潮起钱塘·围垦梦圆"美丽乡村精品游线主要节点、钱塘区围垦文化传承重要功能区、围垦文化民宿休闲功能区及乡村农业公园功能区。

(4)打造目标

浙江省 AAA 级景区村庄、浙江省美丽乡村精品示范村、杭州市钱塘区围垦文化第一村。

(5)策划项目

都市田园花海摄影基地、创意农庄、共享农场、水果蔬菜采摘基地、景观水稻及稻田村、油菜大地图案景观、党建长廊、围垦文化园、围垦文化纪念碑、围垦文化百米长廊、围垦文化民宿、生态科普研学基地、农事体验基地、水产养殖基地、家庭农场教育农园、新围村旅游综合体、生态停车场。

2.围中村

(1)发展现状

围中村与新围村相连,面积为 3.57 平方千米。村庄被两条河流分为 4 块区域,产业以农业为主,现有耕地 2.6 平方千米,已被征收 0.13 平方千米,农作物种植以苗木为主。村农业种植专业合作社每年种植几十亩葡萄、草莓,有少量游客前来开展采摘活动。美丽乡村建设已完成河道路网改造、外墙面改造、自来水及天然气管网改造。村庄旅游发展处于起步阶段,目前由战备粮仓库改造的村史馆已初步建成。

(2)打造思路

①完善村史馆建设,对村史馆院内老井进行修缮。把村史馆打造成一个网红打卡点,并配备智慧解说系统。

②已初步建成五米田园,作为共享田园分隔成一块块菜园出租给城乡

居民。目前五米田园已出租 20 多块分隔菜园,租金为 1 元/天,年租金 365 元。规划引入第三方运营管理机构,由专人管理五米田园,负责田园日常管理和耕作、科普讲解等工作。完善云端系统,打造智慧云端田园。

③计划流转 0.46 平方千米土地,以专业合作社模式进行综合利用,打造升级版五米田园,并利用 95% 粮食产地土地指标剩余用地,建设共享农庄、共享庄园、家庭农场旅游公共服务设施和旅游接待设施。

④提升"五和文化馆"及"五和广场"形象,打造"人、心、业、景、风"五和文化智慧解说系统。

⑤依托"五和文化馆"及"五和广场"展示杭州市钱塘区围垦历史过程中所呈现的"人、心、业、景、风"五和文化,使其成为杭州市钱塘区特色乡村春晚节目。

⑥在现有的江东村与围中村游步道基础上,修建一条"五和"文化景观道,连接江东村、围中村、新围村,串联"潮起钱塘·围垦梦圆"组团内部游线与"潮起钱塘·围垦梦圆"美丽乡村精品游线。

(3)功能定位

"潮起钱塘·围垦梦圆"美丽乡村精品游线主要节点、共享田园和共享农庄体验基地、"五和"文化体验基地。

(4)打造目标

浙江省 A 级景区村庄、共享田园、"五和"文化体验特色旅游村。

(5)策划项目

围中村村史馆、五米田园、共享田园、家庭农场、"五和"文化馆、"五和"广场、"五和"文化春晚、"五和"文化田园景观道。

3.江东村

(1)发展现状

江东村位于围中村东侧,素有"钱塘区第一美丽乡村"之称。村庄红线范围为一个正方形,常住人口 4800 余人,70% 农业用地流转给江东村集体,现种植粮食、水果、蔬菜。2014 年,该村实施乡村旅游规划,乡村旅游开发具有一定基础,已打造"闲梦江东"文旅品牌和 5 家农家乐。江东村现有区级平台钱塘芯谷、科创园、江东创客村、"闲梦江东"创业园,已建成 1 处高端养老院和 2 家高端幼儿园,引进 1 家台资文创企业。该村初步建成巧客小镇、民俗文化苑和江东综合园等园区。江东村通过浙江省美丽乡村建设,已建成6000 米绿道,并与新围村绿道网相连通。

目前,江东村有 200 亩农田可以打造油菜花田、稻田景观,并有 0.06 平方千米葡萄种植基地、0.02 平方千米草莓种植基地,已开发菜籽油等特色农土特商品。

(2)打造思路

①在现有与相关高校党建合作基础上,深化与杭州市钱塘区相关高校的合作,成立党建联盟,引入高校智力支持乡村旅游发展。

②依托民俗文化苑打造特色民俗餐饮、民俗住宿、小吃一条街。

③进一步谋划与杭州费列罗巧克力工厂合作,在杭州市钱塘区巧客小镇基础上,谋划以巧克力生产工厂参访、巧克力制作研学体验为特色的"巧克力特色村",打造集巧克力科普研学、休闲购物于一体的巧克力体验基地。

④成立江东村旅游开发有限公司,引入第三方运营机构;对接浙江省"两进两回"[①]政策,吸引乡贤和年轻人回乡创业;依托钱塘芯谷、科创园、江东创客村、闲梦江东创业园引进一批创客人才和创业公司。

⑤利用江东创客村 42 幢别墅高标准准入条件优势,吸引年税收 500 万以上知名创业公司入驻,培育独角兽企业,打造美丽乡村文旅产业融合高地、乡村创客基地、钱塘区第一美丽乡村。

(3)功能定位

"潮起钱塘·围垦梦圆"美丽乡村精品游线重要节点,打造以乡村创客、创意农业、高端养老、特色乡村文化休闲度假、巧克力文化研学体验为主题的文旅产业发达的特色旅游村。

(4)打造目标

乡村文旅产业发展示范村、浙江省 AAA 级景区村庄、乡村创客特色旅游村。

---

①　两进两回:科技进乡村、资金进乡村、青年回农村、乡贤回农村。

（5）策划项目

民俗文化苑、民俗文化小吃街、费列罗巧克力研学基地、钱塘芯谷、科创园、江东创客村、闲梦江东创业园、江东村游客中心。

4.新江村

（1）发展现状

新江村位于"潮起钱塘·围垦梦圆"美丽乡村精品游线北端,紧邻观十五线和钱塘江大堤。该村现共有 1.33 平方千米耕地,集体经济薄弱,旅游发展处于谋划阶段,当时预计 2021 年底可以完成土地流转。该村现种植草莓0.267 余平方千米,草莓种植与蔬菜轮作,12 月至次年 4 月为采摘旺季。

（2）打造思路

①利用村委会一侧空地,建设游客中心和生态停车场,并建设一处 AA级旅游厕所。

②集体土地流转,综合开发,打造 0.667 平方千米草莓种植基地,打造大型草莓种植园,打造"新江牌"草莓品牌。

③在新江村与江东村交界处,建设一座车行桥梁,串联旅游组团内部环线,沟通新江村与江东村旅游流。

④在草莓种植基础上,与浙江省农业科学院合作开发特色草莓品种,打造黑色草莓、彩色草莓等特色草莓品种;打造一处草莓科普博物馆,建设草莓科普长廊;打造一处草莓儿童乐园,策划草莓认养、草莓采摘、草莓苗圃培育等多样旅游活动,主要开发自驾车采摘旅游市场和家庭亲子旅游市场。

⑤在草莓种植园一侧建设以集装箱为主体的特色茅草屋,打造特色住宿休闲设施,在此基础上建设少量农家乐,开通电瓶车服务连接草莓种植园与村游客中心。

（3）功能定位

"潮起钱塘·围垦梦圆"美丽乡村精品游线主要节点、钱塘区都市近郊自驾采摘重要功能区、钱塘区特色农业科普研学重要功能区。

（4）打造目标

浙江省 A 级景区村庄、杭州市钱塘区草莓主题特色农业科普研学旅游村。

（5）策划项目

新江村游客中心和生态停车场、0.667平方千米草莓种植园、新江村与江东村新建桥梁、草莓科普博物馆、草莓科普长廊、草莓儿童乐园、特色茅草屋。

5. 新创村

（1）发展现状

新创村位于新江村西侧，紧邻观十五线与钱塘江大堤。村内现有2100多人、1.27平方千米耕地，旅游发展处于空白状态。该村与浙江省农业科学院对接，准备种植有机蔬菜。村庄空置民居较少，多数已经出租。

村内有一处榨菜厂，年产量1000多吨，未进行工业旅游开发。规模企业有一家绣花厂，年收益3000万元以上。

（2）打造思路

①依托近1.33平方千米绿色蔬菜种植基地，与浙江省农业科学院合作，开发特色有机蔬菜品种；打造有机蔬菜博物馆，建设蔬菜长廊，打造儿童蔬菜王国乐园。

②依托花菜种植基地，打造"花菜的海"特色田园景观。对菜园机耕道进行改造提升，打造特色菜园骑行道，建设中小学生课外实践教育基地和第二课堂，整体打造集蔬菜采摘、科普研学、特色餐饮、生态休闲于一体的旅游综合体。

③利用现有榨菜厂开发特色榨菜旅游商品。开发参观研学通道，打造区级工业旅游示范基地，打造大江东榨菜"十大碗"。大力发展后备箱经济，建设特色旅游商品购物点。

④利用村内绣花厂，与江东村创客基地合作，打造大江东特色绣花文创产品。利用绣花技术，打造特色购物袋、特色小书包、特色钱包等旅游文创商品。

⑤按照浙江省A级景区村庄建设标准，对村庄标识导览系统、解说系统、智慧旅游服务系统进行系统打造，作为一个节点串联进入"潮起钱塘·围垦梦圆"美丽乡村精品游线。

（3）功能定位

"潮起钱塘·围垦梦圆"美丽乡村精品游线主要节点、钱塘区都市近郊绿色蔬菜自驾采摘科普研学旅游点、钱塘区特色非遗民俗文化旅游点。

（4）打造目标

杭州市钱塘区绿色农业特色旅游村。

（5）策划项目

2000亩绿色蔬菜种植园、"花菜的海"特色田园景观、特色菜园骑行道、有机蔬菜博物馆、蔬菜长廊、榨菜工业旅游示范基地。

（二）"童趣同心·勇立潮头"美丽乡村精品游线旅游功能策划

1. 东庄村

（1）发展现状

东庄村位于杭州市钱塘区东北部，临近江海湿地。东庄村美丽乡村沿两条南北向道路与一条横路建设成为"H"型，已经建设完成1100米樱花大道。目前，该村已经打造成为杭州市钱塘美丽乡村，谋划创建浙江省级美丽乡村精品村。

东庄村紧邻格力智造工厂，现有1平方千米耕地，建成0.02平方千米西瓜种植基地，建成一处占地0.004平方千米的童星儿童乐园。

（2）打造思路

①整村土地流转，种植绿色蔬菜。依托机耕道，建设黑色沥青骑行道，打造与1100米樱花大道相连接的2000米蔬菜田园骑行道。

②利用西瓜种植基地，开发西瓜自驾采摘，扩大现有种植面积，打造0.07平方千米西瓜种植基地，打造以西瓜为主题的家庭农场。

③依托东庄村童星儿童乐园，在现有6亩用地基础上，向东西两侧农田拓展，建设以儿童游乐为主题的艺术田园、都市田园、农业庄园，整体打造为集儿童农耕文化科普、儿童运动、儿童游乐等功能于一体的儿童乐园。

④按照浙江省AA级景区村庄建设标准对东庄村进行整体提升，把东庄村串联进入"春光春园·童趣同心"美丽乡村精品游线，同时将区级工业旅游示范基地格力智造工厂工业旅游纳入东庄村游线。

⑤在东庄村儿童乐园一侧，利用村庄建设用地、民居和庭院，打造一处

占地 10 亩的动物乐园,养殖观赏牛、羊、鸡、鸭、鹅、孔雀、羊驼等动物,打造供游客观赏、喂养、拍照、打卡于一体的网红动物乐园。

（3）功能定位

"春光春园·童趣同心"美丽乡村精品游线主要节点、钱塘区儿童乡村乐园。

（4）打造目标

浙江省 AA 级景区村庄、浙江省级示范性家庭农场。

（5）策划项目

2000 米蔬菜田园骑行、1100 米樱花大道、童星儿童乐园、艺术田园、都市田园、格力智造工厂、西瓜种植基地、西瓜家庭农场、动物乐园。

2.萧东村

（1）发展现状

萧东村位于东庄村东部,临近江海湿地。目前,该村已经投入 3000 万元完成美丽乡村建设,整个村庄环境及河道已经完成美化亮化,建设完成沿萧东直河亲水平台和"九墙十八柱"围垦文化景观小品,建设完成沿围垦后横河滨河游步道系统,沿河完成"勇立潮头"主题雕塑和乡村大舞台建设。

（2）打造思路

①打造围垦文化民宿村。萧东村通过美丽河道和浙江省美丽乡村的打造,村庄文化景观、河道景观及村庄基础设施和公共服务设施得到很大程度的提升,基本实现生态宜居目标,具备打造文化民宿村和特色旅游村的良好基础。

②实施腾笼换鸟战略,打造文化民宿村。通过"大搬快聚",改善一部分村民的居住条件,把村庄一部分居住功能置换出来,植入文化功能和休闲度假功能。致力于产业兴旺发展目标,腾出 50 套左右民居归集体所有,将一部分民居打造为文化民宿群落,以良好的生态宜居环境助推文旅休闲度假产业发展。

③以"潮起萧东"水浮雕景观、滨水文化广场、滨水栈道及良好的河道景观为基础,打造"潮起萧东"文化主题旅游演艺剧目及乡村"村晚",并实施常

态化运营,在周末、节假日常态化演艺,为萧东村乡村旅游发展注入核心旅游吸引物。

④目前,萧东村已投入4000多万元资金用于村庄设施提升和生态宜居环境打造,迫切需要引入第三方运营机构负责村庄日常运营及文旅开发。通过股权合作,萧东村以村集体用房、游客中心(待改造)、公共停车场、旅游厕所、集体用地等为股权,引入第三方运营公司通过投入旅游开发资金拥有一部分股权,联合成立文旅开发公司,作为开发主体强力开发萧东村文旅资源,打造文化休闲度假设施和旅游核心吸引物。

⑤继续深化"九墙十八柱"文化主题景观内涵,并配置智慧解说系统。通过引入文化主题收藏打造若干文化博物馆或收藏馆;通过把居住功能置换为文化功能,把萧东村打造为文博收藏展示村。

⑥打造乡村酒吧、乡村咖啡吧、乡村茶吧和特色乡村餐饮业态,继续提升夜景观,做好夜宿、夜宴、夜艺等夜文旅产品,把萧东村打造为文旅夜消费村落。

⑦打造美丽乡村田园景观,并与东庄村一体化发展,打造一体化田园游步道和骑行道,并广泛种植樱花树,与东庄村形成"十里樱花"景观道,与杭州市钱塘区区级工业旅游示范基地格力电器家居馆合作,打造工、农、村一体化发展的特色文旅线路。

⑧打造系列旅游公共服务设施,并成为"春光春园·童趣同心"美丽乡村精品游线的头雁村。

(3)功能定位

集浙江省美丽乡村建设成果窗口展示、江潮文化旅游演艺、特色文化民宿集群、乡村夜休闲、美丽田园体验于一体的特色文旅乡村综合体。

(4)打造目标

特色文化民宿村、杭城东部居民夜休闲体验村、浙江省AAA景区村庄、杭州市钱塘区美丽乡村建设成果窗口展示村。

(5)策划项目

文化民宿村、系列夜文旅业态项目、"潮起萧东"文旅演艺剧目及乡村"村晚"、系列文旅文博收藏展示馆、美丽田园等。

3.前峰村、临江村、三丰村

(1)发展现状

前峰村、临江村、三丰村位于前进街道,与萧东村、东庄村相连,前进工业园和临江工业园部分区域面临拆迁。

(2)打造思路

①依托前峰村、临江村、三丰村三村耕地,打造都市田园景观。

②重点提升前峰村500米樱花大道、临江村二十四节气文化小品、德和公园、三丰村油菜花海,将前峰村、临江村、三丰村串联入"春光春园·童趣同心"美丽乡村精品游线。

(3)功能定位

"春光春园·童趣同心"美丽乡村精品游线节点。

(4)打造目标

浙江省A级景区村庄。

(5)策划项目

前峰村500米樱花大道、临江村二十四节气文化小品、德和公园、三丰村油菜花海。

(三)"数字启航·春光满园"美丽乡村精品游线旅游功能策划

1.春光村

(1)发展现状

春光村作为杭州市钱塘区唯一一个省级样板村,已完成美丽村庄建设,已完成美丽庭院、美丽田园、小微水利等改造。该村的文化礼堂占地1500平方米,村内文化景观墙画、景观小品建设较为完善。

(2)打造思路

①对现有文化礼堂进行改造提升,打造游客中心。利用村庄宅前屋后空地,建设散布的生态停车场。在游客中心建设一处AA级旅游厕所。

②在文化礼堂内建设一处村史馆,打造春光村名人展示长廊,策划春光村村花、村树、村歌。依托文化礼堂大舞台,策划一系列节庆活动,举办乡村舞台剧,打造乡村春晚。

③借鉴德清数字乡村治理模式,打造杭州市钱塘区数字乡村改革示范

村,和数字乡村管控中心。建设"数字乡村一张图",涵盖乡村规划、乡村经营、乡村环境、乡村服务和乡村治理5个领域和数字养殖、水域监测、危房监测、智慧气象、医疗健康、智慧养老等120余项功能,实时感知整个村庄的生产、生活、生态详情。

④集体流转土地,统一种植,打造休闲观光农业园。

⑤利用村庄闲置厂房打造淘宝产业园,建设乡村淘宝大楼,吸引杭州市钱塘区本地居民回乡创业,打造杭州市钱塘区乡村淘宝第一村。

⑥按照浙江省 AAA 级景区村庄建设标准,对村庄标识导览系统、解说系统、智慧旅游服务系统进行打造,串联进入"春光春园·童趣同心"美丽乡村精品游线。

(3)功能定位

"春光春园·童趣同心"美丽乡村精品游线主要节点、钱塘区数字乡村改革示范村、钱塘区乡村淘宝产业重要组成部分。

(4)打造目标

浙江省 AAA 级景区村庄、钱塘区数字乡村示范村、钱塘区乡村淘宝示范村。

(5)策划项目

游客中心、生态停车场、旅游厕所、村史馆、乡村春晚、数字乡村管控中心、休闲观光农业园、淘宝产业园、乡村淘宝大楼。

2.春园村

(1)发展现状

春园村位于杭州市钱塘区桥头堡经济圈,全村占地2.01平方千米,其中耕地1.33平方千米,总人口2165人。旅游开发尚未起步,村庄范围内有一处地铁维保基地,建设完成一处二十四节气农耕文化园。

(2)打造思路

①通过集体流转土地,打造特色蔬菜种植园,种植各种水果、蔬菜。打造农田书吧、乡村书吧,发展农业科普研学旅游。

②在现有二十四节气文化园基础上,延伸至周围农田,选择二十四块农田分别代表二十四节气。在农田中建造智慧科普研学设施,打造大地彩绘

景观。在农田中进行农业科普教育,打造养农田。

③依托农耕园周边老粮站,打造二十四节气文化科普研学馆。利用 AR/VR 技术,展示二十四节气文化,以及二十四节气文化在农耕中的应用。

④利用春园村、春雷村、春光村之间丁字河两岸打造游步道,建设水上平台,种植芦苇等水生景观植物,打造滨水慢行系统。

⑤按照浙江省 AA 级景区村庄建设标准,对村庄标识导览系统、解说系统、智慧旅游服务系统进行打造,串联进入"春光春园·童趣同心"美丽乡村精品游线。

（3）功能定位

"春光春园·童趣同心"美丽乡村精品游线主要节点、钱塘区二十四节气文化旅游点。

（4）打造目标

浙江省 AA 级景区村庄、钱塘区二十四节气特色文化旅游村。

（5）策划项目

特色蔬菜种植园、二十四节气文化园、二十四节气农业种植园、二十四节气文化科普研学馆、乡村书吧、丁字河景观带。

3.春雷村

（1）发展现状

春雷村位于春光村、春园村、春雷村三村之间丁字河最北端,全村占地 1.9 平方千米,其中 0.69 平方千米耕地为粮食功能区。村庄有 1900 多人,多数村民已经拆迁安置在义蓬街道。

（2）打造思路

①依托现有相亲长廊,改造升级,建设成为相亲爱情文化园,种植"月老树",打造"同心桥",设置"同心锁",大力发展相亲爱情文化。

②利用相亲园周围空置民居,打造"爱情小吃吧""爱情公寓"等爱情文化主题餐饮住宿设施。

③利用美丽乡村公路,策划"爱情马拉松""相亲长跑"等节庆赛事活动。

④按照浙江省 AA 级景区村庄建设标准,对村庄标识导览系统、解说系统、智慧旅游服务系统进行打造,串联进入"春光春园·童趣同心"美丽乡村

精品游线。

(3)功能定位

"春光春园·童趣同心"美丽乡村精品游线主要节点、乡村爱情文化体验基地。

(4)打造目标

浙江省 AA 级景区村庄、爱情文化特色旅游村。

(5)策划项目

相亲爱情文化园、"月老树""同心桥""同心锁""爱情小吃吧""爱情公寓"。

(四)"军民融合·共建共荣"美丽乡村精品游线旅游功能策划

1.共裕村

(1)发展现状

共裕村位于杭州市钱塘区大江东中部,距离绍兴市 30 分钟车程。村庄面积 2 平方千米,耕地 1.13 平方千米,共 1998 人,其中外来人口 700 多人,已建成杭州市级美丽乡村。

村庄历史可追溯至 1919 年,村内 50 岁以上村民基本都参与过围垦工作。旅游开发尚未启动,现有一处综合文化中心,无旅游厕所。

(2)打造思路

①利用村庄耕地,大力发展智慧农业,建造智慧农业重点实验室、现代农业研究工作室和院士工作站。打造智慧农业田园景观,建设一处智慧农业科普研学体验中心。打造中小学生现代智慧农业科普研学基地,建设中小学研学营舍。

②利用综合文化中心,打造游客中心,配置生态停车场和旅游厕所。

③利用综合文化中心打造一处围垦历史展示馆,召集参与过围垦工作的老人口述围垦历史。宣传梅干菜、笋干、大麦烧等围垦特色美食。通过 AR/VR 技术,还原赶潮竞技等传统非遗文化,并对传统文化进行数字化整理,加强传统文化的对外宣传。

④依托共建村、共和村、共裕村三村的河流,联合举办龙舟赛。建设水上皮划艇、水上摇橹船等特色旅游休闲游憩设施,每个村庄建设一处游船

码头。

⑤按照浙江省 A 级景区村庄建设标准,对村庄标识导览系统、解说系统、智慧旅游服务系统进行打造,串联进入"共建共兴·共裕钱塘"美丽乡村精品游线。

（3）功能定位

"共建共兴·共裕钱塘"美丽乡村精品游线主要节点、钱塘区智慧农业基地、钱塘区围垦历史文化功能区。

（4）打造目标

浙江省 A 级景区村庄、钱塘区围垦历史第一村、省级美丽乡村。

（5）策划项目

智慧农业园、智慧农业重点实验室、现代农业研究工作室、院士工作站、智慧农业科普研学体验中心、中小学研学营舍、游客中心、生态停车场、旅游厕所、围垦历史展示馆、围垦历史文化智慧体验馆、水上运动中心。

2. 共和村

（1）发展现状

共和村与共裕村相连,耕地种植 20% 苗木、20% 水稻和 60% 蔬菜,现有种植 0.13 平方千米香芹、大棚西瓜,尚未进行土地流转。村内现建有入村牌坊和公园、文化广场,旅游开发尚未起步。

（2）打造思路

①依托村委会旁边 0.004 平方千米建设用地,打造一处小型旅游集散中心,配套建设生态停车场、餐饮和住宿设施,打造"军民融合·共建共荣"组团旅游集散中心。

②深入挖掘共和村军民融合故事,利用闲置民居打造一处军民融合历史博物馆,展示军民融合的深厚历史。利用 AR/VR 技术,还原军民鱼水一家亲的传统故事。

③在共和村入村牌坊处,打造一处"军民融合·共建共荣"组团游线出入口。

④利用 0.13 平方千米西瓜种植基地,打造杭州市钱塘区特色沙地西瓜自驾采摘基地,建设一处小型西瓜科普长廊,举办西瓜采摘节等活动。

⑤按照浙江省 A 级景区村庄建设标准,对村庄标识导览系统、解说系统、智慧旅游服务系统进行打造,串联进入"共建共兴·共裕钱塘"美丽乡村精品游线。

(3)功能定位

"共建共兴·共裕钱塘"美丽乡村精品游线主要节点、钱塘区军民融合文化旅游点。

(4)打造目标

浙江省 A 级景区村庄、钱塘区西瓜特色采摘村。

(5)策划项目

旅游集散中心、军民融合历史博物馆、"军民融合·共建共荣"组团游线出入口、西瓜种植基地、西瓜科普长廊。

3.共建村

(1)发展现状

共建村接近城市边缘,城市化程度较高,已投资 2.1 亿元建设完成盛陵湾公园,旅游开发尚未起步。

(2)打造思路

①对盛陵湾公园进行改造提升,依托管理用房等建设游客中心,配套建设停车场。全面提升整个公园标识导览系统、智慧解说系统。

②改造民俗展览馆,展示盛陵湾沿线及共建村传统民俗、传统手工艺。

③依托盛陵湾公园西侧农田打造高端创意农业园,建设婚庆基地,打造一处户外婚庆草坪广场。

④打造村庄标识导览系统、解说系统、智慧旅游服务系统,作为"共建共兴·共裕钱塘"美丽乡村精品游线与盛陵湾交汇节点,串联"共建共兴·共裕钱塘"美丽乡村精品游线。

(3)功能定位

"共建共兴·共裕钱塘"美丽乡村精品游线主要节点。

(4)打造目标

钱塘区高端创意农业特色旅游村。

（5）策划项目

盛陵湾公园、高端创意农业园、婚庆基地、民俗展览馆。

4.共兴村、新南村、宏波村

（1）发展现状

村庄耕地种植以苗木为主，面临非粮化整改，旅游开发尚未起步。

（2）打造思路

①共兴村、新南村、宏波村各村对耕地进行流转，各村统一种植粮食作物，打造连片都市田园景观。

②利用宏波村育种基地，打造一处水稻育种科普研学基地。

③对村庄标识导览系统、解说系统、智慧旅游服务系统进行打造，串联进入"共建共兴·共裕钱塘"美丽乡村精品游线。

（3）功能定位

"共建共兴·共裕钱塘"美丽乡村精品游线主要节点。

（4）打造目标

浙江省级示范性家庭农场。

（5）策划项目

都市田园景观、水稻育种科普研学基地。

（五）"都市田园·精致家园"美丽乡村精品游线旅游功能策划

1.仓北村—头蓬老街

（1）发展现状

仓北村占地面积约 2.5 平方千米，常住人口 3000 多人。村庄紧邻杭州市钱塘区城市建成区，农田被城市干道分割，缺乏大面积连片农田。江东大道、河津路、地铁 8 号线经过仓北村，且地铁 8 号线设有仓北村地铁站，交通便捷。头蓬老街紧邻仓北村，并与南沙大堤相连通，目前已完成环境整治和沿街外立面改造。

（2）打造思路

①利用村内一块 0.33 平方千米连片耕地，种植小麦、水稻、油菜、向日葵等农作物，绘制大地彩绘景观，打造创意农园。

②利用 0.33 平方千米耕地一侧民居和空地，打造仓北村游客中心，配套

建设生态停车场和 AA 级或 AAA 级旅游厕所,建设小型电瓶车换乘中心,开通游客中心至地铁站电瓶车接驳线路。

③依托交通区位优势和一定数量空置民居空间优势,打造仓北－头蓬老街青年艺术社区,打造集"私房菜馆"、文化民宿、茶吧、酒吧、音乐吧、咖啡吧等于一体的旅游休闲街区。

④打造制盐文化、盐帮文化科普研学基地。在头蓬老街东侧恢复一处小型晒盐场,并在头蓬老街打造盐帮文化博物馆和盐帮文化主题民宿,利用 AR/VR 技术还原制盐、贩盐场景。

⑤在头蓬老街和南沙大堤交汇处,打造一处旅游休闲街区出(入)口,配置盐帮文化和红色文化景观雕塑小品和解说系统。

⑥对照《旅游休闲街区等级划分》(LB/T082—2021)标准,对该街区进行改造,按照浙江省 AAA 级景区村庄对仓北村进行改造,串联"美丽窗口·都市田园"美丽乡村精品游线。

(3)功能定位

"美丽窗口·都市田园"美丽乡村精品游线主要节点,以盐帮文化、青年艺术社区、旅游休闲街区、都市核心区中的都市田园为特色的都市乡村和街区体验区。

(4)打造目标

浙江省 AAA 级景区村庄(仓北村)、浙江省级旅游休闲街区、杭州湾盐帮文化体验基地、青年艺术社区、文化民宿休闲街区。

(5)策划项目

旅游休闲街区、创意农园、仓北村游客中心、电瓶车接驳线路、仓北—头蓬老街青年艺术社区、私房菜馆、主题酒店、酒吧、音乐吧、咖啡吧、晒盐场、盐帮文化展览馆、盐文化主题民宿、盐帮文化和红色文化景观雕塑。

2.火星村

(1)发展现状

火星村位于义蓬街道中部,现有 1.33 平方千米耕地。旅游开发已有一定基础,已经基本完成美丽乡村建设,建设完成美丽河道、同心桥、沙地方言文化宣传标识。本地村民经济条件较好,旅游开发动力较弱,村集体年收入

400余万元。在建高铁线和艮山东路穿过火星村,在一定程度上限制旅游开发。

(2)打造思路

①依托火星村沙地方言文化基础,打造一处沙地文化展览馆,打造沙地文化科普研学基地,以沙地方言文化为引导,尝试制作沙地特色美食。打造沙地美食土菜馆,建设沙地文化主题民宿。

②利用0.67平方千米耕地种植粮食农作物,依托5%配套设施用地,建设田园酒店、田园餐厅,打造一处以农耕文化和沙地文化为主题的田园综合体。

③按照浙江省AA级景区村庄建设标准对火星村进行整体改造,把火星村串联进入"美丽窗口·都市田园"美丽乡村精品游线。

④依托火星村美丽田园和沙地文化田园综合体,以杭州市钱塘区围垦文化中的"拓荒牛"文化为基础,打造一处"牛拉车"特色乐园,设置"牛拉车""牛耕田""牛围垦"等体验项目,宣传围垦文化中的"牛"文化。

⑤依托火星村便利的交通条件,打造一处美食文化街区,以沙地文化美食为特色,创意性引进烤全羊等标志性美食,打造钱塘区美食文化村、钱塘区大江东烤全羊美食村,做好美食文化产业。

⑥依托火星村已建成美丽田园和美丽河道,规划建设一处300米田园轨道小火车,打造特色网红景点。

(3)功能定位

"美丽窗口·都市田园"美丽乡村精品游线主要节点、钱塘区沙地文化体验基地。

(4)打造目标

浙江省AA级景区村庄、沙地文化旅游村。

(5)子项目

沙地文化展览馆、沙地文化科普研学基地、沙地美食土菜馆、沙地文化主题民宿、田园酒店、田园餐厅、田园综合体。

3.灯塔村

(1)发展现状

灯塔村占地 1.5 平方千米,现有耕地 0.8 平方千米,主要种植苗木和蔬菜,其中毛豆种植面积最大,超过 0.4 平方千米。

(2)打造思路

①利用毛豆种植产业基础,对毛豆种植园进行改造,打造毛豆文化创意农园,绘制毛豆图案大地彩绘。

②在毛豆种植园打造一处毛豆科普长廊,利用毛豆大棚建设毛豆儿童乐园,开发"一颗毛豆的成长历程"科普动画,绘制毛豆故事连环画,策划毛豆故事讲堂。建设毛豆文化主题家庭农场,开发毛豆采摘、毛豆认养等旅游项目。

③对村庄标识导览系统、解说系统、智慧旅游服务系统进行打造,串联"美丽窗口·都市田园"美丽乡村精品游线。

(3)功能定位

"美丽窗口·都市田园"美丽乡村精品游线主要节点、毛豆科普教育采摘基地。

(4)打造目标

毛豆特色旅游村。

(5)策划项目

毛豆文化创意农园、毛豆图案大地彩绘、毛豆科普长廊、毛豆科普教育基地、毛豆儿童乐园。

4.后新庙村—新庙前村

(1)发展现状

后新庙村与新庙前村相连,两村交界处有一座靖海殿。整体位于钱塘区与萧山区交界。头蓬快速路和机场轻轨线穿过后新庙村和新庙前村,在新庙前村内设有一处互通,同时规划建设一处检修站。后新庙村现有耕地 0.8 平方千米,其中最大连片为 0.2 平方千米。

新庙前村为傅永先烈士家乡,保留有傅永先烈士故居,谋划发展红色旅游。

(2)打造思路

①利用后新庙村与新庙前村相连农田种植彩色水稻,打造红色文化主

题大地彩绘景观。

②在新庙前村试驾基地处,对美丽乡村道路进行改造,沿线种植油菜花、栀子花等植物,打造美丽风景道,同时配建田园咖啡吧、田园茶吧,利用空置民居打造一处乡村书吧。

③对傅永先烈士故居进行修缮,打造红色纪念碑、红色历史科普长廊,建设一处红色文化广场和党员宣誓墙。利用 AR/VR 技术,讲述傅永先烈士英雄事迹,打造杭州市钱塘区区级红色教育基地。

④将红色文化元素融入村庄旅游标识中,沿村庄道路建设红色主题雕塑。

⑤对高铁沿线和义蓬快速路两侧民居进行统一立面改造,依托沿线农田打造美丽田园景观带,打造钱塘区现代乡村建设"美丽窗口"。

⑥按照浙江省 A 级景区村庄建设标准,对村庄标识导览系统、解说系统、智慧旅游服务系统进行打造,串联进入"美丽窗口·都市田园"美丽乡村精品游线。

(3)功能定位

"美丽窗口·都市田园"美丽乡村精品游线主要节点、红色文化教育研学基地、钱塘区现代乡村建设"美丽窗口"。

(4)打造目标

浙江省 A 级景区村庄、红色文化旅游村。

(5)策划项目

红色文化主题大地彩绘、红色纪念碑、红色历史科普长廊、红色文化广场、党员宣誓墙、美丽田园景观带。

5.金星村

(1)发展现状

金星村基本完成拆迁工作,目前已初步建成大田花海。

(2)打造思路

①金星村大田花海已经初步建设完成,停车场、游步道、休闲座椅等设施也基本建设完成,建议保留 0.1 平方千米建设城市公园。

②依托临近地铁站的交通优势,策划大田花海城市滑板赛、大田花海轮滑赛等活动。

（3）功能定位

"美丽窗口·都市田园"美丽乡村精品游线主要节点。

（4）打造目标

都市田园。

（5）策划项目

大田花海城市公园。

6.新益村

（1）发展现状

新益村占地1.5平方千米,头蓬快速路穿过村庄,现有0.73平方千米耕地,种植农作物以苗木为主。目前,村内有一处爱怡蔬菜合作社,以西蓝花、四季豆、黄瓜、日本茄子为特色产品。

（2）打造思路

①依托爱怡蔬菜合作社种植基地,打造一处绿色蔬菜自驾采摘基地,串联入杭州市钱塘区自驾采摘线路。

②种植水果玉米、彩色玉米等不同品种玉米,打造玉米特色的采摘体验基地。

（3）功能定位

"美丽窗口·都市田园"美丽乡村精品游线主要节点。

（4）打造目标

都市田园。

（5）策划项目

爱怡蔬菜合作社种植采摘基地。

（六）"钱塘观潮·民俗体验"美丽乡村精品游线旅游功能策划

1.文伟村

（1）发展现状

文伟村是江东大桥下第一个村,地铁8号线"桥头堡站"、滨二路、江东大道穿村而过。全村耕地1.33平方千米,基本种植苗木、小范围草莓等。

地铁8号线建成后,"桥头堡地铁站"出口有1.13平方千米连片农田,是大江东最大连片农田,种植水稻和油菜,有大地彩绘"钱塘"二字。该村有一块 0.027 平方千米用地,现种香芹,可进行旅游开发建设。

(2)打造思路

①依托文伟村 1.13 平方千米耕地,广泛种植油菜花、水稻、小麦,打造金色麦浪田园景观。策划麦田音乐节、稻田音乐节等音乐节庆赛事活动。举办"唱响大江东""钱塘区青年歌手大赛"等音乐活动。

②依托地铁 8 号线地铁站优势区位,打造一条连通金色麦浪田园景观与地铁站的旅游风景道。策划自驾车道、骑行道、游步道三道合一的旅游交通线。

③依托 0.027 平方千米建设用地,引入宝龙城市广场等商业综合体运营商,打造一处乡村旅游综合体。建设钱塘区乡村旅游集散中心,配建钱塘区乡村自驾旅游主停车场。

④在春暖花开时节,利用麦田策划钱塘区风筝节,举办钱塘区麦田马拉松、钱塘区麦田艺术节等节庆赛事活动。

⑤按照浙江省 AA 级景区村庄建设标准,对村庄标识导览系统、解说系统、智慧旅游服务系统进行打造,串联进入"潮起钱塘·围垦梦圆"美丽乡村精品游线。

(3)功能定位

"潮起钱塘·围垦梦圆"美丽乡村精品游线主要节点、钱塘区大地彩绘旅游重要节点、钱塘区音乐文化旅游区。

(4)打造目标

浙江省 AA 级景区村庄、杭州市级体育赛事。

(5)策划项目

1.13 平方千米金色麦浪田园景观、麦田音乐节、金色麦浪旅游风景道、杭州市钱塘区乡村旅游集散中心、麦田马拉松。

2.三联村

(1)发展现状

三联村位于钱塘江边,由新联村、联合村、永建村三个村合并而来。村庄人口 3100 人,流动人口 1000 余人。该村总面积 3 平方千米,耕地 1.85 平方千米,农作物种植以苗木为主。

旅游发展处于起步阶段,原有 0.167 平方千米番茄种植基地,番茄品质闻名大江东,由于修建过江隧道被毁。村庄周围有艮山过江隧道、河津路、滨江 2 号路及地铁 8 号线,交通便捷。

(2)打造思路

①依托三联书屋,打造乡村农家书屋,建设乡村咖啡吧。在三联书屋一侧空地上打造小型停车场、游客接待中心、AA 级以上旅游厕所。

②在三联村靠近钱塘江大堤一侧,利用内河水面和两侧绿地,建设草坪露营基地,建设水上木屋、水上观景亭、水上观潮平台,建造小吃吧、餐吧。整村挖掘观潮文化元素标识,在主要入口处充分融入三联村观潮文化元素,依托村内空置民宅打造观潮文化民宿。

③在现有星光老年之家基础上,进行设施服务提升。面向城市中高端人群,打造集疗养、休闲、养老养生于一体的特色养老社区。

④流转 0.067 平方千米耕地,恢复西红柿种植。策划特色西红柿文化节,打造钱塘区版"西班牙番茄节"。策划番茄大战、西红柿乐园等项目。

(3)功能定位

"潮起钱塘·围垦梦圆"美丽乡村精品游线主要节点、钱塘区乡村养老重要节点、钱塘区观潮基地。

(4)打造目标

浙江省 A 级景区村庄、浙江省级示范性家庭农场。

(5)策划项目

三联书屋、游客中心、三联村观潮基地、水上木屋、水上观景亭、水上观潮平台、星光老年之家养老社区、西红柿乐园。

3.建设村

(1)发展现状

建设村面积 2.89 平方千米,总人口 4081 人。村内农田被每隔 300－500 米硬化道路和联排民居分割,农田以种植苗木为主,面临非粮化整治。村内已出租一定量空置民居,有发展旅游潜质。

(2)打造思路

①引进专业化的乡村运营团队,走市场化发展道路。利用村庄内被切

割成一块块的农田,打造二十四节气主题艺术农田。沿农田道路建设二十四节气科普长廊。

②利用村内老学校,打造小学生营舍、农耕营地,与二十四节气教育农田相结合,开发中小学生户外研学科普旅游市场。

③利用村庄内土法炼油、手工脱粒等传统农耕技艺,建设传统手工艺文化馆。发展稻鱼共养,打造传统乡村手工艺体验基地,引导游客体验稻谷脱粒、土法炼油、磨豆腐、打年糕、包粽子等手工工艺。

④利用村庄旁边的排水渠建设农田游步道,打造一条网红游步道。打造一条贯穿建设村、蓬园村、三联村的游步道,连接"钱塘观潮·民俗体验"美丽乡村精品游线组团与"潮起钱塘·围垦梦圆"美丽乡村精品游线。

⑤以二十四节气和围垦农耕文化为依托,打造系列雕塑景观,分布在美丽田园、村庄入口、道路交叉口等区域,使其成为钱塘区特色雕塑景观村。

(3)功能定位

"潮起钱塘·围垦梦圆"美丽乡村精品游线主要节点、钱塘区农耕文化科普研学教育旅游点。

(4)打造目标

杭州市钱塘区农耕文化旅游村。

(5)策划项目

小学生营舍、认养农田、传统手工艺文化馆、二十四节气文化民宿、农耕文化主题雕塑群。

4.蓬园村

(1)发展现状

蓬园村位于"潮起钱塘·围垦梦圆"美丽乡村精品游线东南端,地处城市开发边界。村内特色产业为榨菜生产,拥有钱江蔬菜厂,曾经为 G20 杭州峰会供应榨菜,特色产品为航空榨菜,种类包括萧山萝卜干、脆瓜、雪菜、竹笋等。

(2)打造思路

①对钱江蔬菜厂进行工业旅游改造,依托生产线建设工业旅游参观通道,建设钱江蔬菜品牌馆、企业发展历史馆,打造旅游商品购物中心和区级

工业旅游示范基地。

②依托萧山萝卜干非遗文化,打造以萧山区萝卜干为代表的非遗文化科普研学馆,策划萧山萝卜干制作等体验活动,打造青少年科普研学实践教育基地。

③流转村内耕地,建设钱江蔬菜厂蔬菜种植基地,打造"钱江蔬菜"品牌,举办"拔萝卜大赛""黄瓜采摘节"等旅游活动,串联入钱塘区自驾采摘游线。

④按照浙江省 A 级景区村庄建设标准,对村庄标识导览系统、解说系统、智慧旅游服务系统进行打造,串联进入"潮起钱塘·围垦梦圆"美丽乡村精品游线。

(3)功能定位

"潮起钱塘·围垦梦圆"美丽乡村精品游线主要节点、萧山萝卜干非遗文化科普教育基地、钱塘区特色旅游商品购物点。

(4)打造目标

浙江省 A 级景区村庄、钱塘区区级工业旅游示范基地。

(5)策划项目

钱江蔬菜厂工业旅游示范基地、钱江蔬菜品牌馆、企业发展历史馆、萧山萝卜干非遗文化科普研学馆、钱江蔬菜种植基地。

5.长红村

(1)发展现状

长红村占地 1.6 平方千米,位于杭州市钱塘区最南端城市开发边界,全村共有 2300 人,现有耕地 1.286 平方千米。村内已经打造浙江省无公害蔬菜"盛红牌"大棚蔬菜品牌,年产值 600 万元。

(2)打造思路

①依托浙江省无公害蔬菜"盛红牌"大棚蔬菜品牌,通过土地流转,扩大规模,打造 0.40—0.53 平方千米大棚蔬菜种植基地。

②与浙江省农业科学院合作,打造一处大棚蔬菜培育实验基地,引进建设院士工作站。打造现代智慧农业科普研学教育基地,并建设农家乐、土菜馆等旅游接待设施。

③开发社区团购市场,打造云端智慧菜园,针对杭州城乡居民实现绿色蔬菜点对点配送上门服务。

④利用村庄空置民居,统一收储,减免租金,吸引乡贤和年轻人回乡进行农业创业。引进"村庄合伙人",发展"现代农民",打造"现代农民"社区。

⑤打造村庄标识导览系统、解说系统、智慧旅游服务系统,串联进入"潮起钱塘·围垦梦圆"美丽乡村精品游线。

（3）功能定位

"潮起钱塘·围垦梦圆"美丽乡村精品游线主要节点,绿色蔬菜社区团购基地。

（4）打造目标

浙江省级示范性家庭农场。

（5）策划项目

"盛红牌"大棚蔬菜基地、大棚蔬菜培育实验基地、现代智慧农业科普研学教育基地、农家乐、土菜馆、"现代农民"社区。

6.金泉村

（1）发展现状

金泉村与白浪村接壤,村内拥有若干处池塘,最大一处面积超过3333平方米。

（2）打造思路

①利用金泉村内若干处池塘建设水上平台,打造游步道连接各个池塘,打造乡村垂钓园。

②在占地3333平方米的池塘建设水上娱乐活动设施,打造水上儿童乐园。

③打造村庄标识导览系统、解说系统、智慧旅游服务系统,串联进入"潮起钱塘·围垦梦圆"美丽乡村精品游线。

（3）功能定位

"潮起钱塘·围垦梦圆"美丽乡村精品游线主要节点。

（4）打造目标

垂钓基地。

（5）策划项目

乡村垂钓园、水上儿童乐园。

六、美丽乡村精品游线组团功能策划

（一）"潮起钱塘·围垦梦圆"美丽乡村精品游线组团功能策划

1. 功能主题

该美丽乡村精品游线组团主要表达潮起钱塘、围垦初心梦圆的主题思想。昔日滩涂地,围垦出了一个繁华钱塘。今日之钱塘,如万千围垦人之所愿,一个繁荣而又美丽的围垦新城展现在杭城东部。主要功能为:打造围垦文化综合体验功能区。

2. 主要村庄

新围村、围中村、江东村、新创村、新江村。

3. 策划思路

①把新围村打造为钱塘区围垦文化第一村和浙江省 AAA 级景区村庄。

②把围中村打造为集"五和"文化、"五米"创意、休闲农业于一体的共享创意农业庄园村和浙江省 AA 级景区村庄。

③把江东村打造为集文化创意园区、围垦文化民宿体验区、乡村文化创客高地于一体的文化创客体验村和浙江省 AA 级景区村庄及钱塘区美丽乡村第一村。

④把新创村和新江村打造为集果蔬采摘、特色农事体验、特色酱菜生产体验于一体的农业生产生活体验区块。

4. 主题口号

"潮起钱塘·围垦梦圆"。

（二）"童趣同心·勇立潮头"美丽乡村精品游线组团功能策划

1. 功能主题

该美丽乡村精品游线组团主要由最东部的临江街道的萧东村、东庄村和前进街道的临江村、前峰村组成。萧东村和东村庄的美丽河道建设富有成效,河道两岸公园美丽如画,水上栈道及两岸公园游步道初步相连。东庄村建有同心公园、童星公园;萧东村建有潮起萧东雕塑、美丽乡村大舞台文化体验区、九墙十八柱围垦文化景观小品。围垦人的后代开始对这块土地精心打扮,为围垦村庄进一步发展文旅产业和开启村庄转型升级发展道路奠定了坚实基础。美丽而又充满朝气的围垦村庄正如万千围垦人所愿,同心奋斗,为下一代过上美好幸福生活而时刻努力。童星同心,初心不忘,脚踏实地,勇立潮头,开启新征程。

该组团功能定位为:打造集童趣公园、儿童休闲农业创意乐园、美丽田园、村庄美丽景观游览、围垦文化体验和围垦文化民宿于一体的浙江省美丽乡村精品体验村和休闲度假旅游组团。

2.主要村庄

萧东村、东庄村、临江村、前峰村。

3.策划思路

①把萧东村打造为围垦文化民宿体验村、美丽乡村精品示范村、"童趣春园"区级美丽乡村精品游线综合服务区和浙江省 AAA 级景区村庄。

②把东庄村打造为童趣综合游乐体验区、儿童创意休闲农业体验区、党建同心公园主题教育基地和"十里樱花"大道综合体验基地和浙江省 AA 级景区村庄。

③把前峰村和临江村打造为集休闲农业、大田花海于一体的特色美丽乡村。

4.主题口号

"童趣同心·勇立潮头"。

(三)"数字启航·春光满园"美丽乡村精品游线组团功能策划

1.功能主题

春光村、春雷村、春园村的春天是充满朝气的,是催人奋进的。在国家乡村振兴战略和新时代美丽乡村建设背景下,三村通过积极发展美丽田园,弘扬二十四节气人类非物质文化遗产,打造数字乡村和发展乡村电子商务,让这片土地充满青春朝气,再创辉煌。

该组团功能定位为:打造集二十四节气非遗文化体验、新时代数字乡村和乡村电子商务体验、都市青年爱情海誓体验于一体的传统文化、爱情体验与现代科技交融的美丽乡村旅游综合体体验组团。

2.主要村庄

春光村、春雷村、春园村。

3.策划思路

①把春园村打造为集二十四节气非遗文化体验、校村合作农事体验研学体验、老围垦村商业文化体验于一体的文化研学与休闲购物旅游村和浙江省 AA 级景区村庄。

②把春雷村打造为集爱情文化长廊、农事活动体验、都市青年约会基地、爱情山盟海誓体验基地、都市爱情公寓住宿体验于一体的爱情文化休闲体验民俗村和浙江省 AA 级景区村庄。

③把春光村打造为集新区数字乡村第一村、新区第一乡村电子商务淘宝村、美丽田园美丽庭院示范村于一体的数字化美丽乡村体验村和浙江省 AAA 级景区村庄。

4.主题口号

"数字启航·春光满园"。

(四)"军民融合·共建共荣"美丽乡村精品游线组团功能策划

1.功能主题

共兴村、共裕村、共和村、共建村,四个美丽乡村在 20 世纪 70 年代属于军民融合驻军村,由此命名四个村庄的名称。"军民融合·共建共荣",美丽、整洁、富庶、小康的四共村庄梦圆,万千围垦人舍小家为大家,战天斗地,流血牺牲,共同建设一个美好而又富足的家园。

该组团功能定位为:打造集军民融合文化博物场馆研学、军民共建共兴共裕美丽乡村体验示范、美丽河道慢行、水上娱乐休闲、智慧创意农业休闲研学等功能于一体的新时代美丽乡村共同发展示范区。

2.主要村庄

共兴村、共裕村、共和村、共建村、新南村。

3.策划思路

①把共裕村打造为集智慧创意农业、设施农业休闲研学体验、围垦文化老村体验、美丽河道休闲运动等功能于一体的智慧农业研学与围垦历史文

化体验村和浙江省 AA 级景区村庄。

②把共和村打造为集军民融合共建历史文化体验基地、区级美丽乡村精品游线综合服务基地、美丽乡村建设精品示范基地等功能于一体的军民融合文化和旅游综合服务功能区。

③把共建村和盛陵湾公园打造为集美丽乡村生态文明综合体验基地、美丽河流盛陵湾公园婚纱摄影营地、创意农业婚纱摄影营地、区级美丽乡村精品游线综合服务基地等功能于一体的美丽乡村生态文明综合体验景区。

4.主题口号

"军民融合·共建共荣"。

（五）"都市田园·精致家园"美丽乡村精品游线组团功能策划

1.功能主题

头蓬快速二通道和现代化的杭绍台高铁通过该组团（仓北村、灯塔村、金星村、火星村、全民村、后新庙村、新庙前村等）村庄。该组团城乡交融，为杭州市钱塘区中心绿轴，美丽的田园和现代化的城市交融，如诗如画的村庄和现代化的交通通道交融。这繁华而又现代化的城乡田园交响曲正如万千围垦人的初心，也正如他们的所愿。这繁华而又美丽的"重要窗口"正如万千围垦人所愿，通过头蓬快速路通道和高铁通道展示出来。

通过打造现代化都市中最美的村庄、现代化通道中最美的田园、最美田园中精致的家园，把该组团打造为展示杭州市钱塘区乃至浙江省美丽乡村建设的"重要窗口"。

2.主要村庄

仓北村、灯塔村、金星村、火星村、全民村、新益村、后新庙村、新庙前村。

3.策划思路

①把仓北村、全民村等美丽乡村打造为离城市功能区、都市地铁口最近，集盐帮文化体验、都市田园景观游览、乡村休闲（乡村酒吧、乡村民宿、乡村私房菜馆等）体验等功能于一体的都市田园乡村综合体体验区。

②把灯塔村、金星村、火星村、后新庙村等乡村打造为集特色休闲农业观光园区、特色农事活动体验与果蔬采摘基地、共享农庄体验基地、美丽乡村精品示范基地、沙地文化体验基地等功能于一体的综合性美丽乡村精品

游线体验组团功能区。

③以邓小平同志亲笔提名的"我们的好连长"傅永先烈士及其故居为基础资源,通过打造傅永列烈士纪念馆、纪念园、纪念碑、红色研学旅行基地等红色旅游设施,把新庙前村打造为杭州市钱塘区红色旅游第一村及市、区级红色旅游教育基地或研学旅行示范基地。

4.主题口号

"都市田园·精致家园"。

(六)"钱塘观潮·民俗体验"美丽乡村精品游线组团功能策划

1.功能主题

该美丽乡村精品游线组团主要表达勇立潮头、敢为天下先的主题思想。钱塘江勇往直前,奔涌不息,赋予了钱塘江两岸人民不断奋进、不断探索、敢为天下先的钱塘精神,是浙江省作为全面展示中国特色社会主义制度优越性重要窗口的精神底蕴。主要功能为:打造观潮体验、民俗体验功能区。

2.主要村庄

三联村、文伟村、建设村、长红村、金泉村、蓬园村。

3.策划思路

(1)把三联村打造为钱塘区观潮基地和浙江省 A 级景区村庄。

(2)把文伟村打造为钱塘区乡村旅游集散中心和集麦田音乐节、大地彩绘、乡村旅游综合体于一体的音乐文化旅游村和浙江省 AA 级景区村庄。

(3)把建设村、长红村、金泉村打造成为集现代创意农业园、农耕文化体验馆、乡村垂钓基地于一体的旅游组团、浙江省 A 级景区村庄。

(4)把蓬园村打造为钱塘区特色旅游商品购物点和萧山萝卜干非遗文化科普教育基地,同时打造为浙江省 A 级景区村庄。

4.主题口号

"钱塘观潮·民俗体验"。

七、美丽乡村精品游线线路策划

(一)"潮起钱塘·围垦梦圆"美丽乡村精品游线

1.线路主题

"潮起钱塘·围垦梦圆"。

2.主要节点

新围村、围中村、江东村、新创村、新江村、文伟村、三联村、建设村、蓬园村、长红村、金泉村。

3.功能组团

"围垦梦圆"组团、"潮起钱塘"组团、"民俗体验"组团。

4.策划思路

①以新围村、围中村、江东村、新创村、新江村为主体,打造集围垦文化体验、美丽创意农业体验、四季果树采摘、创客文化体验、围垦文化民宿于一体的"围垦梦圆"组团,作为该区级"潮起钱塘·围垦梦圆"美丽乡村精品游线的东部端点。

②以三联村、文伟村、建设村、蓬园村、长红村为主体,打造集观潮体验、创意农业、旅游集散、民俗体验、住宿接待、美食餐饮、休闲购物于一体的"潮起钱塘""民俗体验"综合游线组团,作为该区级"潮起钱塘·围垦梦圆"美丽乡村精品游线的西部端点。

③以杭州三江两岸国家绿道、内河中间道路、内河两侧为轴线,打造内河两岸游步道、水上栈道和河流两岸骑行道,把该条游线打造为集钱塘江观潮、三江两岸国家绿道骑行和慢行、沿线车行道自驾、沿河两侧骑行和慢行、内河游船水上游行于一体的杭州市钱塘区最美美丽乡村精品游线。

5.宣传用语

钱塘"潮起桥头"美丽乡村精品游线。

(二)"春光春园·童趣同心"美丽乡村精品游线

1.线路主题

"春光春园·童趣同心"。

2.主要节点

萧东村、东庄村、前峰村、临江村、春光村、春雷村、春园村。

3.功能组团

连接"童趣同心·勇立潮头"和"数字启航·春光满园"两大美丽乡村精品游线组团。

4.策划思路

①该条精品游线主要通过围垦后横河、萧东—东庄—前峰—临江组团内河流、春光—春雷—春园组团内河流的水系打通两大组团7个村落,建设两岸游船码头,打通两岸滨水游步道,建设两岸骑行道,改造两岸车行道,并开通水上游船线路,打造一条主要依托河流水系及两岸慢行、骑行、车行系统的美丽乡村精品游线。

②萧东村目前围垦后横河美丽河流、两岸景观公园基本改造完成,形成了美丽的两岸景观,打造了"潮起萧东"大型雕塑景观,并对河流游步道、沿线村庄景观进行了改造,融入了围垦文化,为打造"春光春园·童趣同心"美丽乡村精品游线奠定了坚实的基础。

③东庄村沿围垦后横河两岸景观尚未打造,未来打造后,与萧东村一起形成"春光春园·童趣同心"美丽乡村精品游线东端主要端点。

④东端点一级驿站设置在萧东村乡村大舞台,西端点一级驿站设置在春光村文化大礼堂,其他在东庄村、春园村、春雷村等村庄打造3个二级驿站。

⑤该条游线把"童趣同心·勇立潮头"和"数字启航·春光满园"两大美丽乡村精品游线组团及两大组团内部两条美丽乡村精品游线有效串联。

5.宣传用语

钱塘"童趣春园"美丽乡村精品游线。

(三)"红色南沙·峥嵘记忆"美丽乡村精品游线

1.线路主题

"红色南沙·峥嵘记忆"。

2.主要节点

以三联村与杭州三江两岸国家绿道南沙老堤交汇处作为出发节点,至新湾街道南沙公园、南沙最美绿道为终点,沿途经过三联村南沙大堤、建设村、全民村南沙大堤遗址公园、东沙湖南沙老堤、头蓬老街南沙老堤、新湾南沙公园和南沙大堤最美绿道等节点。

3.功能组团

"潮起钱塘"美丽乡村组团、全民村—头蓬老街南沙老堤组团、东沙湖南沙老堤功能组团、南沙公园新湾"一纵一横"美丽乡村精品游线组团。

4.策划思路

以非连续性南沙老堤为游线主要线路,部分区段走城乡新建道路,沿着南沙老堤打造一条红色 1960 南沙大堤美丽乡村精品游线,把南沙大堤钱塘江起点、主要老闸坝、南沙遗址公园、新湾南沙公园和南沙大堤最美绿道串珠成线,打造一条富有红色文化内涵的杭州市钱塘区红色 1960 南沙大堤美丽乡村精品游线。该游线两大端点南沙公园组团精品游线设施打造思路按照"共建共兴·共裕钱塘"美丽乡村精品游线中的南沙公园设施进行打造,另一端点三联村南沙大堤起始点按照"潮起钱塘·围垦梦圆"中的思路一起打造。

5.宣传用语

钱塘"红色南沙"美丽乡村精品游线。

(四)"美丽窗口·都市田园"美丽乡村精品游线

1.线路主题

"美丽窗口·都市田园"。

2.主要节点

头蓬老街、仓北村、全民村、金星村、灯塔村、火星村、新益村、后新庙村、新庙前村。

3.功能组团

"都市田园·精致家园"美丽乡村精品游线组团。

4.策划思路

①以头蓬快速通道、杭绍台高铁通道为主要景观廊道,沿两大通道两侧打造都市田园景观、美丽乡村景观、最美花道景观。

②沿线打造都市田园大地艺术景观,充分利用现有田园,通过粮食作物规模化、艺术化、创意化种植,打造快速通道两侧大地田园景观,成为展示浙江省美丽乡村建设成果的"重要窗口",为经过该美丽乡村精品游线的快速通道的旅客提供视觉盛宴,并为本地居民、到访游客提供都市田园休闲消费场所。

③统一改造沿线村庄的天际线、屋坡顶、外立面,实施"三线入地",打造美丽田园、美丽庭院、美丽河流、美丽道路等美丽景观,形成具有"烟雨江

南·水墨钱塘"文化底蕴的精致家园。

5.宣传用语

钱塘"重要窗口"美丽乡村精品游线。

(五)"共建共兴·共裕钱塘"美丽乡村精品游线

1.线路主题

"共建共兴·共裕钱塘"。

2.主要节点

共兴村、共和村、共裕村、共建村、新南村、盛陵湾公园、宏波村。

3.功能组团

"军民融合·共建共荣"美丽乡村精品游线组团、盛陵湾组团、宏波村。

4.策划思路

以"军民融合·共建共荣"美丽乡村精品游线组团内部环形游线为南部线路、盛陵湾为北部端点,以共裕村到盛陵湾公园河流、沿河游步道、骑行道和车行道为主要游线,并打通河流水上游船游线,把主要村落、盛陵湾公园进行有效串联,形成一条区级美丽乡村精品游线。

共和村、共裕村、共兴村3个村庄打造1条组团内部美丽乡村精品游线,并与盛陵湾公园有效链接,打造一条"军民融合·共建共荣"美丽乡村精品游线。

5.宣传用语

钱塘"共兴共裕"美丽乡村精品游线。

八、美丽乡村精品游线设施配给策划

(一)"潮起钱塘·围垦梦圆"美丽乡村精品游线设施配给策划

1.游线旅游基础和公共服务设施配给策划

(1)一级驿站

该条美丽乡村精品游线共打造3处一级驿站:三联村观潮基地一级驿站、新创村—观十五线一级驿站、新围村一级驿站。

①三联村观潮基地一级驿站。该驿站拟和三联村观潮基地进行一体化打造,做好萧山来往通道的入口景观标识系统打造工作,充分融入钱塘江潮

文化内涵。一级驿站设施配置主要有旅游厕所、游客中心、停车场和观潮基地大草坪营地、餐饮服务基地。

②新创村—观十五线一级驿站。主要利用观十五线与新创村内侧空地建设一处综合驿站,配置游客中心、旅游厕所和停车场,并通过景观桥打通新创村与观十五线、三江两岸国家绿道的连接。

③新围村一级驿站。主要利用新围村的 4667 平方米建设用地打造一处以围垦文化博物馆、围垦文化纪念碑、围垦文化百米长廊、游客中心、停车场、旅游厕所为主要建设内容的文化旅游综合体。

(2)二级驿站

在文伟村与沿江内河交汇处打造 1 处景观桥,并配置旅游停车场、旅游厕所、自动贩卖机、游憩设施,打造 1 处二级驿站,并与文伟村美丽乡村精品游线旅游集散中心和旅游综合体相连接。

①游线标识标牌系统。在三联村观潮基地一级驿站、新创村—观十五线一级驿站、新围村一级驿站 3 处一级驿站设置 5 个美丽乡村精品游线全景导览牌、该线路全景导览图各 1 块及方向指引牌、解说牌若干个;二级驿站设置该线路全景导览牌及方向指引牌、节点解说牌若干个。

②特色游线交通设施配给规划。在该条游线中打造三江两岸国家绿道骑行、慢行通道、内侧自驾车行道、内河两侧景观游步道和滨水栈道,内河靠村庄一侧打造骑行道,并开通内河水上游船线路,配置杭州公共自行车服务站点、游线电瓶车服务站点,形成多样化、特色化旅游交通体系。

2.游线旅游接待设施策划

通过打造三联村观潮基地、新围村围垦文化民宿、文伟村旅游集散中心和旅游综合服务中心、3 处一级驿站内的小吃吧和餐吧、村庄内部的农家乐、乡村茶吧和乡村咖啡吧、乡村酒吧,为到访游客提供多样化旅游接待设施。

(二)"春光春园·童趣同心"美丽乡村精品游线设施配给策划

1.游线旅游基础和公共服务设施配给策划

(1)一级驿站

该条美丽乡村精品游线共打造 2 处一级驿站:萧东村一级驿站、春光村文化大礼堂一级驿站。

①萧东村一级驿站。该驿站拟利用萧东村乡村大舞台,配置旅游厕所、游客中心、停车场等设施,做好萧东村"春光春园·童趣同心"美丽乡村精品游线入口景观标识系统打造工作,充分融入围垦文化、沙地文化内涵。

②春光村文化大礼堂一级驿站。主要利用春光村文化大礼堂,建设一处综合驿站,配置游客中心、旅游厕所和停车场。

(2)二级驿站

在东庄村、春园村、春雷村围垦后横河沿线打造3处二级驿站,并配置旅游停车场、旅游厕所、自动贩卖机、游憩等设施。

①游线标识标牌系统。在萧东村一级驿站、春光村文化大礼堂一级驿站2处一级驿站设置7个美丽乡村精品游线全景导览牌、该线路全景导览图各1块及方向指引牌、解说牌若干个;二级驿站设置该线路全景导览牌及方向指引牌、节点解说牌若干个。

②特色游线交通设施配给规划。在该条游线中打造围垦后横河两侧景观游步道和滨水栈道;围垦后横河靠村庄一侧打造骑行道,并开通围垦后横河水上游船线路,配置杭州公共自行车服务站点、游线电瓶车服务站点,形成多样化、特色化旅游交通体系。

2.游线旅游接待设施策划

通过打造萧东村民宿村、春光村淘宝村、春园村二十四节气文化园、2处一级驿站内的小吃吧和餐吧、村庄内部的农家乐、乡村茶吧和乡村咖啡吧、乡村酒吧,为到访游客提供多样化旅游接待设施。

(三)"红色南沙·峥嵘记忆"美丽乡村精品游线设施配给策划

1.游线旅游基础和公共服务设施配给策划

(1)一级驿站

该条美丽乡村精品游线共打造4处一级驿站:三联村观潮基地一级驿站、东沙湖湖滨一级驿站、南沙公园和盛陵湾一级驿站。

①三联村观潮基地一级驿站。该驿站拟和三联村观潮基地进行一体化打造,与"潮起钱塘·围垦梦圆"美丽乡村精品游线三联村观潮基地一级驿站共用。

②东沙湖湖滨一级驿站。主要利用东沙湖湖滨商业综合体,建设一处综合驿站,配置游客中心、旅游厕所和停车场。

③南沙公园和盛陵湾一级驿站。南沙公园和盛陵湾一级驿站与"共建共兴·共裕钱塘"美丽乡村精品游线南沙公园和盛陵湾一级驿站共用。

（2）二级驿站

在头蓬老街南沙老堤、全民村南沙大堤遗址公园打造2处二级驿站,并配置旅游停车场、旅游厕所、自动贩卖机、游憩设施。

①游线标识标牌系统。在三联村观潮基地一级驿站、东沙湖湖滨一级驿站、南沙公园和盛陵湾一级驿站4处一级驿站设置5个美丽乡村精品游线全景导览牌、该线路全景导览图各1块及方向指引牌、解说牌若干个;二级驿站设置该线路全景导览牌及方向指引牌、节点解说牌若干个。

②特色游线交通设施配给规划。在该条游线中打造南沙大堤绿道、骑行道、慢行道,配置杭州公共自行车服务站点、游线电瓶车服务站点,形成多样化、特色化旅游交通体系。

2.游线旅游接待设施策划

通过打造三联村观潮基地、东沙湖湖滨商业综合体、4处一级驿站内的小吃吧和餐吧、村庄内部的农家乐、乡村茶吧和乡村咖啡吧、乡村酒吧,为到访游客提供多样化旅游接待设施。

（四）"美丽窗口·都市田园"美丽乡村精品游线设施配给策划

1.游线旅游基础和公共服务设施配给策划

（1）一级驿站

该条美丽乡村精品游线共打造3处一级驿站:仓北村一级驿站、火星村一级驿站、新庙前村一级驿站。

①仓北村一级驿站。该驿站拟和仓北村游客中心共建,做好与地铁8号线接驳工作。一级驿站设施配置主要有旅游厕所、游客中心、停车场和餐饮服务基地。

②火星村一级驿站。该驿站拟和火星村游客中心共建,融入沙地文化和非遗文化,配置游客中心、旅游厕所和停车场。

③新庙前村一级驿站。该驿站拟和新庙前村红色教育基地共建,主要打造红色纪念碑、红色历史科普长廊,建设红色文化广场和党员宣誓墙,配置旅游厕所、游客中心、停车场和餐饮服务基地。

(2)二级驿站

在金星村、新益村、灯塔村打造 3 处二级驿站,并配置旅游停车场、旅游厕所、自动贩卖机、游憩设施。

①游线标识标牌系统。在仓北村一级驿站、火星村一级驿站、新庙前村一级驿站 3 处一级驿站设置 8 个美丽乡村精品游线全景导览牌、该线路全景导览图各 1 块及方向指引牌、解说牌若干个;二级驿站设置该线路全景导览牌及方向指引牌、节点解说牌若干个。

②特色游线交通设施配给规划。在该条游线中打造绿道、骑行道、慢行道;打造六工段直河两侧景观游步道和滨水栈道;六工段直河靠村庄一侧打造骑行道,并开通内河水上游船线路,配置杭州公共自行车服务站点、游线电瓶车服务站点,形成多样化、特色化旅游交通体系。

2. 游线旅游接待设施策划

通过打造仓北村一级驿站、火星村一级驿站、新庙前村一级驿站内的小吃吧和餐吧、村庄内部的农家乐、乡村茶吧和乡村咖啡吧、乡村酒吧,为到访游客提供多样化旅游接待设施。

(五)"共建共兴·共裕钱塘"美丽乡村精品游线设施配给策划

1. 游线旅游基础和公共服务设施配给策划

(1)一级驿站

该条美丽乡村精品游线共打造 3 处一级驿站:南沙公园一级驿站、盛陵湾一级驿站和共和村一级驿站。

①南沙公园和盛陵湾一级驿站。充分利用南沙公园、盛陵湾公园现有游客中心、旅游厕所和停车场,游客中心提供游客接待、游线问询、旅游投诉、医疗服务、旅游商品销售、小吃餐吧、智慧查询等服务,并在两大一级驿站扩建旅游停车场,配置 5 个左右大巴停车位、5 个左右中巴停车位和若干小汽车停车位。充分利用东海禅寺寺院周边停车位和盛陵湾所在村庄内部停车位,为到访游客提供完善的智慧停车服务。在一级驿站配置杭州公共自行车扫码取(还)车站点、游线电瓶车起始站点、自动贩卖机。

②新建共和村一级旅游驿站。利用村落后面 3333 平方米左右的土地,打造一处集住宿接待、餐饮美食、休闲购物、游客中心、停车场、旅游厕所、驿

站游客活动广场、杭州公共自行车扫码取(还)车点、电瓶车起始站点、自动贩卖机等于一体的美丽乡村精品游线旅游服务综合体。

(2)二级驿站

在东海禅寺、新湾"一纵一横"美丽乡村精品游线端点、共裕村、共建村、新南村设置二级驿站及若干游线休憩点。在二级驿站建有游客咨询点、旅游厕所、停车场、观景台、自动贩卖机和小吃餐吧、电瓶车停靠点和杭州自行车取(还)车点,满足游客的基本需求。

①游线标识标牌系统。在南沙公园、盛陵湾、共和村 3 处一级驿站设置 5 个美丽乡村精品游线全景导览牌、该线路全景导览图各 1 块及方向指引牌、解说牌若干个;二级驿站设置该线路全景导览牌及方向指引牌、节点解说牌若干个。

②特色游线交通设施配给规划。在该条游线中打造自行车骑行、组团内部游线滨水慢行和水上船行、南沙大堤慢行、电瓶游线等特色旅游交通线路。

在共和村、共裕村、共兴村组团内部开通水上游线,打造 6—8 处游船码头。

2.游线旅游接待设施策划

在南沙公园和盛陵湾一级驿站设置小吃吧,并配置夜间书吧、茶吧和咖啡吧等旅游服务点。在共和村一级驿站配置住宿接待、餐饮接待、休闲购物的旅游接待服务设施。在各大村庄配置民宿、农家乐、室内外休闲运动和夜间娱乐活动服务设施。

杭州市钱塘区美丽乡村精品游线规划总表、杭州市钱塘区美丽乡村精品游线设施规划、十二大美丽景观大道见表 9-3、表 9-4、表 9-5。

杭州市钱塘区文化、旅游和体育产业发展规划理论与实践

表 9-3　杭州市钱塘区美丽乡村精品游线规划总表

序号	游线名称	游线长度/千米	起始点	经过主要河流、城市道路
1	"潮起钱塘·围垦梦圆"美丽乡村精品游线	8.1	观十五线潮闻天下处于萧山区交界;观十五线与四工段直河交汇处	沿观十五线和抢险河由南向北经过三永线、三工段横湾;三联村、文伟村、新围村、新创村村庄道路
2	"春光春园·童趣同心"美丽乡村精品游线	9.4	春光村文化礼堂;萧东村乡村大舞台	沿围垦后横河和江东五路,春光村、春雷村、春园村村庄道路,江东三路、江东五路、七工段直河、丰悦路、新星路、八工段直河、梅林大道、东一路、东二路、九工段直河、临东路、萧东村、东庄村村庄道路
3	"红色南沙·再创辉煌"美丽乡村精品游线	16.4	三联村与杭州三江两岸国家绿道南沙老堤交汇处;盛陵湾公园	沿左十四线、南沙路、南堤路,由西向东经过三联村村庄道路、永丰闸湾、横岔路直河、河庄路、江东大道、城隍直河、东沙湖、横一路、青六路、六工段直河、江东大道、新湾支线
4	"美丽窗口·都市田园"美丽乡村精品游线	7.7	仓北村六工段直河与江东大道交汇处;新庙前村红色大道	沿六工段直河由北向南主要经过火登线、塘新线、共新线、义隆横河
5	"共建共兴·共裕钱塘"美丽乡村精品游线	4.6	盛陵湾公园;共兴村盛陵湾与永老线交汇处	沿盛陵湾琉新线与共兴村、共和村、共裕村、共建村村庄道路

表9-4　杭州市钱塘区美丽乡村精品游线设施规划

序号	游线名称	游线长度/千米	主要村庄节点	综合服务中心	一级驿站	二级驿站	三级驿站与观景平台	游船码头和停靠点	通往大型居住区道路出入口	通往主要城市道路出入口	规划草坪营地
1	"潮起钱塘·围垦梦圆"美丽乡村精品游线	8.1	新围村、江东村、新创村、新江村、文伟村、三联村、建设村、蓬园村、长红村、金泉村	新围村综合服务中心	三联村观潮基地一级驿站、新创村一观十五线一级驿站、新围村一级驿站	文伟村与沿江内河交汇处	每隔2千米设置一处	三联村、文伟村、新围村、新创村、沿途每隔4千米设置一处停靠点	通往潮围天下出入口；通往三联村出入口；通往文伟村出入口；通往新围村出入口；通往新创村出入口	通往三永线出入口	"潮起钱塘·围垦梦圆"美丽乡村精品游线三联村、文伟村、新围村、新创村段
2	"春光春园·童趣同心"美丽乡村精品游线	9.4	萧东村、东庄村、前峰村、临江村、春光村、春雷村、春园村	萧东村综合服务中心	萧东村一级驿站、春光村文化大礼堂一级驿站	东庄村、春园村围春雷村围后横河沿线	每隔2千米设置一处	萧东村、东庄村、春雷村、沿途每隔4千米设置一处停靠点	通往丰悦路出入口；通往新垦路出入口；通往萧东村出入口；东庄村出入口；通往春光村、春雷村、春园村出入口	通往梅林大道出入口；通往东一路出入口；通往东二路出入口；通往临海路出入口；通往青六北路出入口	丰悦路、新垦路出入口；梅林大道出入口；春光村、春雷村、春园村出入口；萧东村、东庄村出村入口

续表

序号	游线名称	游线长度/千米	主要村村庄节点	综合服务中心	一级驿站	二级驿站	三级驿站与观景平台	游船码头和停靠点	通往大型居住区道路出入口	通往主要城市道路出入口	规划草坪营地
3	"红色南沙·再创辉煌"美丽乡村精品游线	16.4	三联村南沙大堤、全民村建设村.全民村南沙大堤遗址公园、东沙湖头蓬老街南沙老堤、新湾公园和盛陵湾沙大堤南绿道	东沙湖湖滨综合服务中心	三联村观潮基地一级驿站;东沙湖湖滨一级驿站;南沙公园和盛陵湾一级驿站	头蓬老街南沙老堤、全民村南沙大堤遗址公园	每隔2千米设置一处	—	通往金色和庄小区出入口;通往群欢村出入口;通往蜀南小区出入口;通往宝龙东湖城出入口;通往头蓬社区出入口;通往南沙新苑小区出入口;通往紫端华庭小区出入口	通往河庄路出入口;通往青六中路出入口;通往江东大道出入口;通往长五线出入口;通往横一路出入口;通往新湾支路出入口	全民村南沙大堤遗址公园、东沙湖头蓬老街南沙老堤、新湾南沙公园
4	"美丽窗口·都市田园"美丽乡村精品游线	7.7	头蓬老街、仓北村、全民村、金星村、火星村、新益村、新庙前村、后新庙村、新庙村	仓北村—头蓬老街综合服务中心	仓北村一级驿站;火星村一级驿站;新庙前村一级驿站	金星村、新益村、灯塔村	每隔2千米设置一处	仓北村、灯塔村、新庙前村	通往头蓬社区出入口;通往义蓬名苑小区出入口;通往义盛村出入口	通往江东大道出入口;通往塘新线出入口;通往共新线出入口	火星村、仓北村—头蓬老街、新庙前村

续表

序号	游线名称	游线长度/千米	主要村庄节点	综合服务中心	一级驿站	二级驿站	三级驿站与观景平台	游船码头和停靠点	通往大型居住区道路出入口	通往主要城市道路出入口	规划草坪营地
5	"共建共兴·共裕钱塘"美丽乡村精品游线	4.6	共兴村、共和村、共裕村、新建村、盛陵湾公园、宏波村	共裕村综合服务中心	南沙公园和盛陵湾一级驿站、共和村一级驿站	东海禅寺、新湾"一横"美丽乡村精品游线端点、共裕村、新南村	每隔2千米设置一处	共和村、共裕村、共建村	通往新湾街道出入口;通往共建村出入口;通往共裕村出入口;通往共兴村出入口	通往塘新线出入口;通往共新线出入口;通往永老线出入口	东海禅寺、南沙公园、共建村、宏波村

表 9-5 十二大美丽景观大道

序号	名称	长度/千米	起始点和终点
1	"十里"樱花大道	8.1	观十五线潮闻天下处于萧山区交界;观十五线与四工段直河交汇处
2	"十里"樱花大道	3.6	江东三路与东三路交汇处;围垦后横河与观十五线交汇处
3	"十里"桃花大道	4.9	青六线与观十五线交汇处;青六线与头十一线交汇处
4	"十里"水杉大道	14.1	观十五线与四工段直河交汇处;观十五线与九工段直河交汇处
5	"十里"柳林大道	9.8	围垦后横河与长五线交汇处;围垦后横河与东二路交汇处
6	"十里"海棠大道	6.8	江东一路与河庄大道交汇处;头十一线与义蓬东二路交汇处
7	"十里"玉兰大道	8.6	头十一线与义蓬东二路交汇处;头十一线与观十五线交汇处
8	"十里"红枫大道	6.2	盛陵湾与红十五线交汇处;盛陵湾公园
9	"十里"桂花大道	7.2	六工段直河与江东大道交汇处;庙环线与红十五线交汇处
10	"十里"银杏大道	14.6	四工段直河与江东大道交汇处;江东大道与新世纪大道交汇处
11	"十里"楝树大道	9.8	左十四线与江东大道交汇处;左十四线与观十五线交汇处
12	里桐树大 3.15	6.5	河庄路与江东一路交汇处;河庄路与南虹路交汇处

第十章 杭州市钱塘区金沙湖—潮音禅院— 城市阳台片区旅游发展规划理论与实践

一、旅游区位背景

杭州市钱塘区金沙湖—潮音禅院—城市阳台片区位于杭州市钱塘区的核心区域,杭州市钱塘区位于杭州旅游空间中的"三江一湖"(钱塘江—富春江—新安江—千岛湖)旅游发展轴上,属于钱塘江—富春江黄金旅游线范围。"一轴"是杭州市旅游发展的一条大动脉,将杭州郊区与市区这"一心"串联起来。该发展轴集中了杭州市最主要的风景旅游资源、休闲度假载体和重要项目所在区域,同时也是杭州市主要的生态环境保护带,与千岛湖风景旅游度假区、天目山自然旅游区、西湖风景旅游区、京杭运河旅游带、西溪国家湿地公园等世界级、国家级的著名旅游景区相邻,有利于促进该区域旅游业的发展。

(一)金沙湖片区发展背景

金沙湖片区位于杭州市钱塘区下沙新城中心区核心部位,东起海达南路,西至乔下线,北起金沙大道,南至天城东路,金沙湖公园占地面积约 0.65 平方千米,其中湖面面积约 0.29 平方千米,建成后将成为杭城最大的人工湖。金沙湖片区目前已完成华鸿置业、九阳总部、IBC 东部商务中心及管委会等项目建设。

金沙湖公园临时景观公园一期、二期、三期工程为主体工程建设,已于 2017 年底完工并完成蓄水工作。四期工程南区景观样板工程当时计划于 2019 年 10 月底进场施工,当时计划工程于 2020 年 5 月 30 日竣工,现因南区高压塔上改下之后,当时预计整体工程于 2021 年 2 月前完成。

(二)潮音禅院片区发展背景

潮音禅院片区位于钱塘江畔,临近下沙高校园区、九堡公交客运中心和九堡大桥。九堡大桥东,钱塘江、聚首桥、潮音三塔逶迤绵延构成一幅和美的景色篇章。此片区的整个地块呈三角形,基地位于钱塘江约 700 米处,地理位置优越,自然风光优美,整个基地被苍翠与碧水拥抱,环境清雅优美,坐拥极佳的自然景观优势。

潮音禅院未来将打造为佛教文化、风水文化、现代技术相融合的新地标佛教建筑,内设佛殿、法堂(剧院)、藏经阁(图书馆)、美术馆、禅堂、素食馆、茶室等,将致力打造集佛教文化体验、传统文化培训、禅修养生、国际交流于一体的吸引年轻人的现代化综合立体寺庙。

(三)钱江新城二期工程规划建设背景

钱江新城二期工程位于钱塘江北岸,为钱江新城一期工程向东延伸扩容的主要功能承载区,东至和睦港、西至三新路、南临钱塘江、北接艮山西路,包括江河汇流区块(景芳三堡单元)、江湾区块(四堡七堡单元),涵盖彭埠、四季青、九堡等 3 个街道,三堡、云峰、御道、五堡、六堡、七堡、红五月、杨公等 8 个社区。

绵延钱塘江岸线 6 千米,规划总面积约 10 平方千米,总建筑体量约 1600 万平方米,人口规模约 23 万人。二期工程指挥部将负责该区域内地块开发、工程建设和做地出让等协调管理及重大项目方案前置审查等任务,二期工程指挥部办公室设在杭州市钱江新城投资集团,由其具体负责开发、建设。

钱江新城二期工程整体开发建设,按照"三年打基础,六年出形象,九年基本建成"的总体目标,当时计划于杭州亚运会前"品质江湾"初具形象,城市活力开始展现,至"十四五"末,一个交通便捷、配套完善、功能多元的世界级滨水活力区,将初步呈现在钱塘江北岸。

(四)钱塘绿道建设背景

钱塘绿道是钱塘江流域绿道系统的总称,从曹娥江入海口至千岛湖,全长超过 1000 千米,由主线、支线和延伸线构成。主线包括钱塘江、富春江、新安江、千岛湖沿岸的绿道;支线包括运河、湘湖、浦阳江、渌渚江、壶源溪、分水江、兰江、寿昌江等重要支流沿岸的绿道。

杭州市"拥江发展行动",是要让"一江春水穿城过"的美好愿景成为现实。其中的首要任务,是全线贯通钱塘江两岸绿道,打造一条"钱塘绿道"。

截至 2018 年 9 月,杭州市已基本完成绿道建设 70.8 千米;2021 年底,钱塘江流域绿道系统主线全线贯通;到 2035 年,杭州市要完成所有绿道支线和延伸线建设任务,形成一个全流域高品质的绿道网络体系。

(五)运河二通道建设背景

运河二通道起自余杭博陆,穿 320 国道、沪杭铁路、沪杭高速公路,终于八堡,全长 26.4 千米,涉及海宁境内新建三级航道 4.5 千米。其中,杭海城际铁路先行段全长 253 米,在此区段京杭运河二通道将下穿沪杭高铁和上跨杭海城际铁路。

运河二通道建成后,千吨级船舶可从山东省直达杭州市,浙北、浙东及浙中西部的航道完全贯通,成为高等级内河水运网,杭州湾地区会连成一片。日后大吨位货船进京杭运河(杭州段)将有三堡船闸和八堡船闸两个选择,不仅可以分担三堡船闸的一部分压力,而且能提高船只的过闸速度。

(六)钱塘生态公园建设背景

钱塘生态公园是杭州市首座建设在污水处理厂上方的生态主题景观公园,是七格污水处理厂四期工程,位于杭州市钱塘区下沙街道七格地块,南临钱塘江,占地面积约 0.12 平方千米,是一座集休闲运动、生态文化、科普教育于一体的高品质生态公园。钱塘生态公园的建成投运,标志着杭州市污水处理设施建设迈出了生态共融的新步伐。

二、旅游资源调查分析与评价

(一)旅游资源调查分析

经过实地调研、资料收集与筛选,参照《旅游资源分类、调查与评价》(GB/T18972—2017)旅游资源评价等级标准及指标评价,对杭州市钱塘区金沙湖—潮音禅院—城市阳台旅游区片区旅游资源进行分类,见表10-1。

表 10-1　杭州市钱塘区金沙湖—潮音禅院—城市阳台旅游区片区旅游资源分类表

主类	亚类	基本类型	资源名称
B 水域景观	BA 河系	BAA 游憩河段	运河二通道、幸福河
	BB 湖沼	BBA 游憩湖区	金沙湖
	BE 海面	BEB 涌潮与击浪现象	钱塘江大潮
C 生物景观	CA 植被景观	CAA 林地	青年林
E 建筑与设施	EA 人文景观综合体	EAA 社会与商贸活动场所	银泰百货、华东临江商贸大厦
		EAC 教学科研实验场所	和达高科·生命科技楼
		EAD 建设工程与生产地	七格污水处理厂参观
		EAF 康体游乐休闲度假地	金沙湖公园、钱塘生态公园、东部湾体育公园、浙江杭州新 CBD 滨水公园、杭州沿江湿地公园
		EAG 宗教与祭祀活动场所	杭州潮音禅院
	EB 实用建筑与核心设施	EBA 特色街区	金沙湖天街
		EBB 特性屋舍	杭州金沙湖和达希尔顿嘉悦里酒店、希尔顿逸林酒店、杭州龙湖皇冠假日酒店
		EBC 独立厅、室、馆	金沙湖城市展示厅
		EBD 独立场、所	亚运轮滑馆
		EBG 堤坝段落	八堡船闸(在建)、钱塘江堤
	EC 景观与小品建筑	ECC 亭、台、楼、阁	下沙城市阳台
		ECJ 景观步道、甬路	杭州三江两岸绿道

(二)旅游资源评价

结果显示:杭州市钱塘区金沙湖—潮音禅院—城市阳台片区共有 24 个旅游资源单体,其中 3 个五级旅游资源单体、3 个四级旅游资源单体、5 个三级旅游资源单体、6个二级旅游资源单体和7个一级旅游资源单体,能达到三级及以上的优良旅游资源共有11个,占旅游资源单体总数的46%,具体评价内容见表10-2。

表 10-2　规划区优良文化旅游资源评价

等级	资源名称	数量
五级	钱塘江大潮、八堡船闸(在建)、杭州潮音禅院	3
四级	金沙湖公园、杭州三江两岸绿道、运河二通道	3
三级	金沙湖、钱塘生态公园、东部湾体育公园、杭州沿江湿地公园、钱塘江堤	5
二级	幸福河、金沙湖城市展示厅、七格污水处理厂参观、青年林、亚运轮滑馆、杭州金沙湖和达希尔顿嘉悦里酒店	6
一级	华东临江商贸大厦、下沙城市阳台、金沙湖天街、银泰百货、和达高科·生命科技楼、希尔顿逸林酒店、杭州龙湖皇冠假日酒店	7

(三)旅游资源特色及开发方向

1.旅游资源特色

(1)资源数量较多,资源类型丰富

杭州市钱塘区金沙湖—潮音禅院—城市阳台旅游区片区旅游资源数量较多,共有24个旅游资源单体。旅游资源类型较为丰富,24个旅游资源单体分属于16个基本类型,涵盖了水域景观、生物景观等多种类型,这为该片区旅游产品的开发提供了良好的基础条件。

(2)资源品质优良,发展潜力巨大

杭州市钱塘区金沙湖—潮音禅院—城市阳台旅游区片区旅游资源总体品质较高,拥有钱塘江大潮世界级旅游资源,"三江两岸"绿道、潮音禅院、金沙湖等具有较高影响力的高等级旅游资源,发展潜力巨大。

(3)区位优势明显,旅游客源丰富

杭州市钱塘区金沙湖—潮音禅院—城市阳台旅游区片区位于杭州市钱塘区的核心区域,内部各节点交通方便,毗邻钱塘江,具有良好的区位优势。杭州市作为一个旅游城市,旅游客源基础优势明显,为规划区的发展提供了良好的条件。

2.旅游资源开发方向

(1)钱江潮文化旅游

钱塘江大潮被誉为天下第一潮,是世界三大潮之一,自古以来便举世闻名。钱塘江观潮始于汉魏,盛于唐宋,历经 2000 余年,每年在农历八月十八观潮已成为当地习俗。

杭州市钱塘区金沙湖—潮音禅院—城市阳台旅游区片区毗邻钱塘江,已有一条 13 千米长、8 米宽的沿江游步道沿规划区南边界伸展,为游客提供绝佳的观潮点。结合江海湿地及"三江两岸"绿道江海湿地段的建设,未来有条件打造服务杭城、辐射长三角地区的观潮旅游胜地。

(2)宗教文化旅游

建成后的潮音禅院将成为中国佛教现代建筑的典范,通过佛缘文化街区、杭州佛学院分院等的建设和佛法交流论坛的举办,打造杭州宗教文化旅游新高地。

(3)城市休闲游憩

杭州市钱塘区金沙湖—潮音禅院—城市阳台旅游区片区位于杭州市钱塘区的核心区域,拥有金沙湖公园、钱塘生态公园、东部湾体育公园、杭州沿江湿地公园等众多品质优良的旅游资源,具有发展城市休闲旅游的基础。

(4)节庆赛事

杭州市钱塘区金沙湖—潮音禅院—城市阳台旅游区片区具有金沙湖公园、"三江两岸"沿江绿道、江海湿地等优质旅游资源,具有大力开发节庆赛事旅游的良好条件。金沙湖曾举办过龙舟赛,未来通过广场舞、街舞、沙滩排球赛、沿江马拉松、国际自行车赛、国际垂钓大赛、国际龙舟大赛等节庆赛事项目举办片区系列旅游节庆赛事,推动片区节庆赛事品牌化发展。

三、发展目标和定位

(一)总体定位

杭州市钱塘区的地理位置优越,以金沙湖城市商业综合体、潮音禅院佛教文化旅游区、运河二通道绿道、杭州生态公园、"三江两岸"国家级绿道、美丽东部湾等高等级旅游资源为基础,通过对杭州石材市场旧址、七格临时安置房旧址、七格污水处理厂等空间的拓展利用,打造连接金沙湖、潮音禅院、城市阳台、运河二通道、钱江新城二期工程的绿道系统、旅游交通系统,一体化发展金沙湖—潮音禅院—城市阳台片区旅游业,配置旅游基础设施及旅游接待服务设施,重点开发金沙湖、石材市场、潮音禅院、七格临时安置房区域旅游项目,以及开发城市湖泊休闲游憩综合体、佛文化主题休闲街区、佛文化主题旅游综合体、钱塘区城市阳台等重点项目,打造集城市观光、商业游憩、佛教文化休闲、钱塘江生态休闲等于一体的大型国际城市旅游综合体、高等级旅游景区。

(二)发展定位

1.大型国际城市旅游综合体

以金沙湖、潮音禅院、运河二通道、七格污水处理厂为基础,拓展杭州石材市场旧址、七格临时安置房旧址为旅游发展空间,整体上打造集城市商业休闲游憩、宗教文化休闲游憩、钱塘江潮文化休闲游憩、运河文化休闲游憩等以文化休闲为特色的现代化综合旅游区。以城市湖泊、运河水系、宗教寺庙等作为旅游综合体特色休闲空间,结合杭州市城市有机更新、杭州湾大湾区建设等城市发展目标,打造杭州市钱塘区全域文旅融合发展两大核心区域之一,整体打造为大型国际城市旅游综合体。

2.高等级旅游景区

高等级旅游景区整体位于城市建成区。周边城市道路交通系统已经建设完成,依托七格临时安置房及杭州石材市场两处可建设区域,在七格临时安置房按照国家 AAAA 级旅游景区标准要求,高标准建设游客中心、生态停车场等旅游基础设施和公共服务设施,依托杭州石材市场建设一条佛教文化休闲购物街区,在拓展佛教文化休闲游憩空间的基础上,有效连接金沙湖和潮音禅院两大旅游区块。利用城市道路、运河水系,打造联通钱江新城二期工程、运河二通道、七格临时安置房、潮音禅院、杭州石材市场、金沙湖的旅游漫游交通线系统及绿道水系系统。在此基础上,通过金沙湖、潮音禅院、城市阳台等重点旅游开发项目建设,创建为国家 AAAA 级旅游景区,进而创建为国家 AAAAA 级旅游景区。

（三）创建目标定位

1. 近期创建为国家 AAAA 级旅游景区,中远期创建为国家 AAAAA 级旅游景区

杭州市钱塘区具备创建国家 AAAA 级旅游景区的条件,拥有钱塘江潮、潮音禅院、金沙湖、运河二通道等高等级旅游资源。完善停车场、旅游厕所和景区标示标牌设施,做好景区干道、栈道和游步道等服务工作,近期创建为国家 AAA 级旅游景区,进而创建国家 AAAA 级旅游景区,中远期创建国家 AAAAA 级旅游景区。

2. 国家级水利风景区及国家级城市湿地公园

依托运河二通道、八堡船闸(计划将八堡船闸更名为钱塘船闸),通过城市阳台、中国船闸博物馆等设施建设,中远期打造国家级水利风景区。

依托钱塘东部湾湿地,通过东部湾运动体育小镇、东部湾湿地公园建设,中远期打造国家级城市湿地公园。

3. 浙江省文旅融合示范区

拥有钱塘江围垦文化、钱塘江潮文化、潮音禅院宗教文化、金沙湖现代城市商业文化等文化旅游资源,通过谋划系列文旅融合项目,打造极具特色的文旅融合发展空间,融入高教文化旅游开发、工业文化旅游开发、创新创业文化旅游开发等项目,推动杭州市钱塘区打造浙江省文旅融合示范区。

4. 浙江省文化旅游示范基地

近中期谋划浙江省文化旅游示范基地建设。浙江省文化旅游示范基地为具有较高质量的文化旅游资源和旅游配套功能的文化演艺、文化创意、博物馆的旅游场所,具有鲜明的文化特色和文化旅游主题,有较强的区域影响力,文化内涵丰富,有独特的钱塘江潮文化、宗教文化、时尚商业文化。

5. 钱塘江畔最大寺院

潮音禅院规划总用地面积为 17756 平方米,总建筑面积 38500 平方米,其中地上建筑面积 23500 平方米,地下建筑面积 15000 平方米,具有打造钱塘江畔最大寺院的现实条件。未来,可将潮音禅院打造为佛教文化、风水文化、现代技术相融合的新地标佛教建筑。

四、空间布局与功能分区

(一)旅游空间布局

根据发展现状,规划"一心两带三区"旅游发展空间结构布局。

(二)功能分区

1. 一心:金沙湖—潮音禅院—城市阳台旅游区旅游接待中心

(1)区块范围

原七格临时安置房所在区域,位于金沙湖潮音禅院西南侧。

(2)发展思路

①总体思路。此处为污水处理厂备用地,系城市公共设施用地。为了潮音禅院未来的旅游发展前景,建议对此处的控制性详细规划进行调整,或探讨土地使用性质兼容,以求能在此处进行旅游公共服务设施建设。利用此处大面积空地,且临近钱江新城二期工程、运河二通道与潮音禅院的地理区位优势,建设旅游集散中心及主要游客中心,对接杭州市西湖区黄龙旅游集散中心,以及湖州、绍兴等地旅游景区集散中心。

a. 提升基础配套设施。在现有七格污水处理厂备用地基础上,建设旅游集散中心,建设一处大型停车场,面积5000平方米,采用生态停车场标准建设,地面铺装透水植草砖,车位之间通过树木旅游化隔离,整个停车场绿化率控制在70%以上,避免在城市建成区出现大面积裸露硬质场地。

b. 完善公共服务设施。建设旅游集散中心和主游客中心,面积在200平方米以上,配置问询、导览等八大功能。建设钱塘区智慧旅游大脑,对接杭州高铁站、杭州萧山国际机场、旅游集散中心旅游服务工作。中远期建设为"三江两岸"国家绿道钱塘区下沙段旅游景区游客中心,以及钱塘江西岸休闲旅游带游客中心。

c. 打造高端住宿接待区。在游客中心靠近钱塘江一侧建设一处分体式山水园林度假酒店,以佛教文化为主题,打造潮音禅院高端佛教休闲度假住宿接待设施,建设钱塘区版安缦法云、悦榕庄等高等级品牌酒店,并在酒店周围布局少量商店以满足游客的购物需求。

d.打造非物质文化遗产展示馆。为节约土地,在生态停车场上方建设一处亚洲级非物质文化遗产展示中心,主要展示来自亚洲地区的传统技艺、传统美术、书法、音乐、舞蹈、戏剧、曲艺和杂技等非物质文化遗产。馆内设计一个主展示厅、两个副手工 DIY 厅和纪念品销售厅,满足游客游、学、娱、购的需求。

②规划定位:钱塘区旅游集散地、高等级佛教文化主题酒店。

2.两带之一:金沙湖—潮音禅院—城市阳台旅游带

(1)区块范围

连接金沙湖、潮音禅院、八堡船闸、钱江新城二期工程旅游带。

(2)发展思路

①总体思路。金沙湖、潮音禅院、八堡船闸、钱江新城二期工程位于城市建成区,主要旅游资源及旅游区域仅通过城市道路相连接,规划建设系列旅游交通设施、旅游特色景观廊道设施,将几个旅游区域有机联系,增加旅游景区的完整性和连贯性。

a.打造旅游慢行系统。在沿金沙湖西侧乔下线两侧绿湖带及人行道、接下沙路北侧,按照旅游慢行游步道系统,建设连接金沙湖与潮音禅院的慢行游步道,沿聚首南路、之江东路建设连接潮音禅院与八堡船闸的慢行游步道,沿之江东路建设连接八堡船闸与钱江新城二期工程的慢行游步道。游步道沿线设置佛教文化景观小品,在道路交叉口建设景观雕塑。

b.创意水上游线。在聚首河入江口处,向西建设一条水道,接运河二通道八堡船闸。打通整个金沙湖—潮音禅院—城市阳台旅游区水上游线系统,通过水上游船组织、滨水景观营造等,打造陆上—水上"双线合一"的旅游交通带体系。

c.沿线景观营造及特色旅游交通。以佛教文化为主题,开发沿溪、沿路景观系统,以菩提等植物作为主要绿植,造型上与潮音禅院相协调。开发水上游船系统,依托河流水系,以小型水上游船作为特色旅游交通。

d.加强旅游基础设施与公共服务设施建设。在旅游带沿线布置旅游咨询点,完善系列旅游标识系统、解说系统、导引系统。

②规划定位:特色旅游景观带、音乐文化休闲度假旅游带。

3.两带之二：沿钱塘江旅游带

（1）区块范围

连接金沙湖—潮音禅院—城市阳台旅游区片区与东部湾湿地片区。

（2）发展思路

①总体思路。抓住"拥江发展"战略，构建船行、车行、骑行、步行"四行合一"的"三江两岸"最美杭州时尚休闲旅游带。沿线积极融入宗教文化、时尚文化、潮文化、围垦文化、科教文化元素，打造一条文旅融合旅游带，沟通钱塘东部湾湿地旅游区。

a.丰富空间层次，营造慢行系统。改造圩堤道路，以国际标准骑行道标准建设骑行道，设置骑行驿站、滨水观景平台；建设景观天桥，连通道路两侧游步道；加强内河河道景观营造与桥梁改造，建设游船码头与游船服务中心，建设内河水上通道，构建层次丰富的美丽东部湾生态休闲旅游景观大道。

b.注入文化旅游元素。从文旅融合发展视角出发，以钱塘江大潮所蕴含的潮文化、下沙围垦所蕴含的围垦文化为核心吸引物。利用沿线休闲草坪建设露营地、自驾车营地、观潮公园、室外音乐馆、儿童游乐场等项目，做好体育、音乐节庆活动工作，沿线配备旅游咨询服务中心、休闲吧、滨水观景平台、湿地空中景观长廊等设施，将东部湾沿江的滨水区域打造为休闲旅游、生态体验与现代都市生活融为一体的休闲旅游长廊。

②规划定位："三江两岸"最美都市生态旅游景观大道、杭州大都市钱江门户、国家 AAAA 级旅游景区。

4.四区之一：金沙湖旅游区

（1）区块范围

金沙湖城市公园及周边商业。

（2）发展思路

①总体思路。依托钱塘区两大城市湖泊之一——金沙湖，建设金沙湖旅游区，以城市观光、湖泊休闲、商务会议、夜旅游为主要服务内容。金沙湖旅游区作为金沙湖—潮音禅院—城市阳台旅游区主要接待设施集聚区，为方便未来构建金沙湖旅游核，建议建设一家大型水上乐园综合体，进一步提

升金沙湖旅游核的吸引力。

　　a.旅游功能融入。在金沙湖城市公园建设中,融入旅游功能,主要针对沙滩、下沉广场、湖湾花园、庆典广场等景观项目进行旅游化改造,包括旅游标识系统、旅游解说系统、旅游导览系统等,按照国家 AAAA 级旅游景区标准进行改建。

　　b.完善旅游公共服务设施。金沙湖范围内用地性质及建筑规模已经初步确定,在城市公园基础上,结合东侧商业建筑地上部分,建设一处 200 平方米的金沙湖游客中心,作为金沙湖旅游区游客接待等公共服务设施。

　　c.配建旅游厕所。按照国家 AA 级以上标准建设旅游厕所,对已经建设的公共厕所进行设施升级,达到 AA 级旅游厕所以上标准,利用管理用房与商业综合体建设 5 处旅游厕所。

　　d.建设钱塘区旅游商品购物中心。依托钱塘区工业产业基础,以钱塘区特色工业产品、特色文创产品、特色医药产品、潮音禅院宗教文化旅游商品为核心,在商业综合体建设一处钱塘区旅游商品购物中心。

　　e.建设特色旅游交通。依托金沙湖沿湖栈道、步行道,开通环湖旅游电瓶车服务,建设一处电瓶车停车站上。利用水上观景码头,建设水上游船停泊中心及水上游船系统,打造水上特色旅游交通。

　　f.打造儿童水上乐园。依托金沙湖西侧水域打造小型儿童水上乐园,开发水上娱乐活动,配套电力设备及水上娱乐设施,用安全设施将乐园区域与金沙湖主体水域隔离。

　　g.旅游活动组织和智慧旅游中心。依托若干处广场、婚庆中心、会议中心等场地策划旅游节庆、水上和环湖旅游赛事、旅游会议会展等活动项目。结合智慧城市建设,打造金沙湖智慧旅游系统。

　　②规划定位:城市湖泊旅游综合体、商务会议会展旅游集聚区。

　　5.四区之二:潮音禅院旅游区

　　(1)区块范围

　　潮音禅院及周边城市绿地。

　　(2)发展思路

　　①总体思路。做好潮音禅院周边绿地、河流、城市道路环境的整治工

作,打造佛教文化旅游景观。向北过下沙路拓展至原杭州石材市场,建设佛教文化商业设施连接金沙湖旅游区,向南过聚首河连接七格污水处理厂四期钱江生态公园,整体打造潮音禅院旅游区。

a.扩大潮音禅院旅游区边界。在潮音禅院现有 17756 平方米建设用地基础上,向北拓展至下沙路,向西拓展至聚首南路,向南拓展至聚首河。在现有红线之外建设放生池等佛教文化景观,原则上不新建其他建筑,以突出潮音禅院主体建筑高大的形象。

b.建设佛教主题文化步行街。利用原杭州石材市场用地,调整用地性质为商业用地,沿溪建设一条佛教文化主题步行街,与金沙湖旅游区相连接。石材市场其余用地在中远期规划建设一处住宅小区。

c.连接钱江生态公园。保留现聚首河上两座桥梁,作为潮音禅院与钱江生态公园连接景观桥,沿聚首河建设佛教文化景观小品及亲水平台。

d.完善智慧旅游系统。缓解潮音禅院接待压力,将旅游集散、游客住宿、旅游餐饮等功能疏解至金沙湖—潮音禅院—城市阳台旅游区旅游接待中心,缓解潮音禅院停车场地不足等问题,通过智慧旅游系统,提供线上预约服务,数据管控中心做好动态监控工作,控制游客数量。

②规划定位:杭州东部佛教文化旅游新高地。

6.四区之三:钱塘城市阳台旅游区

(1)区块范围

以八堡船闸、运河二通道为主,延伸至钱江新城二期工程。

(2)发展思路

①总体思路:依托钱江新城二期工程建设、运河二通道建设,在运河二通道入江口建设钱塘区城市阳台,作为一处观潮胜地及钱塘区市民休闲娱乐公共场所。

a.融入运河二通道旅游功能。依托运河二通道建设,在沿运河两岸绿化区域打造车行、步行、骑行"三行合一"的旅游慢行系统,建设连接老运河和新运河的文化带、旅游带。中远期规划在运河二通道开通水上巴士,与老运河水上巴士相连,打通运河二通道到武林门、拱宸桥等景点的旅游交通。

b.打造钱塘区城市阳台。计划将八堡船闸更名为钱塘船闸,依托运河二通道入江口建设一处城市阳台,打造集餐饮、观潮、观河、观江于一体的综合城市阳台。

c.融入文化元素。以运河文化、钱塘江潮文化为主体,建设城市阳台雕塑、文化墙、景观小品。建设一处船闸科普博物馆,突出表现钱塘区及杭州运河文化、船闸文化、水利工程文化的魅力,中远期打造国家级水利风景名胜区。

d.连接钱江新城。美化运河二通道至钱江新城之间的空地,包括美化亮化沿江游步道、沿江大堤,建设商业文化设施。利用运河二通道至九堡大桥之间的道路绿地建设一处商业文化中心,中远期建设少量住宅。

②规划定位:钱塘城市阳台、钱江新城二期工程与钱塘区连接枢纽、国家级水利风景区。

7.四区之四:钱塘东部湾湿地旅游区

(1)区块范围

钱塘东部湾总部大楼、亚运轮滑馆及东部湾湿地。

(2)发展思路

①总体思路。依托亚运轮滑馆及东部湾总部大楼打造亚运体育小镇,结合东部湾湿地公园整体建设钱塘东部湾湿地旅游区。

a.东部湾运动体育小镇。依托东部湾总部基地、东部湾体育公园、亚运轮滑馆基础上,借助亚运会轮滑馆品牌机遇,大力发展轮滑运动产业,举办国内外轮滑锦标赛、公开赛,打造中国杭州轮滑运动IP,布局轮滑设施用品制造、轮滑教育培训,以及"冰雪＋轮滑"等轮滑衍生产业。打造东部湾运动体育小镇,打造文化体育产业国家级示范基地。

b.融入休闲运动体验项目。连通内河河道,打造滨水景观、策划水上赛事活动。打通滨江内河河道,打造两岸芦苇景观,改造部分桥梁,发展运动休闲旅游产品,策划杭州国际女子马拉松、高校滨江龙舟竞赛、皮划艇竞赛等赛事活动,中远期谋划国家级体育赛事。内河与滨水草坪相结合,构建生态垂钓平台,策划垂钓大赛。

c.多元化利用草坪、湿地。以极限运动、草坪儿童娱乐区、室外音乐会场馆等业态多元化开发草坪,以"海绵城市"科普研学、湿地生态科普研学等业态多元化开发东部湾湿地公园。

d.建设东部湾湿地城市阳台。在东部湾湿地最南侧滨江部分,建设一处观景城市阳台,与运河二通道城市阳台相呼应。

②规划定位:体育运动休闲旅游集聚区,多元湿地公园,城市阳台。

4